CONSTRUCTION ORGANIZATION
AND BUDGET ESTIMATE
OF URBAN RAIL TRANSIT PROJECT

城市轨道交通工程
施工组织与概预算

王立勇　主编

人民交通出版社股份有限公司
北　京

内 容 提 要

本书首次从指导概预算编制的角度，分八大模块梳理了城市轨道交通土建工程施工组织，阐述了施工组织与定额的对应关系，首次制定了城市轨道交通土建工程概预算标准模板，系统分析了概预算工程量计算规则及标准模板使用注意事项，全面总结了武汉市、江苏省、深圳市、杭州市4个典型地区的定额及造价标准的差异，实现了概预算编制的标准化、模块化，为工程造价与BIM设计无缝对接奠定了坚实基础。

本书对城市轨道交通工程经济专业从业人员具有重要的理论和实践指导意义，是一本不可多得的参考书，也可以作为城市轨道交通政府主管部门、建设方、设计方、承包方、监理方的培训教材以及高等院校相关专业的学习教材。

图书在版编目(CIP)数据

城市轨道交通工程施工组织与概预算 / 王立勇主编. — 北京：人民交通出版社股份有限公司，2019.4
ISBN 978-7-114-14297-0

Ⅰ. ①城… Ⅱ. ①王… Ⅲ. ①城市铁路—铁路施工—施工组织—设计②城市铁路—铁路工程—概算编制③城市铁路-铁路工程-预算编制 Ⅳ. ①U239.5

中国版本图书馆CIP数据核字(2019)第034678号

轨道交通建设创新技术研究与实践

书　　名：**城市轨道交通工程施工组织与概预算**
著 作 者：王立勇
责任编辑：王　霞　张　晓(zhx@ccpress.com.cn)
责任校对：刘　芹
责任印制：张凯
出版发行：人民交通出版社股份有限公司
地　　址：(100011)北京市朝阳区安定门外外馆斜街3号
网　　址：http://www.ccpress.com.cn
销售电话：(010)59757973
总 经 销：人民交通出版社股份有限公司发行部
经　　销：各地新华书店
印　　刷：北京交通印务有限公司
开　　本：787×1092　1/16
印　　张：18.25
字　　数：424千
版　　次：2019年4月　第1版
印　　次：2022年9月　第3次印刷
书　　号：ISBN 978-7-114-14297-0
定　　价：86.00元

本书编委会

主　编：王立勇

副主编：余　轲　彭慧琼　徐　纳

编　委：侯文龙　卢军振　全维新　曾　静

李　健　曹　跃　程亚飞　王文伟

王杨帆　林兴贵　朱德章　周俊松

朱　胜　刘浩杰　熊志浩　王　瑞

Preface / 前　言

2018 年，备受瞩目的《国务院办公厅关于进一步加强城市轨道交通规划建设管理的意见》（国办发〔2018〕52 号）正式发布，该文秉承了轨道交通建设“量力而行，有序发展”的方针，特别是文件要求“已审批（核准）建设城市轨道交通项目的城市要合理把握建设节奏，着力优化项目设计，合理控制工程造价，有效降低工程总投资”，更加体现了加强投资控制与管理的重要性和紧迫性。

在城市轨道交通工程建设中，车站、区间、轨道、车辆基地等土建工程费用占总工程费用的 70% 左右，是投资控制与管理的重点。在土建工程概预算编制方面，各省市所采用的定额、取费标准、人材机价格等相关造价标准存在一定差异；同时，建设单位、设计单位、造价咨询单位和施工单位等对施工组织和定额的理解也存在偏差，导致投资控制无统一衡量标准，概预算编制标准化工作迫在眉睫。理清施工组织与定额的关系，制订概预算标准模板，与先进的 BIM 设计技术对接，达到概预算编制的标准化、模块化、程序化，是目前提高城市轨道交通工程投资控制与管理水平，实现其健康、可持续发展的最重要的工作。

一、本书的特点

本书在中铁第四勘察设计院集团有限公司（以下简称“铁四院”）20 多年积累的 30 余个城市 80 余条城市轨道交通总体总包设计项目基础上，系统性地分析总结了丰富的工程造价资料和投资控制经验，以施工组织为“经”，以概预算标准化设计为“纬”，理清了城市轨道交通土建工程概预算编制的脉络，3 年成书。

本书具有以下三大特点：

（1）标准化

本书首次从指导概预算编制的角度梳理了城市轨道交通土建工程施工组织，阐述了施工组织与定额的对应关系，首次制订了城市轨道交通土建工程概预算标准模板，系统分析了概预算工程量计算规则及标准模板使用注意事项，全面总结了武汉市、江苏省、深圳市、杭州市 4 大地区造价标准的差异，实现了概预算编制的标准化。

（2）模块化

本书根据城市轨道交通不同土建工程的设计、施工及概预算编制的特点，将其划分为明挖地下车站、盖挖地下车站、高架车站、盾构区间、矿山区间、高架区间、轨道工程、车辆基地 8 大模块，每个模块从施工组织、施工组织与定额的对应关系、概预算标准化设计、定额对比分析 4

个方面进行全方位的分析研究，实现了概预算编制的模块化。

(3)程序化

标准化、模块化是实现程序化的基础。将本书标准化、模块化的概预算模板与信息技术相结合，一方面可以实现概预算编制的程序化，提高工作效率；另一方面也为工程造价与 BIM 设计无缝对接奠定了坚实的基础。

二、本书的主要内容

本书依据《城市轨道交通工程设计概算编制办法》(建标〔2017〕89 号)，将全书分为明挖地下车站、盖挖地下车站、高架车站、盾构区间、矿山区间、高架区间、轨道工程、车辆基地 8 个章节，每个章节围绕施工组织、施工组织与定额的对应关系、概预算标准化设计、定额对比分析等 4 个方面展开阐述，深刻剖析城市轨道交通土建工程施工组织与概预算的规律。

(1)施工组织

本书首次从指导概预算编制的角度梳理了城市轨道交通土建工程施工组织。施工组织是指导工程建设的依据，根据设计文件和现场施工条件，结合工期要求，选择合适的施工工艺，编制可行的施工方案，对施工班组、材料和机械做出统筹安排。本部分内容从指导概预算编制的角度，首先对城市轨道交通土建工程常用的施工工法进行整体性介绍，再详细描述各个施工工法的施工工序及具体做法，最后对各个施工工法的施工进度、施工机械及施工班组进行介绍。

(2)施工组织与定额的对应关系

本书阐述了城市轨道交通土建工程施工组织与定额的对应关系。施工组织是概预算编制的重要基础和依据。本部分内容首先介绍一般情况下各项工程的施工进度，机械及班组安排；其次，针对施工组织对工程费用的影响进行论述，当施工组织因地质条件、施工环境等外部因素发生变化时，施工工艺、施工机械或者使用的材料也需要随之调整，进而影响工程费用；最后，将施工组织与定额对照分析，以表格的形式(以武汉市为例)反映施工组织中的各个工序与定额套用的相互对应关系。

(3)概预算标准化设计

本书首次制订了城市轨道交通土建工程概预算标准化模板。本部分内容选取武汉市具有代表性的城市轨道交通土建工程，在施工组织研究和既往概预算编制经验总结基础之上，采用全费用单价形式，制订了概预算标准化模板。概预算标准模板编制依据主要有住建部、发改委颁布的《城市轨道交通工程设计概算编制办法》(建标〔2017〕89 号)；湖北省及武汉市现行定额，采用定额具体包括：《武汉城市轨道交通工程消耗量定额及基价表(试行)》(2011)(简称《城轨定额》)、《湖北省房屋建筑与装饰工程消耗量定额及全费用基价表》(2018)、《湖北省建设工程公共专业消耗量定额及全费用基价表》(2018)、《湖北省通用安装工程消耗量定额及全费用基价表》(2018)、《湖北省市政工程消耗量定额及全费用基价表》(2018)；《湖北省建筑业营改增建设工程计价依据调整过渡方案》(鄂建文〔2016〕24 号)、《湖北省建筑安装工程费用定额》(2018)、《关于调整湖北省建设工程计价依据的通知》(鄂建文〔2018〕24 号)；武汉市建设工程造价管理站主办的《武汉建设工程价格信息》(2018 年 6 月)。受篇幅所限，概预算模板只能选取使用频率较高、具有代表性的重要部分进行说明，供造价人员参考。

工程数量是准确编制概预算的基础，工程量计算规则在各册定额中已经有明确规定，文中的工程量计算规则主要源于上述所列的湖北省及武汉市现行定额，其中，主要计算规则参考《城轨定额》，若使用其他定额，则文中有相应说明。

概预算标准模板中单价、合价为全费用单价、合价，全费用是完成规定计量单位的分部分项工程所需人工费、材料费、机械费、管理费、利润、措施费、规费、增值税之和。

概预算标准模板使用注意事项阐述了概预算模板所采用定额的适用情况、定额消耗量调整的前提以及调整方法，针对编制过程中容易遗漏或者出错的地方做出说明，有助于工程造价人员优质高效地完成概预算编制工作。

(4)定额对比分析

本书将武汉、江苏、深圳、杭州四大地区城市轨道交通土建工程采用的定额进行对比分析，全面总结了4大地区定额的差异。概预算定额是以各地区正常的施工条件、机械装备程度，合理的施工工期、施工工艺、劳动组织为基础编制的，反映各地区的社会平均消耗量水平，因此各地区定额在人材机消耗量、机械台班类型及单价等方面都存在一定差异。

本部分内容在前文所述城市轨道交通土建工程施工组织和武汉地区概预算模板的基础上，主要讨论武汉、江苏、深圳、杭州等地区在定额方面的差异，为了突出重点又具有代表性，首先在各模块中选取费用占比较多且地区差异较大的定额，然后对其在工程量计算规则、定额条目、定额基价、工作内容、消耗量、人材机单价(定额基价)等方面的差异进行对比分析。

本书对城市轨道交通工程经济专业从业人员具有重要的理论和实践上的指导意义，是一本不可多得的参考书，也可以作为城市轨道交通政府主管部门、建设方、投资方、设计方、承包方、监理方的培训教材以及高等院校相关专业的学习教材。

本书在编写过程中得到了铁四院各级领导的大力支持，各专业总工程师、设计人员、施工单位也给予了大量的帮助，湖北省、江苏省、浙江省、深圳市等省市的消耗量定额、信息价、取费规定等计价标准是本书编写的重要基础资料。在此，对辛勤的设计者、施工者、计价标准制定者，一并表示感谢。

限于时间仓促，水平有限，书中难免存在不妥或纰漏之处，敬请专家、同仁们批评指正。

编　者

2018年11月

Contents / 目　录

第1章 绪　　论

1.1 各地现行定额汇总

目前城市轨道交通土建工程执行的定额体系主要包括各省市颁布的城市轨道交通工程定额、建筑与装饰工程定额以及市政工程定额，其中地下车站、地下区间、高架区间及轨道工程概预算编制采用工程所在地各省市颁布的城市轨道交通工程定额，高架车站（桥建合一形式）、车辆基地生产及办公用房采用房屋建筑与装饰工程定额，车辆基地附属工程采用市政工程定额。各省市颁布的定额在定额说明、人材机单价及消耗量、取费等方面存在一定的差异，为了系统研究各省市定额的差异，本书选择了武汉、江苏、杭州、深圳4个地区的现行定额进行全面对比分析。

各模块对应定额类别如表1-1-1所示。其中，武汉地区车辆基地附属工程除了执行湖北市政定额（2018）外，还需执行湖北公共定额（2018）；深圳地区高架车站钢结构工程执行《深圳市装配式建筑工程消耗量定额》（2016）。

城市轨道交通工程各模块对应定额类别　　表1-1-1

序　号	模 块 章 节	模 块 名 称	定 额 类 别
1	明挖地下车站	地下连续墙	城轨定额
2		钻孔灌注桩	城轨定额
3		钻孔咬合桩	城轨定额
4		SMW工法桩	城轨定额
5		土钉墙	城轨定额
6		锚杆与预应力锚索	城轨定额
7		土石方、支撑及降水	城轨定额
8		主体结构及防水	城轨定额
9		地基加固	城轨定额
10		施工监测	城轨定额、市政定额（江苏）
11	盖挖地下车站	盖挖车站盖板系统	城轨定额
12	高架车站	高架车站钢筋混凝土结构	建筑定额
13		高架车站钢结构和屋面板	建筑定额、装配定额（深圳）
14		高架车站外立面装修	建筑定额
15	盾构区间	盾构区间	城轨定额
16	矿山区间	矿山区间	城轨定额

续上表

序　号	模 块 章 节	模 块 名 称	定 额 类 别
17	高架区间	高架区间	城轨定额
18		声屏障	城轨定额
19	轨道工程	轨道工程	城轨定额
20	车辆基地	车辆基地生产用房	建筑定额
21	车辆基地	车辆基地管理用房	建筑定额
22		车辆基地附属工程	市政定额、公共定额(湖北)
23		车辆基地上盖盖板	建筑定额

各地城市轨道交通土建工程使用的现行定额如表1-1-2所示。

各地区现行定额版本　　表1-1-2

地　　区	定 额 名 称	版　　本
武汉	《武汉城市轨道交通消耗量定额及基价表》	2011
	《湖北省房屋建筑与装饰工程消耗量定额及全费用基价表》	2018
	《湖北省建设工程公共专业消耗量定额及基价表(土石方·地基处理·桩基础·预拌砂浆)》	2018
	《湖北省市政工程消耗量定额及全费用基价表》	2018
江苏	《江苏省城市轨道交通工程计价表》	2013
	《江苏省建筑与装饰工程计价定额》	2014
	《江苏省市政工程计价定额》	2014
杭州	《杭州市地铁工程预算定额》	2010
	《浙江省建筑工程预算定额》	2010
	《浙江省市政工程预算定额》	2010
深圳	《深圳市城市轨道交通工程消耗量定额》	2011
	《深圳市城市轨道交通工程消耗量定额》(2011)修订及补充子目(试行)	2017
	《深圳市建筑工程消耗量定额》	2016
	《深圳市装配式建筑工程消耗量定额》	2016
	《深圳市市政工程消耗量定额》	2017

1.2　定额人工单价差异

武汉定额：人工分普工、技工、高级技工等，使用城轨2011定额时人工单价根据鄂建文〔2012〕85号文的有关规定执行；使用建筑、公共专业、市政等2018版定额时人工单价按定额基价执行。

江苏定额：人工分为一类、二类、三类工，单价按专业区分，各市单价又略有差别，不同地区单价对比时以苏州单价为例。

杭州定额：人工分为一类、二类、三类，人工单价按季度发布，不分专业统一执行。

深圳定额:人工价每月发布,形式有定额人工费指数和定额工日价格两种。根据深圳地区相关规定,城轨定额(2011)执行定额工日价格,建筑定额(2016)、市政定额(2017)、装配定额(2016)等执行人工费指数,该指数以2016年第一季度人工工日价格作为基期价格测算,基期指数为100。

各地人工单价见表1-2-1、表1-2-2。

城市轨道交通工程人工单价对比表 表1-2-1

武汉		苏州		杭州		深圳	
普工	56	一类工	95	一类工	71	普通工日	115.75
技工	86	二类工		二类工	77	技术工日	144.79
高级技工	129	三类工		三类工	93	安装工日	164.91
发布日期	2012.12.1	2018.3.1		2018.2.1		2018.2	
文件	鄂建文〔2012〕85号	苏建函价〔2018〕156号		按季度发布		按月发布	

注:单位均为元/工日。

建筑、市政工程人工单价对比表 表1-2-2

武汉		苏州		杭州		深圳	
普工	92	一类工	99(90)	一类工	71	普工人工费指数	106.38
技工	142	二类工	95(86)	二类工	77	技术人工费指数	106.28
高级技工	212	三类工	88(81)	三类工	93	高级技工人工费指数	105.68
发布日期	2018.4.1	2018.3.1		2018.2.1		2018.2	
文件	鄂建办〔2018〕27号	苏建函价〔2018〕156号		按季度发布		按月发布	

注:1.武汉、苏州、杭州单位为元/工日,深圳单位为定额人工费指数。
2.苏州括号外为建筑人工单价,括号内为安装、市政工程人工单价。

1.3 取费差异对比分析

本书主要选取4个地区(武汉、江苏、杭州、深圳)3个专业(城轨、建筑、市政)的企业管理费、利润、总价措施费、规费及增值税等费用的取费基数及费率进行对比。表1-3-1为工程量清单计价模式费用组成。

工程量清单计价模式费用组成 表1-3-1

序号	项目	内容
1	分部分项工程费	人工费
		材料费
		施工机具使用费
		企业管理费
		利润
2	措施项目费	总价措施费
		单价措施费(内容同分部分项工程费)

续上表

序号	项　　目	内　　容
3	其他项目费	暂列金额
		计日工
		总承包服务费
4	规费	社会保险费
		住房公积金
		工程排污费
5	增值税	

注:编制概预算时,其他项目费一般不取费。

1.3.1　城轨定额取费对比

武汉城轨定额取费:执行鄂建文〔2016〕24 号《湖北省建筑业营改增建设工程计价依据调整过渡方案》、鄂建文〔2018〕24 号《关于调整湖北省建设工程计价依据的通知》。

江苏省城轨定额取费:执行苏建价〔2014〕299 号《江苏省建设工程费用定额(2014 版)》、苏建价〔2016〕154 号《省住房城乡建设厅关于建筑业实施营改增后江苏省建设工程计价依据调整的通知》以及苏建价函〔2018〕298 号《省住房城乡建设厅关于建筑业增值税计价政策调整的通知》。

深圳市城轨定额取费:执行深建价〔2018〕25 号《深圳市建设工程计价费率标准(2018)》。

杭州城轨定额取费:执行《浙江省建设工程施工费用定额》(2010 版)、杭建造价投资办〔2016〕23 号"关于转发省造价管理总站《关于发布营改增后浙江省建设工程施工取费费率的通知》的通知"、浙建站定〔2016〕23 号《关于发布营改增后浙江省建设工程施工取费费率的通知》、建建发〔2018〕104 号《关于增值税调整后我省建设工程计价规则有关增值税税率及计价系数调整的通知》。

1)企业管理费、利润

企业管理费、利润取费如表 1-3-2 所示。

城市轨道交通土建工程企业管理费、利润取费对比表　　表 1-3-2

地区	专　　业	取 费 基 数	企业管理费(%)	利润(%)
武汉	围护结构地基处理、桥涵工程、地下结构工程、隧道工程	直接工程费	5.81	6
	轨道工程	直接工程费		
	土石方工程	人工费 + 施工机具使用费	6.71	5.65
江苏	高架及地面工程	人工费 + 施工机具使用费	34	10
	隧道工程(明挖法)及地下车站工程	人工费 + 施工机具使用费	38	11
	隧道工程(矿山法)	人工费 + 施工机具使用费	29	10
	隧道工程(盾构法)	人工费 + 施工机具使用费	22	9
	轨道工程	人工费 + 施工机具使用费	61	13

续上表

地区	专 业	取 费 基 数	企业管理费（%）	利润（%）
江苏	大型土石方工程一	人工费＋施工机具使用费	9	5
	大型土石方工程二	人工费＋施工机具使用费	15	6
深圳	土建工程	人工费＋机械费×0.1	18	—
		人工费＋材料费＋机械费＋企业管理费	—	5
杭州	地下车站土建	人工费＋机械费	32.54	8.5
	桥涵工程		29.7	11
	隧道工程		16.27	6
	轨道工程		64.36	28

注:1. 武汉城轨定额:土石方工程取费适用于一次性单挖、单填在6000m^3 以上的土石方工程。在6000m^3 以下的土石方工程,均按路基、围护结构及地基处理工程考虑。

2. 江苏城轨定额:大型土石方工程一取费适用于高架及地面工程、不带支撑的明挖区间、放坡(土钉支撑)开挖的车站土建工程中每个标段中挖或填方量大于5000m^3 的土石方工程。大型土石方工程二取费适用于采用钢或混凝土支撑的明挖区间或车站土建工程中每个标段挖或填方量大于5000m^3 的土石方工程。

3. 杭州城轨定额:上表中费率为《杭州市地铁工程预算定额》施工取费费率中的市区一般工程、中值费率。

2)总价措施费

总价措施项目是指在现行工程量清单计算规范中无工程量计算规则,以总价(或计算基数乘费率)计算的措施项目。各地总价措施费包括的内容不尽相同。

武汉城轨定额中总价措施费包括安全文明施工费和其他组织措施费,其他组织措施费一般包括夜间施工增加费、二次搬运费、冬雨季施工增加费、工程定位复测费等。

江苏城轨定额中总价措施费包括安全文明施工费、临时设施费、赶工措施费、按质论价费、夜间施工增加费、二次搬运费、冬雨季施工增加费、地上地下设施建筑物的临时保护设施费、特殊条件下施工增加费等。

深圳城轨定额中总价措施费包括安全文明施工措费、夜间施工增加费、赶工措施费等。

杭州城轨定额中总价措施费包括安全文明施工费、夜间施工增加费、冬雨季施工增加费、检验试验费、已完工程及设备保护费、二次搬运费、行车行人干扰增加费、提前竣工增加费、优质工程增加费等。

在总价措施费取费对比中,表1-3-3 主要对比安全文明施工费和扬尘污染防治费;表1-3-4主要对比除安全文明施工费、扬尘污染防治费之外的总价措施费,由于各地总价措施费包括内容不同,仅选取夜间施工增加费、冬雨季施工增加费等2 项内容进行对比。

城市轨道交通土建工程总价措施费取费对比表(上) 表1-3-3

地区	专 业	取 费 基 数	安全文明施工费（%）	扬尘污染防治费
武汉	围护结构地基处理、桥涵工程、地下结构工程、隧道工程	直接工程费	2.6	根据湖北2018 版费用定额,单独计取。建筑取1.52%,市政取3.57%,基数为人工费＋机械费,城轨暂按建筑执行

续上表

地区	专　业	取 费 基 数	安全文明施工费(%)	扬尘污染防治费
武汉	轨道工程	直接工程费	1.63	根据湖北 2018 版费用定额,单独计取。建筑取 1.52%,市政取 3.57%,基数为人工费 + 机械费,城轨暂按建筑执行
	土石方工程	直接工程费	3.45	
	钢结构工程		10.08	
江苏	土建工程	分部分项工程费 + 单价措施项目费 – 除税工程设备费	1.9	根据省内各市相关规定计取
	轨道工程	分部分项工程费 + 单价措施项目费 – 除税工程设备费	1.3	
	大型土石方工程	分部分项工程费 + 单价措施项目费 – 除税工程设备费	1.5	
深圳	土建工程	分部分项工程费 + 混凝土模板及支架费 + 脚手架费 + 垂直运输机械费 + 大型机械设备进出场及安拆费	2.7	已包括在安全文明施工费中
杭州	土建工程	人工费 + 机械费	11.88	已包括在安全文明施工费中

注:1. 江苏地区安全文明施工费费率为基本费率,不含省级标化增加费。

2. 杭州地区安全文明施工费费率为市区一般工程中值费率,不含创标化工地增加费。

城市轨道交通土建工程总价措施费取费对比表(下)　　表 1-3-4

地区	专　业	取 费 基 数	其他组织措施费		
			夜间施工增加费(%)	冬雨季施工增加费(%)	其他
武汉	围护结构地基处理、桥涵工程、地下结构工程、隧道工程	直接工程费	0.53		
	轨道工程				
	土石方工程		1.97		
江苏	土建工程	分部分项工程费 + 单价措施项目费 – 除税工程设备费	0.08	0.08	*
	轨道工程	分部分项工程费 + 单价措施项目费 – 除税工程设备费			
	大型土石方工程	分部分项工程费 + 单价措施项目费 – 除税工程设备费			
深圳	土建工程	人工费	0.25	—	
杭州	土建工程	人工费 + 机械费	0.03	0.19	*

注:1. 武汉:费率包括除安全文明施工费之外的其他总价措施费。

2. 深圳:夜间施工增加费计算基数中的人工费是指单位工程夜间施工部分的人工费。

3. 杭州:夜间施工增加费、冬雨季施工增加费按中值费率计取。

4. “ * ”:武汉地区其他组织措施费开项合并为一项进行取费,其他 3 个地区除夜间施工增加费、冬雨季施工增加费之外的其他组织措施费开项和计算均存在一定差异,此处不再一一展开对比。

3)规费、增值税

规费一般包括失业保险费、养老保险费、工伤保险费、医疗保险费、生育保险费、住房公积金、工程排污费等。浙建站定〔2016〕54 号文规定,浙建站定〔2016〕23 号文中的地方水利建设基金费率调整为0。规费取费如表1-3-5所示。

武汉、江苏、杭州地区计取10%增值税，计费基数为税前工程造价（除税）。深圳地区综合计取3.65%的应纳税费，计费基数为税前工程造价（含税）。

城市轨道交通土建工程规费取费对比表 表1-3-5

地区	专　业	取费基数	规费（%）
武汉	围护结构地基处理、桥涵工程（除钢结构工程）、地下结构工程、隧道工程	直接工程费	6.98
	轨道工程		
	土石方工程	人工费＋施工机具使用费	6.96
	钢结构工程		19.48
江苏	土建	分部分项工程费＋措施项目费＋其他项目费－除税工程设备费	3.27
	隧道工程（盾构法）		2.43
	轨道工程		2.88
	大型土石方工程		1.64
深圳	土建工程	分部分项工程费＋措施项目费＋其他项目费中的人工费	18
杭州	地下车站土建	人工费＋机械费	10.4
	桥涵工程		7.3
	隧道工程		4.05
	轨道工程		13.87

注：杭州规费费率不包括民工工伤保险费，民工工伤保险费费率为0.122%，计费基数为直接费＋企业管理费＋利润＋上表所计规费。

1.3.2 建筑、市政工程定额取费对比

武汉建筑、市政定额取费：执行《湖北省建筑安装工程费用定额》（2018）和鄂建文〔2018〕24号《关于调整湖北省建设工程计价依据的通知》。

江苏建筑、市政定额取费：执行苏建价〔2014〕299号《江苏省建设工程费用定额（2014版）》、苏建价〔2016〕154号《省住房城乡建设厅关于建筑业实施营改增后江苏省建设工程计价依据调整的通知》以及苏建价函〔2018〕298号《省住房城乡建设厅关于建筑业增值税计价政策调整的通知》。

深圳建筑、市政定额取费：执行深建价〔2018〕25号《深圳市建设工程计价费率标准(2018)》。

杭州建筑、市政定额取费：执行《浙江省建设工程施工费用定额》（2010版）、杭建造价投资办〔2016〕23号“关于转发省造价管理总站《关于发布营改增后浙江省建设工程施工取费费率的通知》的通知”、浙建站定〔2016〕23号《关于发布营改增后浙江省建设工程施工取费费率的通知》、建建发〔2018〕104号《关于增值税调整后我省建设工程计价规则有关增值税税率及计价系数调整的通知》。采用建筑、市政定额的项目，在编制概算阶段，取费按相应的综合费率计取。综合费率包括施工组织措施费、企业管理费、利润、规费四项内容。其中，施工组织措施费只包括安全文明施工费、检验试验费、已完工程及设备保护费等三项费用，不包括夜间施

工增加费、提前竣工增加费、二次搬运费、优质工程增加费等费用。

1)企业管理费、利润

企业管理费、利润取费如下表1-3-6所示。

建筑、市政工程企业管理费、利润取费对比表 表1-3-6

地区	专业	取费基数	企业管理费(%)	利润(%)
武汉	房屋建筑工程	人工费+施工机具使用费	28.27	19.73
	市政工程		25.61	19.32
	土石方工程		15.42	9.42
江苏	建筑工程	人工费+施工机具使用费	26	12
	大型土石方工程		7	4
	市政(通用项目、道路、排水工程)		20	10
深圳	同城轨专业			
杭州	建筑工程(工业与民用建筑工程)	人工费+机械费	包含在综合费率(51.71%)中	
	市政(道路、给水等)		包含在综合费率(50.06%)中	

注:上表所列的江苏、杭州费率均为三类工程对应的取值。

2)总价措施费

各地总价措施费包含的内容参见城市轨道交通工程取费对比部分。建筑、市政工程总价措施费取费:表1-3-7主要对比安全文明施工费和扬尘污染防治费;表1-3-8主要选取各地夜间施工增加费、冬雨季施工增加费进行对比。

建筑、市政工程总价措施费取费对比表(上) 表1-3-7

地区	专业	取费基数	安全文明施工费(%)	扬尘污染防治费(%)
武汉	房屋建筑工程	人工费+机械费	13.64	1.52
	市政工程	人工费+机械费	12.44	3.57
	土石方工程	人工费+机械费	6.58	—
江苏	建筑工程	分部分项工程费+单价措施项目费-除税工程设备费	3.1	根据省内各市有关规定计取
	市政(通用项目、道路、排水工程)		1.5	
深圳	建筑工程	分部分项工程费+混凝土模板及支架费+脚手架费+垂直运输机械费+大型机械设备进出场及安拆费	3.3	已包括在安全文明施工费中
	地基处理与边坡支护、桩基工程		2.1	
	机械施工土石方及基坑支护工程		2.2	
	钢结构工程		2.8	
	市政(道路)		2.0	
杭州	建筑工程	人工费+机械费	包含在综合费率中	
	市政工程		包含在综合费率中	

注:1.江苏:表中所列安全文明施工费为基本费率,不含省级标化增加费。

2.深圳:安全文明施工措施费计费基数为500万以内的项目,安全文明施工费费率乘以1.2。

建筑、市政工程总价措施费取费对比表(下)　　表1-3-8

地区	专　业	取费基数	夜间施工增加费(%)	冬雨季施工增加费(%)
武汉	房屋建筑工程	人工费+机械费	0.16	0.40
	市政工程	人工费+机械费	0.18	0.54
	土石方工程	人工费+机械费	0.32	0.71
江苏	建筑工程	分部分项工程费+单价措施项目费-除税工程设备费	0~0.1	0.05~0.2
	市政工程		0.05~0.15	0.1~0.3
深圳	建筑、市政	人工费	0.25	—
杭州	建筑工程	人工费+机械费	0.04	0.20
	市政工程	人工费+机械费	0.03	0.19

注:1. 杭州地区取费时,夜间施工增加费、冬雨季施工增加费不含在综合费率中,上表中参考建筑、市政工程费率为中值费率。
2. 深圳定额夜间施工增加费取费基数中的人工费是指单位工程夜间施工部分的人工费。

3)规费、增值税

增值税对比参见城市轨道交通工程部分。各地规费取费对比如表1-3-9所示。

建筑、市政工程规费取费对比表　　表1-3-9

地区	专　业	取费基数	规费(%)
武汉	房屋建筑工程	人工费+机械费	26.85
	市政工程	人工费+机械费	26.34
	土石方工程	人工费+机械费	11.57
江苏	建筑工程	分部分项工程费+措施项目费+其他项目费-除税工程设备费	3.83
	市政(通用项目、道路、排水工程)	分部分项工程费+措施项目费+其他项目费-除税工程设备费	2.44
	市政(桥涵、隧道)	分部分项工程费+措施项目费+其他项目费-除税工程设备费	3.27
深圳	同城市轨道交通工程		
杭州	建筑、市政	人工费+机械费	包含在综合费率中

注:杭州地区取费时,综合费率中,规费只包括工程排污费、社会保障费及住房公积金三项费用,危险作业意外伤害保险费、民工工伤保险费按各市有关规定计算。

第2章　明挖地下车站

明挖地下车站是城市轨道交通常见的车站施工形式，包含围护结构、土石方支撑及降水、主体结构、地基加固、施工监测等内容。明挖地下车站施工的一般流程如图2-0-1所示：围护结构及降水井施工完成后，开挖表层土至冠梁底，施作冠梁和第一道混凝土支撑；冠梁及第一道混凝土支撑设计强度达到要求后，开挖土体至第二道钢支撑位置；依次分层开挖至第三、四道钢支撑处，架设支撑后继续开挖至基坑底；浇筑垫层及底板、侧墙，待混凝土强度达到设计要求后拆除第三、四道钢支撑；浇筑中板、侧墙及顶板，待墙板混凝土强度达到设计要求后拆除第二道钢支撑；进行墙板剩余部分混凝土的施工；顶板达到一定强度后，拆除第一道混凝土支撑，覆土回填。

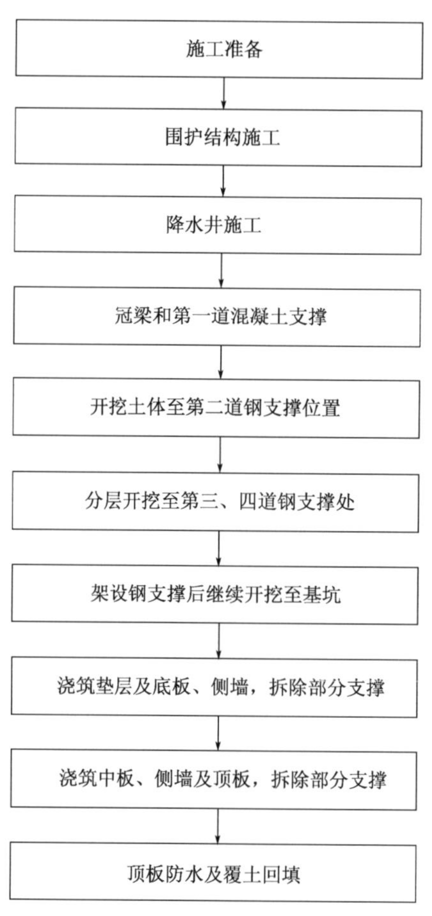

图2-0-1　明挖法地下车站施工流程图

2.1　围护结构

本书选取地下车站常用的地下连续墙、钻孔灌注桩、钻孔咬合桩、SMW 工法桩、锚杆及锚索、土钉墙等围护结构形式作为研究对象。

2.1.1　地下连续墙

2.1.1.1　施工组织

地下连续墙(图 2-1-1)是于基坑开挖之前,用特殊挖槽设备、在泥浆护壁之下开挖深槽,然后下放钢筋笼浇注混凝土形成的地下混凝土墙。地下连续墙施工时振动少、噪声低,可减少对周围环境的影响,其刚度大、整体性好、变形相对较小,可用于深基坑。地下连续墙常用的接头形式有两种:锁口管接头和 H 型钢接头。H 型钢接头施工难度低,防水效果好,但是造价比锁口管接头高。

1)施工工序

地下连续墙施工主要由导墙施工、泥浆制备、成槽施工、接头安装、钢筋笼制作与安装、混凝土浇筑等施工工序组成,其施工流程如图 2-1-2 所示。

图 2-1-1　地下连续墙示意图

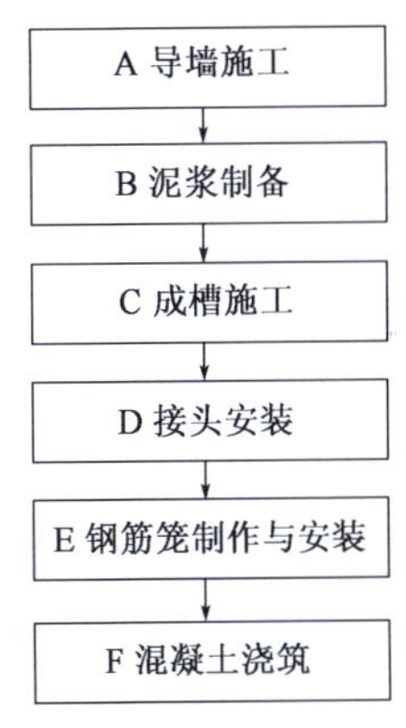

图 2-1-2　地下连续墙施工流程图

A 导墙施工

A1 导墙开挖:使用全站仪测量放线完成后,采用反铲挖掘机开挖导墙沟槽,侧面采用人工修直。

A2 导墙浇筑:按照设计要求绑扎、安设导墙钢筋;安装模板及支撑,要求模板表面平整,接缝严密;浇筑凝土时两侧均匀布料,均匀振捣,以表面泛浆、混凝土面不下沉为准。如图 2-1-3、图 2-1-4 所示。

A3 导墙拆除:地下连续墙施工完成并达到设计强度后,将导墙拆除。

B 泥浆制备

B1 泥浆池建造与拆除:根据设计要求和成槽施工要求,砌筑泥浆池,在施工完成后将泥浆池拆除。泥浆池如图 2-1-5所示。

图 2-1-3　导墙模板

图 2-1-4　导墙浇筑

B2 泥浆制作及运输：泥浆采用膨润土、纯碱、羧甲基纤维素钠溶液（CMC）等按一定比例配制而成，新拌泥浆贮存 24h 后使用。在施工点设置一套由制浆机、旋流器、振动筛和泥浆罐等组成的泥浆处理系统，泥浆的制备、储存、输送、循环、分离等均由泥浆处理系统完成。图 2-1-6为泥浆处理系统。

图 2-1-5　泥浆池

图 2-1-6　泥浆处理系统

C 成槽施工

C1 槽段开挖：地下连续墙施工时，按槽段划分，目前一般槽长为 5 ~ 8m，常见的标准槽长在 6m 左右。单元槽段成槽时采用“三抓”开挖，先挖两端最后挖中间，使抓斗两侧受力均匀。成槽开挖时抓斗闭斗下放，开挖时再张开，每斗进尺深度控制在 0.3m 左右。地下连续墙槽段开挖如图 2-1-7 所示。

a)

b)

图 2-1-7　地下连续墙槽段开挖图

C2 刷壁:后续槽段挖至设计高程后,用特制的刷壁器清刷先行幅接头面上的沉渣或泥皮。

C3 清底:清底在刷壁完成后进行,采用成槽机抓斗由一端向另一端细抓,每一斗进尺控制在15cm。抓斗下部由土体封闭,上部可以存装沉渣,将槽底沉渣和淤泥清除,清底至每一斗土体提出槽壁后无沉渣和淤泥、槽底高程达到设计高程为止。清底结束后测量槽深和沉渣厚度。

D 接头安装

D1 多次刷壁:通过"刮、冲、刷"三道工序保证接头质量。

D2 防漏浆:主要通过在先行槽段钢筋笼外包覆止浆铁皮来实现。

D3 防绕流:在间隙回填黏土和碎石,用来防止混凝土绕流。

D4 接头处理:完成抓斗和成槽后,用30mm钢板烧制尺寸与接头相吻合的特制刮刀,安装在槽壁机抓斗上,将附着在接头上的混凝土强行挖除。

E 钢筋笼制作与安装

E1 钢筋笼制作:钢筋笼的主筋采用机械接头连接,主筋与水平筋采用点焊连接。竖向钢筋的底端500mm范围内稍向内侧弯折,以避免吊放钢筋笼时擦伤槽壁。要在密集的钢筋中预留导管的位置,以便于灌注水下混凝土时插入导管。为保证钢筋的保护层厚度,在钢筋笼外侧焊定位垫块。图2-1-8为钢筋笼制作现场。

a)

b)

图2-1-8　钢筋笼制作

E2 钢筋笼吊放:钢筋笼起吊采用50t辅助吊机配合150t主吊一次性整体起吊入槽。钢筋笼在起吊及行走过程中要小心、慢速平稳操作,同时在钢筋笼下端系上拽引绳以人力操纵,防止钢筋笼抖动而造成槽壁坍塌以及钢筋笼自身产生不可逆的变形。图2-1-9为钢筋笼吊装现场。

F 混凝土浇筑

钢筋笼安放后在4h内浇灌混凝土,混凝土浇灌采用龙门架配合混凝土导管完成。开始浇注时,先在导管内放置隔水球以便混凝土灌注时能将管内泥浆从管底排出,导管上方接能储备3m^{3}混凝土的料斗,确保开始灌注混凝土时埋管深度不小于500mm。混凝土浇筑中保持连续均匀下料,导管随混凝土浇筑逐步提升,下口在混凝土内的埋置深度控制在1.5~3.0m。混凝土浇筑面高出设计高程,待混凝土强度达到设计要求后,将地下连续墙墙顶超灌混凝土凿除。

a)

b)

图 2-1-9　钢筋笼吊装

2)施工进度、机械及劳动力配置

(1)施工进度指标

根据《城市轨道交通工程项目建设标准》(建标 104—2008),明挖法地下车站施工工期约为 12 ~ 18 月/站。其中,地下连续墙围护施工工期约为 90d/站。

地下连续墙围护结构的施工主要分为导墙施工和地下连续墙施工。一般标准地下二层车站地下连续墙导墙施工进度约为 20m/d,地下连续墙的施工进度约为 1.5 幅/d/套成槽设备。施工进度指标如表 2-1-1 所示。

标准地下二层站地下连续墙施工进度指标表　　表 2-1-1

序　号	工　序	施 工 进 度
1	导墙施工	20m/d
2	地下连续墙施工	1.5 幅/d/套

(2)施工机械及劳动力配置

以围护结构采用 800mm 厚地下连续墙的地下二层车站为例,基坑深度约为 17m,地下连续墙深 24.7 ~ 31m,共计 102 幅。

地下连续墙施工采用主要施工机械设备如表 2-1-2 所示。

主要机械设备配置表　　表 2-1-2

序号	名　称	数　量	备　注
1	液压挖掘机	1 台	平整、装卸土方
2	自卸汽车	1 台	土方内驳
3	泥浆泵	2 台	泥浆处理系统
4	泥浆搅拌机	2 台	
5	泥浆分离系统	1 台	
6	成槽机	1 台	地下连续墙成槽

续上表

序号	名　称	数　量	备　注
7	履带式起重机100t	1台	钢筋笼吊装
8	履带式起重机50t	1台	
9	空气升液器	1套	清底置换
10	空气压缩机	1台	

现场配置有成槽班组、混凝土班组、钢筋班组及综合班组，施工人员配置如表2-1-3所示。

施工人员配置表　　表2-1-3

序号	班　组	岗位名称	人　数
1	成槽班组	成槽机司机	1
2		泥浆工	12
3	混凝土班组	混凝土工	8
4		混凝土罐车司机	3
5	钢筋班组	钢筋工	8
6		电焊工	4
7		吊车司机	2
8	综合班组	修理工	2
9		电工	2
10		普工	6

2.1.1.2　施工组织与定额对应关系

地下连续墙围护结构施工包含导墙施工、泥浆系统、成槽施工、H型钢接头制安、钢筋笼制安、混凝土浇筑6道主要工序，根据上述施工进度指标可知，导墙施工进度约为20m/d，地下连续墙施工进度约为1.5幅/d/套。

人工和机械是定额的构成要素，也是施工组织中资源配置的重要内容。组织地下连续墙施工时，配置1台液压抓斗式成槽机、2台履带式起重机，每台成槽机配置有成槽班组（成槽机司机1名和泥浆工12名）、钢筋班组（吊车司机2名和钢筋工12名）、混凝土班组（罐车司机3名和混凝土工8名）、综合班组（10人）。

成槽机械是影响地下连续墙工程费用的主要施工组织因素。地下连续墙施工的常规机械是抓斗式成槽机，当遇到岩层或硬地层时，则需采用冲击钻、旋挖钻或双轮铣成槽机等机械施工。以双轮铣为例，双轮铣成槽机施工效率高，但是设备昂贵，台班单价高，导致地下连续墙的工程费用提高。

地下连续墙施工组织与定额对应关系如表2-1-4所示。

地下连续墙施工组织与定额对应关系表　　表2-1-4

编号	工序名称	定额子目	工作内容
A	导墙施工	城轨定额第一章　WG1-160～162、WG1-269、WG1-223、WG1-077～080	采用机械开挖，人工修整边坡，土方运输采用挖掘机装车，自卸汽车外运；导墙架立模板、绑扎钢筋、浇筑混凝土；导墙拆除并外运石渣

续上表

编号	工序名称	定 额 子 目	工 作 内 容
B	泥浆系统	公共定额第三章　G3-141 城轨定额第二章　WG2-098～099	泥浆池建造、拆除； 泥浆装卸、外运
C	成槽施工	城轨定额第一章　WG1-165/077/078/192 城轨定额第二章　WG2-098～099	液压抓斗机成槽施工(挖土及入岩),同时进行泥浆制备和泥浆循环;泥浆及土方装卸、外运;采用空压机进行清底置换
D	H型钢接头制安	城轨定额第一章　WG1-190～191	H型钢下料、制作及吊装
E	钢筋笼制安	城轨定额第一章　WG1-171、WG1-174	钢筋加工、焊接、绑扎； 采用两台吊车,吊放钢筋笼
F	混凝土浇筑	城轨定额第一章　WG1-193	安装导管并浇筑水下混凝土

2.1.1.3　概预算标准化设计

1)概预算标准模板

地下连续墙概预算标准模板见表2-1-5。地下连续墙若有槽壁加固工程,需单独计列,开项参考“地基加固模块”。

地下连续墙围护结构概预算标准模板　　表2-1-5

序号	定额编号	工作项目或费用名称	单位	数量	单价(元)	合价(元)
		(1)导墙				1792289.4
1	WG1-160	路基、围护结构及地基处理工程　地下连续墙　导墙开挖	m^3	1471.8	45.23	66569.51
2	WG1-077换	路基、围护结构及地基处理工程　土石方运输　机械装车自卸汽车运土方　挖掘机装自卸汽车运土方运距1km以内实际运距(km):20	$1000m^3$	1.4718	54138.39	79680.88
3	补子目001	渣土消纳费	m^3	1471.8	33	48569.4
4	WG1-161	路基、围护结构及地基处理工程　地下连续墙　现浇混凝土导墙　混凝土C20	m^3	895.4	672.25	601932.65
5	WG1-269	路基、围护结构及地基处理工程　措施项目模板工程　混凝土导墙模板	m^2	2453	63.7	156256.1
6	WG1-162	路基、围护结构及地基处理工程　地下连续墙　现浇混凝土导墙　钢筋	t	89.54	6888.62	616807.03
7	WG1-223	路基、围护结构及地基处理工程　拆除工程拆除混凝土结构　机械拆除　有筋	m^3	447.7	385.98	172803.25
8	WG1-079换	路基、围护结构及地基处理工程　土石方运输　挖掘机装自卸汽车运松散石方　运距1km以内实际运距(km):20	$1000m^3$	0.4477	77946.13	34896.48
9	补子目001	渣土消纳费	m^3	447.7	33	14774.1
		小计				1792289.4

续上表

序号	定额编号	工作项目或费用名称	单位	数量	单价(元)	合价(元)
		(2)地下连续墙				48560555.5
10	WG1-165	路基、围护结构及地基处理工程 挖土成槽 地下连续墙 履带式液压抓斗 槽深(m以内):35	m^3	16579.2	607.28	10068216.6
11	WG1-170	路基、围护结构及地基处理工程 挖土成槽 地下连续墙 入岩增加费	m^3		736.7	
12	WG1-077换	路基、围护结构及地基处理工程 土石方运输 机械装车自卸汽车运土方 挖掘机装 自卸汽车运土方 运距1km以内 实际运距(km):20	$1000m^3$	16.5792	54138.39	897571.2
13	补子目001	渣土消纳费	m^3	16579.2	33	547113.6
14	借G3-141	泥浆池建造和拆除	$10m^3$	1657.92	66.35	110002.99
15	WG2-098换	桥涵工程 钻孔灌注桩工程 泥浆制作、运输 运距1km以内 实际运距(km):20	$10m^3$	414.48	1472.03	610126.99
16	补子目001	渣土消纳费	m^3	4144.8	33	136778.4
17	WG1-192	路基、围护结构及地基处理工程 浇筑混凝土连续墙 地下连续墙 清底置换	段	99	3960.86	392125.14
18	WG1-171	路基、围护结构及地基处理工程 地下连续墙 钢筋笼制作	t	2631.02	7023.75	18479654.8
19	WG1-174	路基、围护结构及地基处理工程 钢筋笼安放 地下连续墙 槽深(m以内):35	t	2631.02	826.41	2174304.54
20	补子目002	玻璃纤维筋	t	20	20288.86	405777.2
21	WG1-190	路基、围护结构及地基处理工程 接头处理 地下连续墙 工字钢封口 制作	t	350.9	9672.16	3393960.94
22	WG1-191	路基、围护结构及地基处理工程 接头处理 地下连续墙 工字钢封口 安装	t	350.9	369.79	129759.31
23	借G3-159	声测管埋设 钢管	100m	36.36	2964.47	107788.13
24	WG4-266	地下结构工程 其他工程 预埋件 铁件	t	30	9884.46	296533.8
25	WG1-193	路基、围护结构及地基处理工程 浇筑混凝土连续墙 地下连续墙浇筑混凝土非泵送C35	m^3	14616.8	735.39	10749048.6
26	WG2-194	钻孔灌注桩工程 凿除桩顶钢筋混凝土 钻孔灌注桩	$10m^3$	24.53	1409.63	34578.22
27	WG1-079换	路基、围护结构及地基处理工程 土石方运输 挖掘机装自卸汽车运松散石方 运距1km以内 实际运距(km):20	$1000m^3$	0.2453	77946.13	19120.19
28	补子目001	渣土消纳费	m^3	245.3	33	8094.9
		小计				48560555.5

续上表

序号	定额编号	工作项目或费用名称	单位	数量	单价(元)	合价(元)
		(3)冠梁				1836925.11
29	WG1-199	路基、围护结构及地基处理工程　围护结构圈梁　混凝土圈梁 C35	m^3	859.1	670.32	575871.91
30	WG2-351	桥涵工程　措施项目　模板工程　混凝土基础模板	$10m^2$	171.82	377.77	64908.44
31	WG2-210	桥涵工程　钢筋工程　钢筋制作、安装　现浇混凝土　ϕ10 以内	t	19.320	6401.13	123732.24
32	WG2-211	桥涵工程　钢筋工程　钢筋制作、安装　现浇混凝土　ϕ10 以外	t	109.535	5893.11	645503.28
33	WG1-223	路基、围护结构及地基处理工程　拆除工程　拆除混凝土结构　机械拆除　有筋	m^3	859.1	385.98	331595.42
34	WG1-079 换	路基、围护结构及地基处理工程　土石方运输　挖掘机装自卸汽车运松散石方　运距 1km 以内　实际运距(km):20	$1000m^3$	0.8591	77946.13	66963.52
35	补子目 001	渣土消纳费	m^3	859.1	33	28350.3
		小计				1836925.11
		(4)挡土墙				204751.28
36	WG1-117 换	路基、围护结构及地基处理工程　混凝土挡土墙 C30	m^3	97.9	570.8	55881.32
37	WG1-267	路基、围护结构及地基处理工程　措施项目　模板工程　混凝土挡土墙模板	m^2	981.2	30.67	30093.4
38	WG2-210	桥涵工程　钢筋工程　钢筋制作、安装　现浇混凝土　ϕ10 以内	t	1.7622	6401.13	11280.07
39	WG2-211	桥涵工程　钢筋工程　钢筋制作、安装　现浇混凝土　ϕ10 以外	t	9.9858	5893.11	58847.42
40	WG1-223	路基、围护结构及地基处理工程　拆除工程　拆除混凝土结构　机械拆除　有筋	m^3	97.9	385.98	37787.44
41	WG1-079 换	路基、围护结构及地基处理工程　土石方运输　挖掘机装自卸汽车运松散石方　运距 1km 以内　实际运距(km):20	$1000m^3$	0.0979	77946.13	7630.93
42	补子目 001	渣土消纳费	m^3	97.9	33	3230.7
		小计				204751.28

2)工程量计算规则

(1)地下连续墙数量

地下连续墙成槽土方量及浇筑混凝土工程量按地下连续墙设计断面面积乘以槽深(设计槽深加超深0.5m)以"m^3"为单位计算。

(2)清底置换及锁口管数量

清底置换按地下连续墙设计段数计算;若接头全部使用锁口管,则锁口管吊拔数量按地下连续墙段数加1计算。

3)标准模板使用注意事项

(1)接头形式

地下连续墙常用的接头形式包括锁口管、H型钢两类,同一座车站的地下连续墙可能同时存在两种接头形式,应根据设计要求套用相应定额。

(2)钢筋笼制安

①制作:钢筋笼制作定额中包括台模摊销费,不需另计。

②安装:对于沿江超深地下连续墙,设计人员应分别提供素墙(起隔断承压水作用,配筋率低)、荤墙(起挡土作用,配筋率高)的深度,套用定额时应选取对应荤墙深度的钢筋笼吊放定额。

(3)入岩增加费

地下连续墙入岩需套用入岩增加费定额,该定额按普坚石编制,当石质不同时按如下规定计算:松石不另计算入岩增加费;次坚石按相应子目乘以系数0.8;特坚石按相应子目乘以系数1.2。

(4)冠梁定额套用

武汉城轨定额第一册定额说明中规定:围护结构圈梁模板执行"第二册桥涵工程"混凝土基础模板子目;围护结构圈梁钢筋执行"第二册桥涵工程"普通钢筋子目。SMW工法桩、钻孔灌注桩、咬合桩等围护结构冠梁都参照此规定执行。

(5)护壁泥浆

地下连续墙护壁泥浆的制作、外运比例一般按照成孔体积的25%考虑,泥浆池数量按成孔体积计列。泥浆的制作、循环费用已包含在地下连续墙成槽定额中,不需单独计列。

(6)预埋铁件

地下连续墙预埋铁件由钢板加工制作而成,焊接在钢筋笼上作为钢筋保护层垫块,该预埋铁件已含在钢筋笼定额材料中。此外,若围护结构采用"地下连续墙+钢支撑"的形式,则钢筋笼上需要焊接钢支撑预埋钢板,预埋钢板数量约为30t/站。

2.1.1.4 工程量计算规则及定额对比分析

地下连续墙模块采用城轨定额。本节主要对成槽定额、钢筋笼制作吊放等定额对比分析。

1)工程量计算规则差异

(1)成槽

武汉、江苏、杭州:成槽方量=设计长度×设计宽度×(设计槽深+0.5m)

深圳:成槽方量=设计长度×设计宽度×设计槽深

(2)混凝土

武汉、江苏:混凝土方量=设计长度×设计宽度×(设计槽深+0.5m)

深圳:混凝土方量=设计长度×设计宽度×设计槽深

杭州:混凝土方量=设计长度×设计宽度×(设计槽深+0.5m)

(3)钢筋笼吊运

杭州钢筋笼吊运就位工程量包括钢筋笼、H型钢封口工程量。其他三地区定额无此规定,需另行套用H型钢封口安装定额。

(4)泥浆池建拆及泥浆运输

武汉、江苏、深圳:地下连续墙成槽定额项目未包括泥浆池的建拆,发生时根据施工组织设计另行计算。

杭州:地下连续墙成槽定额项目未包括泥浆池的建拆,泥浆池建拆、泥浆外运工程量按成槽工程量乘以0.2计算。

(5)锁口管、接头箱吊拔

武汉、江苏、深圳以连续墙设计段数加1计算,杭州以连续墙设计段数计算。

2)重点定额对比

(1)成槽定额槽深分类差异

武汉、江苏、杭州和深圳地下连续墙成槽定额,“履带式液压抓斗机成槽”定额槽深分类情况各地不一,具体差异见表2-1-6。

履带式液压抓斗机成槽定额槽深分类对比 表2-1-6

地区	履带式液压抓斗(槽深m以内)					
武汉	15	25	35	45	60	—
深圳	15	25	35	45	—	—
杭州	15	25	35	45	55	55m以上
江苏	15	25	35	45	—	—

(2)成槽定额人工及材料差异

以“槽深35m以内深履带式液压抓斗成槽”定额为例,四地定额人工消耗量及材料方面的差异如表2-1-7所示。

①武汉、江苏、深圳人工消耗量相当,杭州仅为武汉的60%左右。

②武汉、深圳、杭州主要材料为护壁泥浆,在材料单价方面,杭州与武汉相当,深圳为武汉的约6倍。江苏使用的定额主要材料为黏土和水。

成槽定额人工及材料差异(定额单位:m^3) 表2-1-7

定额		槽深35m以内深履带式液压抓斗成槽			
地区		武汉	江苏	深圳	杭州
人工	名称	普工	综合工日	技术工日	二类
	消耗量(工日)	1.381	1.385	1.385	0.831
护壁泥浆	消耗量(m^3)	0.754	—	0.754	0.754
	材料单价(元/m^3)	41.71	—	248	35

续上表

定额		槽深35m以内深履带式液压抓斗成槽			
黏土	消耗量(m^3)	—	0.53	—	—
	材料单价(元/m^3)	—	25	—	—
水	消耗量(m^3)	—	3	—	2.1
	材料单价(元/m^3)	—	4.1	—	2.95

注:表中材料单价均为定额基价。

(3)成槽定额机械台班差异

①液压成槽机

"履带式液压抓斗成槽槽深35m以内"定额子目中成槽机械均为履带式液压抓斗成槽机(型号KHl80MHL-800),台班单价均在3000元/台班左右,差别不大,但杭州的台班消耗量约为其他三地的50%,见表2-1-8。

成槽机械台班对比(定额单位:t) 表2-1-8

定额	槽深35m以内深履带式液压抓斗成槽			
地区	武汉	江苏	深圳	杭州
名称	履带式液压抓斗成槽机 KHl80MHL-800			
单价(元/台班)	3225.05	3153.73	2722.14	3179.76
消耗量(台班)	0.062	0.062	0.062	0.029
名称	泥浆制作循环设备		泥浆泵	泥浆制作循环设备
单价(元/台班)	1761.31	1747.55	389.85	1409.99
消耗量(台班)	0.062	0.062	0.067	0.029

注:表中台班单价均为定额基价。

②泥浆设备

武汉、江苏、杭州使用泥浆制作循环设备,深圳为泥浆泵,台班单价低于泥浆制作循环设备。杭州台班消耗量约为其他三地的50%,见表2-1-8。

3)其他定额对比

(1)导墙拆除

武汉、江苏、深圳导墙拆除需套用拆除工程中的"拆除钢筋混凝土结构"定额子目,以m^3为单位。杭州套用"钢筋混凝土导墙拆除"定额子目,以"段"为单位。

(2)地下连续墙墙身凿除

仅杭州有"地下连续墙凿除"定额,武汉、江苏、深圳可使用"拆除钢筋混凝土结构"定额子目。

(3)钢筋笼制作

武汉、深圳钢筋笼制作定额仅1条子目,主材按钢筋ϕ10以外编制,消耗量为1.04t/t。江苏定额仅1条子目,按螺纹钢编制,消耗量为1.04t/t。杭州定额分螺纹钢、圆钢2条子目,消耗量为1.02t/t。

(4)钢筋笼吊放

以"钢筋笼吊放 槽深35m以内"定额为例,如表2-1-9所示,武汉、深圳、杭州三地主要使用履带式起重机(60t)和汽车式起重机(12t),台班消耗量基本相同,其中深圳的台班单价较高;而江苏定额使用履带式起重机(50t)和履带式起重机(150t)两种大型号的机械,与前三地区定额相比,台班消耗量减少,台班单价提高。

机械台班对比(定额单位:t)　　表2-1-9

定额	地下连续墙钢筋笼吊放 槽深35m以内			
地区	武汉	深圳	杭州	江苏
名称	汽车式起重机12t			履带式起重机50t
台班单价(元)	816.39	1036.23	610.86	1755.33
消耗量(台班)	0.134		0.13	0.07
名称	履带式柴油起重机60t			履带式起重机150t
台班单价(元)	2611.86	3429.58	1607.81	4399.49
消耗量(台班)	0.06		0.06	0.029

(5)泥浆池建拆

武汉可借调公共专业"泥浆池建拆"定额。江苏、深圳各专业均无泥浆池建拆定额子目。杭州城轨包括泥浆池建造拆除子目。

(6)入岩增加费

各地均包含1条入岩增加费子目。武汉、江苏、深圳定额中的入岩增加费是按普坚石编制的,当石质不同时按规定计算:松石不另计算入岩增加费;次坚石按相应子目乘以系数0.8;特坚石按相应子目乘以系数1.2。

杭州定额无此规定,不区分石质均执行1条入岩增加费子目。

2.1.2 钻孔灌注桩

2.1.2.1 施工组织

钻孔灌注桩围护结构(图2-1-10),以排桩的形式承受水平侧压力。钻孔灌注桩一般需要泥浆护壁和水下灌注混凝土,其优点在于桩体刚度较大、控制基坑变形好、施工工艺较简单;不足之处在于止水性差,须另设止水帷幕。钻孔灌注桩一般采用旋挖钻机,当遇到较硬岩层时,需要采用冲击钻。

图2-1-10 钻孔灌注桩效果图

1)施工工序

钻孔灌注桩施工主要由埋设钢护筒、泥浆制备、钻孔、钢筋笼制作和安装、灌注混凝土、凿除桩顶钢筋混凝土等施工工序组成,其施工流程如图2-1-11所示。

A 埋设钢护筒

钢护筒埋设前,先准确测量放样,保证护筒孔口平面位置与设计偏差小于5cm,埋设中保证钢护筒斜度不大于1%;采用较大口径钻头先预钻至护筒底的高程位置后，提出钻斗且用钻斗将钢护筒压入到预定位置。用粗颗粒土回填护筒外侧周围，回填密实。埋设钢护筒如图 2-1-12所示。

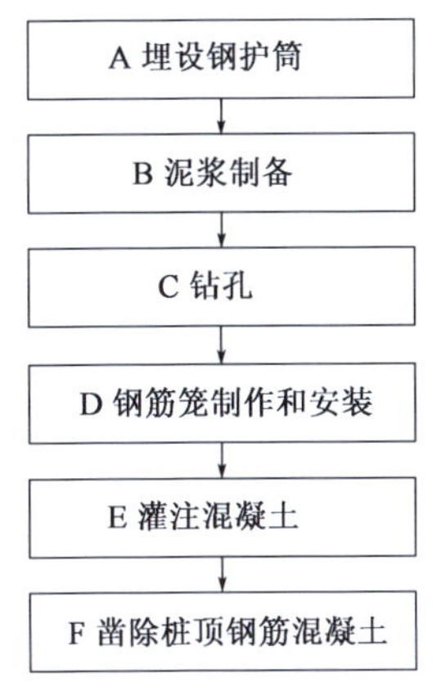

图 2-1-11　钻孔灌注桩施工流程图

图 2-1-12　埋设钢护筒

B 泥浆制备

B1 泥浆池建造与拆除：根据设计与施工要求，砌筑泥浆池，在施工完成后将泥浆池拆除。泥浆池如图 2-1-13 所示。

B2 泥浆制作及运输：泥浆采用膨润土、纯碱、CMC 等按一定比例配制成，新拌泥浆贮存24h后使用。在施工点设置一套由制浆机、旋流器、振动筛和泥浆罐等组成的泥浆处理系统，泥浆的制备、储存、输送、循环、分离等均由泥浆处理系统完成。

C 钻孔

C1 钻机就位：开钻前，检查钻头直径，调整钻杆竖直，然后调整钻头，使钻头的中心正对护桩控制好的“十”字线的中心，即可开钻。

C2 钻进：钻进时钻头对准桩位中心，加压，旋转钻进，操作室内显示进尺及钻头位置，掏渣筒掏满后提出卸渣。如此反复钻进、卸渣，直至成孔。钻孔过程中，对成孔的孔位、孔深、孔形、孔径、倾斜度及泥浆的各项指标进行检查，及时调整。孔内应保持泥浆稠度适当、水位稳定，及时加水加黏土，以维持孔内水头差，以防坍孔。钻机钻进如图 2-1-14 所示。

图 2-1-13　泥浆池

图 2-1-14　钻进

C3 成孔检测：钻孔达到设计高程后，对孔径、孔深等进行检查，符合规范要求后，及时进行清孔处理，清孔时，保护孔内水头的高度，防止坍孔。

D 钢筋笼制作和安装

钢筋笼在钢筋加工场严格按设计和规范要求制作。钢筋笼骨架连接前先根据设计图纸放样下料，做好连接平台，在平台上固定加强钢筋，并根据主筋的设计位置在加强钢筋四周划出标记，连接主筋，钢筋笼主筋采用机械连接，然后焊接螺旋箍筋。钢筋骨架的保护层定位钢筋按设计要求及施工技术规范确定。

图 2-1-15　钢筋笼吊装

将已加工好的分段钢筋笼运到现场，经检查确认合格后，将钢筋笼骨架下段用汽车式起重机吊入桩孔，吊入下段后将其临时固定在孔口位置，再吊放上段钢筋笼，并在孔口与下段钢筋笼进行对接。对接完成后下放至设计深度，并在孔口牢固定位，以免在灌注混凝土过程中发生浮笼现象。钢筋笼吊装如图 2-1-15 所示。

E 灌注混凝土

E1 下放导管：如图 2-1-16 所示，下放过程中保持导管位置居中，轴线顺直，逐步沉放，防止卡挂钢筋笼和碰撞孔壁。导管插入孔中，其下端口与孔底间应预留 30 ~ 50cm 的距离。

E2 二次清孔：在导管顶部安装一个弯头和皮笼，用泵将泥浆压入导管内，再从孔底沿着导管外侧置换沉渣。清孔标准是孔深达到设计要求，复测沉渣厚度在规范允许范围以内，此时清孔完成，立即灌注混凝土。

E3 灌注混凝土：如图 2-1-17 所示，灌注首批混凝土时，应将混凝土全部灌入导管中，首批混凝土灌入正常后，应连续灌注混凝土，严禁中途停工。在灌注过程中设专人经常量导管的埋深，并适当提升和拆卸导管，拆下的导管应立即冲洗干净。最后一批混凝土灌注时，应考虑到存在一层与混凝土接触的浮浆层需要凿除。

图 2-1-16　下放导管

图 2-1-17　灌注混凝土

E4 拔除导管：拔管时，用测绳测量灰面高度，根据高度决定拔管的时机。

F 凿除桩顶混凝土

凿除桩顶预留混凝土：如图 2-1-18 所示，灌注的桩顶混凝土高程比设计高出 0.5 ~ 1.0m，必须在混凝土强度达到 2.5MPa 后凿除。

图 2-1-18　凿除桩顶混凝土

2)施工进度、机械及劳动力配置

(1)施工进度指标

根据《城市轨道交通工程项目建设标准》(建标 104—2008),明挖法地下车站施工工期约为 12～18 个月/站。其中,钻孔灌注桩围护施工工期约为 65d/站。

根据调查统计,单根钻孔灌注桩的施工时长如表 2-1-10 所示。

单桩施工时间表　　表 2-1-10

序号	工　序	施工时间(h)	施工累积时间(h)	备　注
1	钻前就位、埋设钢护筒	1	1	所统计时间为旋挖钻机湿式作业,地质条件一般时,完成单桩所需的时间
2	钻孔	3	4	
3	吊放钢筋笼	0.5	4.5	
4	安放导管	0.5	5	
5	灌注混凝土	1	6	
6	拔管	0.5	6.5	

现场施工为流水施工作业,钢筋笼制作和吊放、灌注混凝土、钻机定位、钻孔可以同步作业,因此影响钻孔灌注桩围护施工进度的关键工序是钻孔。钻孔灌注桩的钻孔施工进度与地质情况等条件密切相关。当地质条件较好,全为土层时,施工进度较快,1 台旋挖钻机每天可以完成 5 孔;当需要入岩时,施工进度较慢,1 台旋挖钻机每天仅可完成 1～2 孔;采用冲击钻时施工进度会更慢。综合来说,钻孔灌注桩的施工进度约为 3～5 根/d/台旋挖钻机。

(2)施工机械及劳动力配置

以围护结构采用直径 1.0m 的钻孔灌注桩的地下二层车站为例,基坑深度约为 17m,桩长约 24m,采用旋挖钻机钻孔,共 376 孔。

钻孔灌注桩施工配置 2 台旋挖钻机,采用主要施工机械设备如表 2-1-11 所示。

主要施工机械设备配置表　　表 2-1-11

序号	名　称	单　位	数　量	备　注
1	灰浆搅拌机	台	2	泥浆制备、运输
2	泥浆运输车	辆	6	
3	泥浆泵	台	2	

续上表

序号	名　　称	单　　位	数　　量	备　　注
4	起重机	台	2	钻孔及配套设备
5	履带式旋挖钻机	台	2	
6	潜水泵	台	1	
7	交流弧焊机	台	5	钢筋笼制作与安装设备
8	卷扬机	台	1	
9	钢筋切断机	台	3	
10	对焊机	台	2	
11	起重机	台	1	
12	空气压缩机	台	1	混凝土凿除设备
13	凿岩机	台	1	

现场配置有钻孔班组、混凝土班组、钢筋班组及综合班组，施工人员配置如表 2-1-12 所示。

施工人员配置表　　表 2-1-12

序号	班　　组	岗 位 名 称	人　　数
1	钻孔班组	旋挖钻司机	2
2	混凝土班组	混凝土工	8
3		混凝土罐车司机	3
4	钢筋班组	钢筋工	8
5		电焊工	4
6		吊车司机	2
7	综合班组	装载机司机	2
8		修理工	2
9		电工	2
10		普工	6

2.1.2.2　施工组织与定额对应关系

钻孔灌注桩的施工主要有埋设钢护筒、泥浆制作、钻孔、钢筋笼制作和安装、灌注混凝土和凿除桩顶混凝土等 6 道工序。根据上述施工进度指标可知，在地质条件一般的情况下，旋挖钻孔灌注桩的综合施工进度约为 3 ~ 5 根/d/台旋挖钻机。

人工和机械是定额的构成要素，也是施工组织中资源配置的重要内容。钻孔灌注桩围护结构组织施工时，一般每个地下车站配置 2 台旋挖钻机，现场配置有钻孔班组（旋挖钻司机 2 名）、混凝土浇筑班组（混凝土工 8 名和罐车司机 3 名）、钢筋班组（钢筋工 8 名、电焊工 4 名、吊车司机 2 名）、综合班组（12 人）。

在一般黏土地层中，目前常用的钻孔灌注桩施工机械为旋挖钻机，但当遇到岩层或硬地层时，需要采用冲击式钻机钻孔。采用冲击式钻机时，平均 1 台冲击钻机 1 天可以完成 1 ~ 2 孔，这种钻孔效率较旋挖钻机低，施工进度慢，导致整体工程费用提高。此外，在地下水位以上的一般性密实的黏性土中，采用旋挖钻进行干作业法钻孔施工时，无须泥浆护壁，免去了泥浆建造、制作、运输的施工机械和相关施工人员，节省了大量因泥浆引起的工程费用，从而使整体工程费用降低。

钻孔灌注桩施工组织与定额对应关系如表2-1-13所示。

钻孔灌注桩施工组织与定额对应关系表 表2-1-13

编号	工序名称	定额子目	工作内容
A	埋设钢护筒	—	包含在钻孔定额中
B	泥浆制作	公共定额第三章 G3-141 城轨定额第二章 WG2-098/099	泥浆池建造、泥浆运输
C	钻孔	公共定额第三章 G3-99	护筒埋设及拆除，旋挖钻机成孔，造浆及清孔
D	钢筋笼制作和安装	城轨定额第二章 WG2-212	钢筋笼制作及吊放
E	灌注混凝土	公共定额第三章 G3-152	浇筑钻孔灌注桩混凝土
F	凿除桩顶混凝土	城轨定额第二章 WG2-194 城轨定额第一章 WG1-079/80	凿除混凝土并外运石渣

2.1.2.3 概预算标准化设计

武汉地区钻孔灌注桩施工一般采用旋挖钻，武汉《城轨定额》中不含旋挖钻成孔灌注桩相关的定额子目，编制概预算标准模板时需借调湖北《公共定额(2018)》。

1)概预算标准模板

钻孔灌注桩围护结构若有止水帷幕工程，需单独计列，开项参考“地基加固模块”；冠梁及挡土墙工程开项参考“地下连续墙模块”。钻孔灌注桩概预算标准模板见表2-1-14。

钻孔灌注桩围护结构概预算标准模板 表2-1-14

序号	定额编号	工作项目或费用名称	单位	数量	单价(元)	合价(元)
		(1)钻孔灌注桩				21219758.59
1	借 G3-99	旋挖钻机钻桩孔 桩径≤1000 土层	$10m^3$	760.42	3480.83	2646892.75
2	借 G3-107	旋挖钻机钻桩孔 桩径≤1000 入岩增加费	$10m^3$	289.4	11456.85	3315612.39
3	借 G3-141	泥浆池建造和拆除	$10m^3$	760.42	66.35	50453.87
4	WG2-098 换	桥涵工程 钻孔灌注桩工程 泥浆制作、运输 运输 运距1km以内 实际运距(km):20	$10m^3$	760.42	1472.03	1119361.05
5	补子目001	渣土消纳费	m^3	7604.23	33	250939.59
6	WG2-212 换	钢筋制作、安装 钻孔桩钢筋笼	t	1204.86	6908.81	8324148.82
7	补子目002	洞门玻璃纤维筋	t	20	20288.86	405777.2
8	借 G3-159	声测管埋设 钢管	100m		2964.47	
9	借 G3-152	机械成孔桩灌注混凝土 旋挖钻孔 水下C30	$10m^3$	753.04	6731.63	5069186.66

续上表

序号	定额编号	工作项目或费用名称	单位	数量	单价(元)	合价(元)
10	WG2-194	钻孔灌注桩工程　凿除桩顶钢筋混凝土　钻孔灌注桩	$10m^3$	14.77	1409.63	20820.24
11	WG1-079 换	机械装车自卸汽车运石方　挖掘机装自卸汽车运松散石方 运距 1km 以内　实际运距(km):20	$1000m^3$	0.15	77946.13	11691.92
12	补子目 001	渣土消纳费	m^3	147.7	33	4874.1
		小计				21219758.59
		(2)桩间喷射混凝土				251736.83
13	WG1-157 换	锚杆、土钉、喷射混凝土护坡　垂直面网喷初喷厚 50mm　实际厚度(mm):100　C20	m^2	1592	138.42	220364.64
14	WG1-159 换	锚杆、土钉、喷射混凝土护坡　钢筋网制作和安装	t	4.78	6563.22	31372.19
		小计				251736.83

2)工程量计算规则

以下工程量计算规则摘自湖北《公共定额(2018)》。

(1)旋挖桩机成孔工程量按打桩前自然地坪高程至设计桩底高程的成孔长度乘以设计桩径截面积,以体积计算。

(2)旋挖桩灌注混凝土工程量按桩长(设计桩长 + 加灌长度)乘以设计桩截面积计算;若设计未规定,则加灌长度按 0.5m 计算。

(3)泥浆池建造和拆除、泥浆运输工程量,按成孔工程量以体积计算。

(4)注浆管、声测管埋设工程量按自然地坪高程至设计桩底高程另加 0.5m,以长度计算。

3)标准模板使用注意事项

(1)成孔机械及类型

旋挖钻成孔定额按泥浆护壁作业成孔考虑,如采用干作业成孔工艺时,则扣除定额材料中的黏土、水和机械中的泥浆泵。其他城市应根据该地区常用的成孔机械、地质情况确定对应定额;套用定额时应严格区别土方类别和岩石类型。

(2)钢护筒

旋挖钻成孔定额中已综合考虑钢护筒摊销费用,如果钢护筒无法拔出,则将钢护筒实际用量(或参考表 2-1-15 质量)减去定额数量一次增列计算。

钢护筒每米质量参考表　　表 2-1-15

桩径(mm)	800	1000	1200	1500	2000
每米护筒质量(kg/m)	155.06	184.87	285.93	345.09	554.60

(3)入岩增加费

旋挖桩机成孔,如设计要求进入硬质岩层时,除按相应规则计算工程量外,另应计算入岩增加费。入岩定量指标:岩石单轴饱和抗压强度 $R_C > 30MPa$,较硬岩、坚硬岩按入岩计算,极软岩、软岩执行软岩成孔定额子目,各类岩石的划分标准详见表 2-1-16。

旋挖钻成孔执行的岩石分类表 表2-1-16

岩石分类		定性鉴定	岩石单轴饱和抗压强度Rc(MPa)	代表性岩石
软质岩	极软岩	锤击声哑,无回弹,有较深凹痕,手可捏碎;浸水后,可捏成团	<5	1.全风化的各种岩石 2.各种半成岩
	软岩	锤击声哑,无回弹,有凹痕,易击碎;浸水后,可掰开	15~5	1.强风化的坚硬岩或较硬岩 2.中等风化/强风化的较软岩 3.未风化/微风化的页岩、泥岩、泥质岩等
	较软岩	锤击声不清脆,无回弹,较易击碎;浸水后,指甲可刻出印痕	30~15	1.中等风化/强风化的坚硬岩或较硬岩 2.未风化/微风化的凝灰岩、千枚岩、泥灰岩、砂质岩等
坚硬岩	较硬岩	锤击声较清脆,有轻微回弹,稍震手,较难击碎;浸水后,有轻微吸水反应	60~30	1.微风化的坚硬岩 2.未风化/微风化的大理岩、板岩、石灰岩、白云岩、钙质砂岩等
	坚硬岩	锤击声清脆,有回弹,震手,难击碎;浸水后,大多无吸水反应	>60	未风化/微风化的花岗岩、闪长岩、辉绿岩、玄武岩、安山岩、片麻岩、石英岩、石英砂岩、硅质泥岩、硅质石灰岩等

(4)充盈系数

旋挖钻灌注桩的定额材料用量中,已包含充盈系数1.25和材料损耗1%,当按实测定的充盈系数与定额取定值不同时,应按实调整。

2.1.2.4 工程量计算规则及定额对比分析

钻孔灌注桩一般采用旋挖钻孔和回旋钻孔。采用回旋钻孔时,四地区均使用城轨定额。采用旋挖钻孔时,武汉地区成孔、灌注混凝土、泥浆池建造拆除、声测管等需借调湖北公共定额,江苏、深圳借调建筑定额,杭州使用城轨定额。

1)工程量计算规则差异

(1)旋挖钻孔混凝土工程量

湖北公共定额、深圳建筑定额:混凝土工程量=[设计桩长(含桩尖)+加灌长度]×横截面积,设计有规定时,加灌长度按规定取值,无规定按0.5m计算。

江苏建筑定额:混凝土工程量=[设计桩长(含桩尖)+加灌长度]×横截面积,设计有规定时,加灌长度按规定取值,无规定按一个桩直径计算。

杭州城轨定额:混凝土工程量=(设计桩长+设计加灌长度)×横截面积,设计未规定加灌长度时,按不同设计桩长确定:25m以内按0.5m、35m以内按0.8m、35m以上按1.2m计算。

(2)回旋钻孔灌注桩混凝土工程量

武汉、江苏、深圳城轨定额:

混凝土工程量 = (设计桩长 + 1m) × 横截面面积

杭州城轨定额:同旋挖钻孔。

(3)泥浆池建拆、泥浆运输

湖北公共定额、杭州城轨定额:泥浆池建造和拆除、泥浆运输工程量,按成孔工程量以体积计算。

江苏建筑、深圳建筑定额:泥浆外运按钻孔体积计算。没有泥浆池建造拆除的相关定额子目或说明。

(4)注浆管(桩底)、声测管长度

湖北公共定额、深圳建筑定额:注浆管、声测管埋设工程量按打桩前的自然地坪高程至设计桩底高程另加 0.5m,以长度计算。

江苏建筑定额:桩底注浆的注浆管埋设、声测管埋设按打桩前的自然地坪高程至设计桩底高程的长度另加 0.2m,按长度计算。

杭州城轨定额:注浆管工程量按打桩前的自然地坪高程至设计桩底高程的长度另加 0.2m 计算。声测管按图纸设计质量以“t”计算。

2)重点定额对比

(1)旋挖成孔子目

湖北公共定额按桩径 1000mm 以内、1500mm 以内、2000mm 以内、2000mm 以外分类,以 $10m^3$ 为单位,每类桩径下包括 3 条子目,分别适用于旋挖土孔、旋挖软岩、入岩增加。

江苏建筑旋挖成孔定额,按桩径 800mm 以内、1000mm 以内、1200mm 以内、1500mm 以内、2000mm 以内分类,以 m 为单位。无入岩增加费子目。

深圳建筑、杭州城轨旋挖成孔定额,桩径分类及单位同湖北公共定额,但每类桩径对应 1 条入岩增加费子目。

(2)成孔入岩及其他相关规定

湖北公共专业定额中,岩石为极软岩、软岩时,使用钻软岩定额。较硬岩、坚硬岩按入岩计算。旋挖成孔灌注桩项目按湿作业成孔考虑,如采用干作业成孔工艺时,则扣除定额项目中的黏土、水和机械中的泥浆泵。

江苏旋挖定额只适用于土孔。钻土孔与钻岩石孔工程量应分别计算。钻入较软岩时,人工、机械乘以系数 1.15;钻入较硬岩及以上时,应另行调整人工、机械用量。钻孔灌注桩的钻孔深度是按 50m 内综合编制的,超过 50m 的桩,钻孔人工、机械乘以系数 1.10。

深圳旋挖定额,全风化、强风化不作入岩计算,入岩是指钻入中风化岩层及以上标准。按实际入岩体积计算入岩增加费工程量。

杭州旋挖定额,入岩是指除软石及强风化岩以外的各类坚石,包括次坚石、普坚石和特坚石。

(3)泥浆制作

武汉、深圳、杭州旋挖钻成孔定额中均包括了泥浆制作,江苏定额不包括。

3)其他定额对比

(1)水中钢护筒

武汉、深圳、杭州埋设钢护筒定额中钢护筒按摊销量计算,若深水作业,钢护筒无法拔出,可按钢护筒实际用量减去定额数量一次增列计算，但该增列部分不得计取除税金外的其他费用。

江苏定额中，增列部分不得计取除规费及税金外的其他费用，其他规定同武汉。

(2)旋挖钻孔混凝土

由于各地定额规定的充盈系数和损耗率不同，混凝土消耗量有所差异。武汉、深圳为 1.26m^3/m^3，江苏 1.218m^3/m^3(土孔)、江苏 1.117 m^3/m^3(岩石孔)，杭州 1.15 m^3/m^3。

(3)钢筋笼制作安装

各地钢筋笼制安定额中钢筋消耗量不同。各地钢筋规格及含量差异见表 2-1-17。

钢筋笼制安定额主材消耗量对比表(定额单位：t/t)　　表 2-1-17

地区	武汉、深圳		江苏		杭州	
主材(钢筋)	ϕ10 以外	0.915	螺纹钢	1.037	螺纹钢	0.85
	ϕ10 以内	0.122			圆钢	0.17
消耗量合计	1.037		1.037		1.02	

2.1.3　钻孔咬合桩

2.1.3.1　施工组织

钻孔咬合桩(图 2-1-19)相邻混凝土排桩间部分圆周镶嵌，并跳桩置入钢筋笼，使之形成具有良好防渗作用的整体连续挡土支护结构。由于其特点为相邻的两桩互相咬合，故称为钻孔咬合桩。

图 2-1-19　钻孔咬合桩围护图

钻孔咬合桩由一排荤桩(钢筋混凝土桩 A)和一排素桩(素混凝土桩 B)间隔布置组成，荤桩和素桩相互咬合。钻孔咬合桩平面布置如图 2-1-20 所示。

1)施工工序

钻孔咬合桩施工主要由导墙施工、桩机就位、吊放套管、冲抓取土、吊放钢筋笼、灌注混凝土、排桩施工等施工工序组成，施工流程如图 2-1-21 所示。

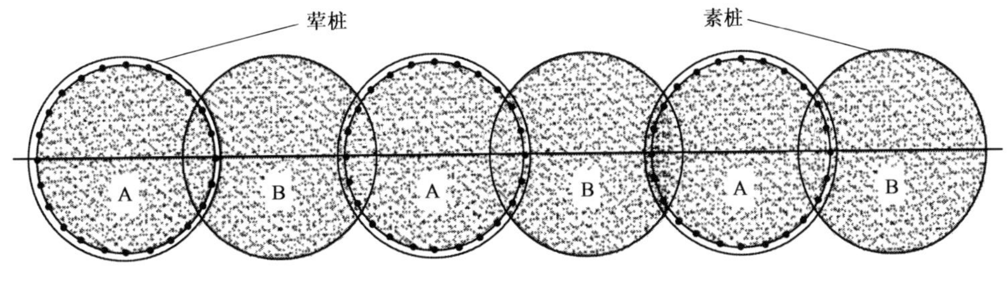

图 2-1-20　钻孔咬合桩平面布置图

图 2-1-21　钻孔咬合桩施工流程图

A 导墙施工

在桩位放样线符合要求后进行沟槽开挖,整平夯实,将沟槽中心线引入沟槽下,确保导墙中心线的正确无误。沟槽开挖结束后绑扎导墙钢筋,检验合格后方可进行模板施工,然后进行混凝土浇筑。等导墙有足够的强度后,拆除模板,重新定位放样排桩中心位置,将点位放到导墙顶面上,作为钻机定位控制点。导墙钢筋与模板如图 2-1-22 所示。

a)

b)

图 2-1-22 导墙钢筋与模板

B 钻机就位

待导墙有足够的强度后,移动套管钻机,使套管钻机抱管器中心对应定位在导墙孔位中心。

钻孔咬合桩常采用全套管灌注桩机(图 2-1-23),全套管灌注桩机是一种机械性能好、成孔深、孔径大、振动小、噪声低、无须泥浆护壁、适应各种不同类型土层、能够进行嵌岩作业、成桩质量稳定的施工机械。

图 2-1-23 全回转全套管钻机

C 吊放套管

先压入第一节套管,压入深度约 2.5 ~3.0m。第一节套管全部压入土中后(地面以上要留 1.2 ~1.5m,以便于接管),检测垂直度,如不合格则进行纠偏调整,如合格则安装第二节套管。

D 冲抓取土

用抓斗从套管内取土,一边抓土,一边下套管,要始终保持套管底口超前于取土面且深度不小于 2.5m;下压取土,直至设计孔底高程。冲抓取土如图 2-1-24 所示。

a)

b)

图 2-1-24　冲抓取土

E 吊放钢筋笼

如为钢筋混凝土桩，成孔至设计高程后，检查孔的深度、垂直度、清除孔底虚土，检查合格后用起重机吊放钢筋笼，如图 2-1-25 所示。

F 灌注混凝土

采用水下灌注混凝土，利用导管灌注。连续灌注，中断时间不得超过 45min。导管提升时不得碰撞钢筋笼，距套管口 8m 以内时每提升 1m 捣固一次。钢套管随混凝土灌注逐段上拔，起拔套管应摇动慢拔，保持套管顺直，严禁强拔。灌注混凝土如图 2-1-26 所示。

图 2-1-25　吊放钢筋笼

图 2-1-26　灌注混凝土

G 排桩施工

钻孔咬合桩由一排荤桩（钢筋混凝土桩 A）和一排素桩（素混凝土桩 B）间隔布置组成，荤桩和素桩相互咬合。施工工艺流程如图 2-1-27 所示：$A_1 \rightarrow A_2 \rightarrow B_1 \rightarrow A_3 \rightarrow B_2 \rightarrow A_4 \rightarrow B_3 \rightarrow \cdots\cdots \rightarrow A_n \rightarrow B_{n-1}$。

2）施工进度、机械及劳动力配置

（1）施工进度指标

根据《城市轨道交通工程项目建设标准》（建标 104—2008），明挖法地下车站施工工期约为 12～18 个月/站。其中，钻孔咬合桩围护施工工期约为 95d/站。

根据调查统计，单桩施工时间如表 2-1-18 所示。

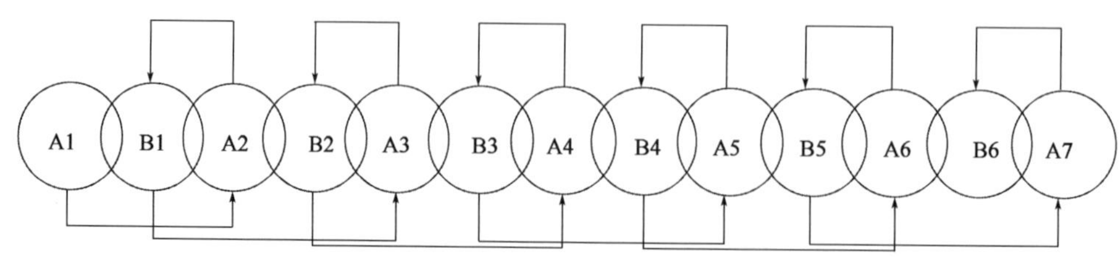

图 2-1-27　排桩施工流程图

单桩施工时间表　　表 2-1-18

序号	工　　序	施工时间(h)	施工累积时间(h)	备　　注
1	桩机就位对中	0.5	0.5	所统计时间为 A 桩(钢筋混凝土桩)施工总时间
2	取土成孔	2	2.5	
3	吊放钢筋笼	1	3.5	
4	安放导管	0.5	4	
5	灌注混凝土	1.5	5.5	
6	拔管	0.5	6	
说明:所需施工总时间为 6h				

一般情况下,钻孔咬合桩的施工进度约为 2 ~ 3 根/d/台全套管灌注桩机。

(2)施工机械及劳动力配置

以围护结构采用直径 1.2m 的钻孔咬合桩的地下二层车站为例,基坑深度约为 17m,平均桩长约 24m,采用全套管灌注桩机,共计 474 孔。

钻孔咬合桩施工采用主要施工机械设备如表 2-1-19 所示。

主要施工机械设备配置表　　表 2-1-19

序号	名　　称	单　　位	数　　量	备　　注
1	全套管灌注桩机	台	2	钻孔及配套设备
2	履带式起重机	台	2	
3	混凝土搅拌设备	套	2	
4	混凝土罐车	台	3	
5	交流弧焊机	台	8	钢筋笼制作与安装设备
6	电动单筒慢速卷扬机	台	1	
7	钢筋切断机	台	2	
8	对焊机	台	2	
9	履带式起重机	台	1	

现场配置钻孔班组、混凝土班组、钢筋班组及综合班组,施工人员配置如表 2-1-20 所示。

施工人员配置表　　表 2-1-20

序号	班　组	岗位名称	人　数
1	钻孔及混凝土班组	套管钻司机	2
2		吊车司机	2
3		混凝土工	8
4		混凝土罐车司机	3
5	钢筋班组	钢筋工	8
6		电焊工	4
7	综合班组	装载机司机	2
8		修理工	2
9		电工	2
10		普工	6

2.1.3.2　施工组织与定额对应关系

钻孔咬合桩的施工工序主要有导墙施工和单桩施工两部分，根据上述施工进度指标可知，采用全套管灌注桩机施作钻孔咬合桩，一般每台钻机施工进度约为 2.5 根/d。

人工和机械是定额的构成要素，也是施工组织中资源配置的重要内容。钻孔咬合桩组织施工时配置 2 台全套管灌注桩机，现场配置有钻孔及混凝土班组（套管钻司机 2 名、吊车司机 2 名、混凝土工 8 名、罐车司机 3 名），钢筋班组（钢筋工 8 名、电焊工 4 名），综合班组（12 人）。

钻孔咬合桩分为普通钢筋混凝土桩（荤桩）和素混凝土桩，荤桩成孔过程中需要与素桩咬合，要求素桩混凝土有自稳的强度，同时不能凝固过快，以免造成荤桩成孔困难。因此咬合桩的混凝土凝固时间会影响咬合桩施工进度和施工组织安排。一般素桩会采用超缓凝混凝土，在混凝土制作时添加缓凝剂，使初凝时间控制在 60h 左右，其价格比一般混凝土要高。

钻孔咬合桩施工组织与定额对应关系如表 2-1-21 所示。

钻孔咬合桩施工组织与定额对应关系表　　表 2-1-21

编号	工序名称	定额子目	工作内容
A	导墙施工	城轨定额第一章　WG1-160/077/078	导墙开挖及开挖土方外运
		城轨定额第一章　WG1-161/269/162	导墙混凝土、钢筋、模板
		城轨定额第一章　WG1-223/79/80	导墙拆除及石渣外运
B	单桩施工	城轨定额第一章　WG1-198	全套管灌注桩机成孔（荤桩和素桩）、土方外运、灌注混凝土
		城轨定额第二章　WG2-212	钢筋笼制作和安装
		城轨定额第二章　WG2-194 城轨定额第一章　WG1-079/80	桩顶混凝土凿除及石渣外运

2.1.3.3　概预算标准化设计

1）概预算标准模板

概预算模板见表 2-1-22。钻孔咬合桩围护结构冠梁及挡土墙工程开项参考“地下连续墙模块”。

钻孔咬合桩围护结构概预算标准模板

表 2-1-22

序号	定额编号	工作项目或费用名称	单位	数量	单价(元)	合价(元)
		(1)导墙				298908.82
1	WG1-160	路基、围护结构及地基处理工程　地下连续墙　导墙开挖	m^3	203.4	45.23	9199.78
2	WG1-077 换	路基、围护结构及地基处理工程　土石方运输　机械装车自卸汽车运土方　挖掘机装　自卸汽车运土方　运距 1km 以内　实际运距(km):20	$1000m^3$	0.2034	54138.39	11011.75
3	补子目 001	渣土消纳费	m^3	203.4	33	6712.2
4	WG1-161 换	路基、围护结构及地基处理工程　地下连续墙　现浇混凝土导墙　混凝土 C30	m^3	145.29	708.19	102892.93
5	WG1-269	路基、围护结构及地基处理工程　措施项目　模板工程　混凝土导墙模板	m^2	264.49	63.7	16848.01
6	WG1-162	路基、围护结构及地基处理工程　地下连续墙　现浇混凝土导墙　钢筋	t	11.62	6888.62	80045.76
7	WG1-223	路基、围护结构及地基处理工程　拆除工程　拆除混凝土结构　机械拆除　有筋	m^3	145.29	385.98	56079.03
8	WG1-079 换	路基、围护结构及地基处理工程　土石方运输　挖掘机装自卸汽车运松散石方　运距 1km 以内　实际运距(km):20	$1000m^3$	0.14529	77946.13	11324.79
9	补子目 001	渣土消纳费	m^3	145.29	33	4794.57
		小计				298908.82
		(2)钻孔咬合桩				22400462.6
10	WG1-198 换	路基、围护结构及地基处理工程　套管钻孔咬合灌注桩(素桩 C20)	m^3	6835.04	830.82	5678687.93
11	WG1-198	路基、围护结构及地基处理工程　套管钻孔咬合灌注桩(荤桩 C30)	m^3	6835.04	880.56	6018662.82
12	WG1-077 换	路基、围护结构及地基处理工程　土石方运输　机械装车自卸汽车运土方　挖掘机装自卸汽车运土方运距 1km 以内　实际运距(km):20	$1000m^3$	13.67007	54138.39	740075.58
13	补子目 001	渣土消纳费	m^3	13670.07	33	451112.31
14	WG2-212	桥涵工程　钢筋工程　钢筋制作、安装　钻孔桩钢筋笼	t	1367.01	6908.81	9444412.36
15	借 G3-159	声测管埋设　钢管	100m		2964.47	
16	WG2-194	桥涵工程　钻孔灌注桩工程　凿除桩顶混凝土　钻孔灌注桩	$10m^3$	26.8	1409.63	37778.08

续上表

序号	定额编号	工作项目或费用名称	单位	数量	单价(元)	合价(元)
17	WG1-079 换	路基、围护结构及地基处理工程　土石方运输　挖掘机装自卸汽车运松散石方　运距 1km 以内　实际运距(km):20	1000m^3	0.268	77946.13	20889.56
18	补子目 001	渣土消纳费	m^3	268	33	8844
		小计				22400462.64

2)工程量计算规则

钻孔咬合桩工程量按单个圆形截面积乘以桩长以"m^3"计算,不扣除重叠部分的体积。

3)标准模板使用注意事项

(1)超缓凝混凝土单价根据缓凝剂配合比计算单价。

(2)钻渣外运根据地质情况,按土方或石方外运。

(3)"套管钻孔咬合灌注桩"定额含成孔、灌注混凝土、切割素桩工作内容,不再单独套用成孔定额、钢护筒定额、泥浆制作及外运定额。

(4)钻孔咬合桩分素桩和荤桩,素桩不配筋,注意核实荤桩的含钢量。

(5)钻孔咬合桩钢筋笼套用钻孔灌注桩的钢筋笼子目。

(6)钻孔咬合桩导墙执行地下连续墙导墙相应子目。

2.1.3.4　定额对比分析

本模块使用各地现行城轨定额,本节主要对咬合桩钻孔及混凝土定额进行对比分析。

(1)钻孔及混凝土定额子目

武汉、江苏、深圳钻孔咬合桩只有 1 条子目,包括钻孔、灌注混凝土等工作内容;而杭州定额需分别套用钻孔和钻孔混凝土 2 条定额。

(2)钻孔及混凝土定额消耗量

各地人工、混凝土消耗量有所差异,如表 2-1-23 所示。武汉、江苏、深圳相同,杭州略高。

钻孔及混凝土定额人工及材料差异(定额单位:m^3)　表 2-1-23

定额		咬合桩钻孔 + 灌注混凝土			
地区		武汉	江苏	深圳	杭州
人工	名称	普工 + 技工	综合人工	技术工日	二类人工
	消耗量(工日)	2.388	2.388	2.388	2.388 + 0.252
混凝土	型号	预拌 C30	预拌 C30(非泵送)	预拌 C30	水下商品混凝土 C25(非泵送)
	消耗量(m^3)	1.08	1.08	1.08	1.15

(3)机械台班

如表 2-1-24 所示,武汉、江苏、深圳钻孔咬合桩施工机械为钻孔咬合桩机;杭州采用履带式旋挖钻机钻孔,其台班消耗量约为其他三地的 70%。武汉钻孔咬合桩机台班单价明显低于其他地区,深圳台班单价最高。

机械台班对比(定额单位:m^3)　　表 2-1-24

地区	武汉	江苏	深圳	杭州
机械名称	钻孔咬合桩机			履带式旋挖钻机 SR-15 型
消耗量(台班)	0.107	0.107	0.107	0.076
单价(元/台班)	439.60	2178.83	2795.61	2090.80

2.1.4 SMW 工法桩

2.1.4.1 施工组织

SMW 工法桩是采用三轴搅拌桩机在地层中施作相互咬合的水泥土搅拌桩,并在水泥土搅拌桩中插入型钢,形成刚度大、防渗性能好的劲性复合围护结构。在透水性较大、含砂量多的地层使用时,其抗渗性能优于地下连续墙。同时,对主体结构约束小,使主体结构的收缩裂缝较易控制,施工速度快、泥浆污染少,技术相对成熟,综合造价低。缺点是结构刚度小,适用于浅基坑,不适用于硬塑以上的土层。

SMW 工法桩插入 H 型钢的形式有:密插、三插二、二插一,如图 2-1-28 所示。根据土压力大小和抗渗性要求具体选择。

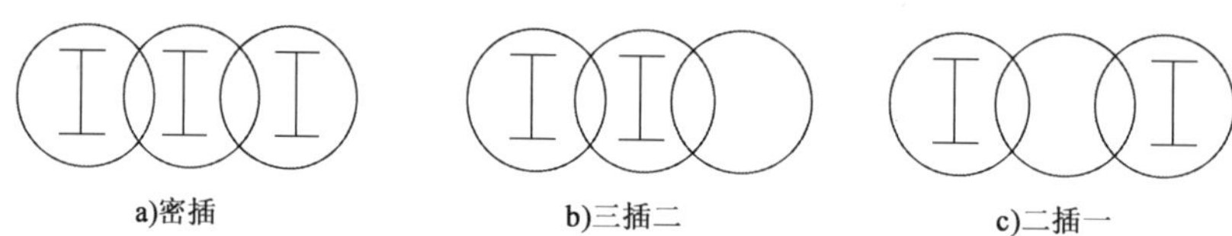

图 2-1-28　SMW 工法桩插入 H 型钢形式

1)施工工序

SMW 工法桩施工主要由桩机就位及成桩、型钢加工及插入、拔出型钢等施工工序组成,其施工流程如图 2-1-29 所示。

A 桩机就位及成桩

A1 设置导向定位型钢:在导沟两侧铺设导向定位型钢,按设计要求在导向定位型钢上标出钻孔位置和 H 型钢的插入位置。

A2 搅拌机定位、调正:施工时确保有足够的平整度和垂直度,控制桩位布置与设计的误差不大于 30mm,垂直度偏差不超过 3‰。

A3 喷浆搅拌:浆液制备好后,便可开始喷浆、喷气下钻,下钻过程中要严格控制下钻速度,下钻速度一般不大于 1m/min,下钻过程注浆压力一般为 1.5 ~ 2.5MPa。到设计桩底高程后提升复搅,提升速度一般不大于 2m/min。图 2-1-30 为喷浆搅拌。

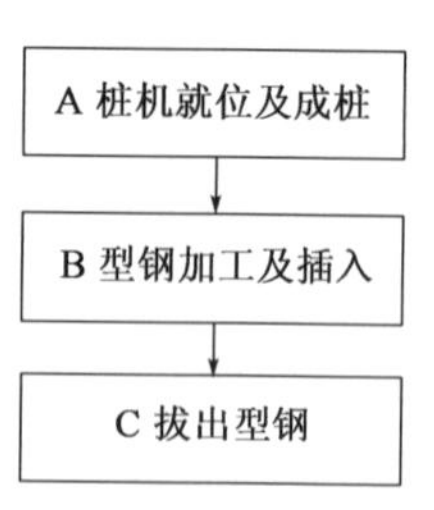

图 2-1-29　SMW 工法桩施工流程图

B 型钢加工及插入

B1 加工型钢:为方便吊装,型钢使用前,在距型钢顶端中心处开一个圆孔,并在此处型钢两面加焊加强板。为了利于型钢的拔出,型钢在使用前必须涂刷减摩剂。

B2 插入 H 型钢(图 2-1-31):三轴水泥搅拌桩施工完毕后,吊机应立即就位,准备吊放型钢。吊放型钢时放置型钢定位卡，型钢定位卡必须牢固、水平，位置准确。下插过程中始终用经纬仪跟踪控制型钢垂直度，要求偏差小于0.5%。待型钢插入至设计高程后，将其固定在定位型钢上，直到孔内的水泥土桩体凝固。

图 2-1-30 喷浆搅拌

图 2-1-31 H 型钢

B3 型钢处理：为了便于型钢的拔出，必须对冠梁部分的型钢进行隔离处理，一般在型钢腹板两侧和翼板两侧各贴一块厚 10mm 的泡沫塑料片，再用油毛毡在型钢外包裹一到二层，并用铁丝固定。

C 拔出型钢

待主体工程施工结束，挡墙后回填土完成后方可拔出型钢。拔出型钢采用专用夹具及千斤顶将型钢顶出，再用吊车将型钢吊出。型钢拔出后，将水泥浆泵送到拔出型钢留下的缝隙处，自然流入整个缝隙。

2）施工进度、机械及劳动力配置

（1）施工进度指标

根据《城市轨道交通工程项目建设标准》（建标 104—2008），明挖法地下车站施工工期约为 12～18 个月/站。其中，SMW 工法桩围护施工工期约为 30d/站。

正常施工条件下，以 ϕ850 直径的三轴搅拌桩机为例，采用一喷两搅施工工艺，按三根为一幅，在黏土地层中，每台三轴搅拌桩的施工进度约为 10～12 幅/d，约为 210～260m^3/d。

（2）施工机械及劳动力配置

以围护结构采用直径 ϕ850@650 的 SMW 工法桩围护结构地下二层车站为例，基坑深度约为 17m，桩长 24m，共 750 根 SMW 工法桩，按三根一幅，共计 250 幅。

SMW 工法桩施工采用的主要施工机械设备如表 2-1-25 所示。

主要施工机械设备配置表 表 2-1-25

序号	机械名称	数量	备注
1	挖掘机	1	挖导沟
2	三轴搅拌桩机	1	成桩
3	注浆机	3	
4	潜水泵	4	
5	履带式起重机	1	插入型钢
6	空气压缩机	2	

现场每套 SMW 工法桩设备配置一个施工班组，施工人员配置如表 2-1-26 所示。

施工人员配置表

表 2-1-26

序号	班　组	岗 位 名 称	人　数
1	SMW 工法桩班组	桩机工人	2
2		吊车司机	1
3		挖掘机司机	1
4		起重工	3
5		电焊工	2
6		杂工	3
7		水泥浆搅拌工	2

2.1.4.2 施工组织与定额对应关系

SMW 工法桩施工包含桩机就位及成桩、型钢加工及插入、冠梁施工、挡土墙施工、拔出型钢 5 道主要工序。根据上述施工进度指标可知，采用一喷两搅工艺施工，在黏土地层中，每台三轴搅拌桩机施工进度约为 10 ~ 12 幅/d。

人工和机械是定额的构成要素，也是施工组织中资源配置的重要内容。SMW 工法桩围护结构组织施工时，一般配置 1 台三轴搅拌桩机，1 台挖掘机（用于挖导沟），1 台履带式起重机（用于插拔型钢），施工班组配置桩机工人 2 名、吊车司机 1 名、挖掘机司机 1 名、起重工 3 名、电焊工 2 名、杂工 3 名。

当三轴搅拌桩上层土方为回填土时，回填土中的建筑垃圾将影响搅拌桩的成桩质量，需要对常规的施工组织方案进行修改。目前有两种方式，第一种是替换施工机械，采用高强度钻头和大功率三轴机械，这种方式会导致机械台班单价上升，工程费用提高；第二种是置换上层土方，把上层回填土在三轴搅拌桩区域全部置换为根植土壤，这种方式会使工期延长，增加额外的人工和机械费用，导致工程费用提高。

SMW 工法桩施工组织与定额对应关系如表 2-1-27 所示。

SMW 工法桩施工组织与定额对应关系表

表 2-1-27

编号	工 序 名 称	定 额 子 目	工 作 内 容
A	桩机就位及成桩	城轨定额第一章　WG1-194、WG1-196	钻机就位后，钻进、搅拌、提升成桩；调制水泥浆并输送压浆
B	型钢加工及插入	城轨定额第一章　WG1-197	安装、拆除插桩机具，插型钢桩；安装、拆除拔桩机具，拔型钢桩并运至场外
C	冠梁施工	城轨定额第一章　WG1-199 城轨定额第二章　WG2-210 ~ 211、WG2-351	冠梁钢筋绑扎、模板支设、混凝土浇筑
D	挡土墙施工	城轨定额第一章　WG1-117/267/223/079 城轨定额第二章　WG2-210 ~ 211	挡土墙钢筋绑扎、模板支设、混凝土浇筑；挡土墙拆除及石渣运输
E	拔出型钢	参见“工序 B”	—

2.1.4.3 概预算标准模板

1)概预算标准模板

SMW 工法桩冠梁及挡土墙工程开项参考“地下连续墙模块”。SMW 工法桩概预算标准模板见表 2-1-28。

SMW 工法桩围护结构概预算标准模板 表 2-1-28

序号	定 额 编 号	工作项目或费用名称	单位	数量	单价(元)	合价(元)
		桩身				4424259.71
1	WG1-194 换	路基、围护结构及地基处理工程 水泥劲性搅拌围护桩 搅拌桩水泥掺量 12% 一喷两搅	m^3	3693	366.03	1351748.79
2	WG1-196 ×6	路基、围护结构及地基处理工程 水泥劲性搅拌围护桩 水泥掺量 ±1% 子目 ×6	m^3	3693	78.54	290048.22
3	WG1-197	路基、围护结构及地基处理工程 水泥劲性搅拌围护桩 插拔型钢桩	t	1165	2388.38	2782462.7
		小计				4424259.71

2)工程量计算规则

武汉地区规定,SMW 工法桩工程量按照设计桩长乘以设计截面面积以体积计算。SMW 工法桩计算截面面积时,轴与轴之间重叠部分需扣除,幅与幅之间搭接套打部分不扣除。

3)标准模板使用注意事项

型钢摊销费用已包含在插拔型钢桩定额中,不需另计型钢租赁费。

2.1.4.4 工程量计算规则及定额对比分析

本模块使用各地现行城轨定额,SMW 工法桩一般为三轴搅拌桩加插拔型钢。本模块主要选取三轴搅拌桩成桩定额、型钢插拔定额对比分析。

1)工程量计算规则差异

武汉、江苏、深圳定额,按设计桩长乘以设计断面以“m^3”为单位计算。

杭州定额,水泥搅拌桩不分单头、双头和三轴,均按单个圆形截面积乘以桩长计算,不扣除重叠部分的面积。除设计另有说明外,桩长按以下规定计算:

①围护桩桩长按设计桩长计算。

②承重桩桩长应按设计桩长加 0.5m 计算。

③空搅长度按原地面至设计桩顶长度减去另加长度计算(另加长度为实桩设计要求或定额说明的设计桩长之外另加的长度)。

2)重点定额对比

(1)SMW 工法桩成桩(三轴搅拌桩)

①子目

武汉、江苏、深圳定额中成桩分为“一喷两搅”、“二喷四搅”、“水泥掺量增减 1%”共 3 条子目。水泥掺量以 12% 为基准,设计水泥掺量不同时按每增减 1% 定额计算。

杭州定额中,三轴水泥搅拌桩的成桩包括“两喷两搅”、“每增一喷一搅”、“水泥掺量增减1%”共3条子目。三轴水泥搅拌桩的水泥掺量按加固土重(1800kg/m^3)的18%考虑,设计水泥掺量不同时按每增减1%定额计算。

杭州空搅部分费用按照相应定额人工及搅拌桩机台班乘以系数0.5计算;当设计要求全断面套打时,相应定额的人工和机械乘以系数1.5。

②机械台班

如表2-1-29所示,在施工工艺、机械类型及台班相同的情况下,武汉SMW工法桩机台班单价明显高于江苏、深圳地区。杭州定额为二喷二搅工艺,机械台班消耗量略少于其他三地区定额的一喷两搅工艺。

成桩定额人工及机械台班差异(定额单位:m^3)　　表2-1-29

地区	武汉	江苏	深圳	杭州
施工工艺	一喷两搅			二喷二搅
水泥掺量	12%			18%
人工(工日)	0.429			0.227
机械	SMW工法桩机	三轴式深层搅拌机	水泥搅拌桩机 φ850	
机械台班	0.026		0.021	
台班单价(元)	4524.6	2419.79	1560.62	2287.75

(2)插拔型钢

①子目

武汉、江苏、杭州含1条子目,深圳不含插拔型钢子目。

②消耗量

如表2-1-30所示,武汉、江苏定额中型钢的含量为0.25t,定额中包含了型钢摊销费用,按照摊销4次考虑。杭州定额中,型钢消耗量仅为5.68kg,型钢摊销费用需另行计算。

减摩剂消耗量无差别,但单价差别较大。江苏最高,杭州最低。

插拔型钢定额人工及材料差异(定额单位:t)　　表2-1-30

定额项目		插拔型钢			
地区		武汉	江苏	深圳	杭州
型钢	消耗量(t)	0.25	0.25	—	0.00568
	材料单价(元/t)	4200	5730	—	3850
减摩剂	消耗量(kg)	15	15	—	15
	材料单价(元/kg)	9	20	—	6.5

2.1.5　土钉墙

2.1.5.1　施工组织

土钉墙(图2-1-32)是由随基坑开挖分层设置的、纵横向密布的土钉群与喷射的混凝土面层及原位土体所组成的支护结构,其中土钉的作用是与土体构成复合土体。适用于土层中基坑安全等级二级或三级的临时基坑支护，对变形限制很严格的基坑不应采用土钉墙支护。

图 2-1-32　土钉墙

1）施工工序

土钉墙施工主要由钻孔、安装土钉、注浆、绑扎钢筋网、喷射混凝土等施工工序组成，其施工流程如图 2-1-33 所示。

A 钻孔

按照土钉打入的设计斜度制作一个操作平台，紧靠土钉墙墙面安放。将螺旋钻机垂直于操作平台上开始钻孔，成孔后钻杆退出孔洞。用空气压缩机将孔内残留及扰动的废土清除干净。

B 安装土钉

将钢筋放入孔中，钢筋上每隔 2～3m 焊置一个定位架。

C 注浆

注浆采用底部注浆法，注浆管应插入距孔底 250～500mm 处，随浆液的注入缓慢匀速拔出。为保证注浆饱满，孔口宜设止浆塞或止浆袋，边注浆边向孔口方向拔管，直至注满，用黏性土或水泥浆充填孔口。图 2-1-34为注浆示意图。

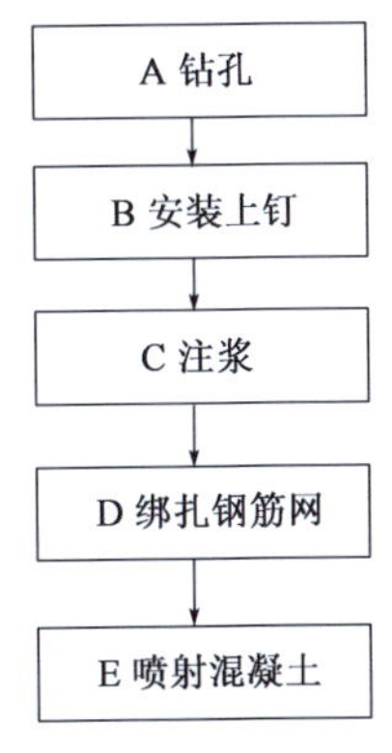

图 2-1-33　土钉墙施工流程图

图 2-1-34　注浆

D 绑扎钢筋网

铺设、绑扎面层钢筋网，钢筋网片均应与上部搭接，并给下步留茬，搭接长度不小于 20cm。在土钉端部两侧沿土钉长度方向焊上短段钢筋，并与面层内连接相邻土钉端部的通长加强筋互相焊接。图 2-1-35 为绑扎钢筋网示意图。

E 喷射混凝土

使用混凝土喷射机自下而上喷射面层混凝土护坡，喷头与受喷面应保持的垂直距离宜为0.6~1.0m，喷射厚度不小于40mm。喷射混凝土终凝 2h 后，应喷水养护 3~7d。当土质条件不好时，需要先喷后锚。图 2-1-36 为喷射混凝土示意图。

图 2-1-35　绑扎钢筋网

图 2-1-36　喷射混凝土

2）施工进度、机械及劳动力配置

（1）施工进度指标

土钉墙的施工进度指标如表 2-1-31 所示。

土钉墙施工进度指标表　　表 2-1-31

序　号	工　序	施 工 速 度
1	钻孔、注浆	20 孔/d
2	土钉制安	20 根/d
3	挂钢筋网	$130m^2$/d
4	喷混凝土	$260m^2$/d

土钉墙护坡施工时，分步开挖土方，分步支护，土方挖完，护坡完成，基本在不单独占用工期情况下施工。

（2）施工机械及劳动力配置

土钉形式上有“砂浆土钉”和“钢管护坡土钉”两种，砂浆土钉采用螺纹钢和砂浆，钢管护坡土钉采用钢管和净浆而且不需要成孔机械。模板选取常用的砂浆土钉，网喷混凝土厚度为 100mm。

土钉墙施工采用主要施工机械设备如表 2-1-32 所示。

主要施工机械设备配置表　　表 2-1-32

序　号	机 械 名 称	数　量	备　注
1	空气压缩机	1	清孔
2	凿岩机	1	成孔
3	灰浆搅拌机	1	制浆

续上表

序　　号	机械名称	数　　量	备　　注
4	风动灌浆机	1	灌浆
5	混凝土喷射机	1	喷射混凝土
6	钢筋切断机	1	钢筋切断
7	交流电焊机	2	钢筋网制作

现场配置一个施工班组，施工人员配置如表2-1-33所示。

施工人员配置表　　表2-1-33

序　　号	班　　组	岗位名称	施工人数
1	土钉墙班组	钻孔、注浆工	3
2		土钉制安工	2
3		挂钢筋网工	5
4		混凝土工人	2

2.1.5.2　施工组织与定额对应关系

土钉墙施工包含钻孔、安装土钉、注浆、绑扎钢筋网、喷射混凝土等5道主要工序。根据上述施工进度指标可知，钻孔、注浆及土钉制安施工进度为20孔/d，钢筋网绑扎进度为130m^2/d，喷射混凝土进度为260m^2/d。

人工和机械是定额的构成要素，也是施工组织中资源配置的重要内容。土钉墙支护组织施工时，一般配置1台钻机、1套注浆设备和1台混凝土喷射机，配备钻孔注浆班组（3人）、土钉制安班组（2人）、钢筋网绑扎班组（5人）、混凝土班组（2人）。

影响土钉墙工程费用的主要因素是土质情况。在土层情况较差时，为保证基坑边坡稳定，组织施工时会考虑首先在坡面喷射混凝土，再进行土钉墙施工，这样就导致人材机的消耗比常规情况增多，土钉墙的工程费用也相应增加。

土钉墙施工组织与定额对应关系如表2-1-34所示。

土钉墙施工组织与定额对应关系表　　表2-1-34

编号	工序名称	定额子目	工作内容
A	钻孔	城轨定额第一章　WG1-147	选孔位、钻孔并清孔； 土钉制作、安装； 调制砂浆、灌浆
B	安装土钉		
C	注浆		
D	绑扎钢筋网	城轨定额第一章　WG1-159	钢筋网制作、挂网绑扎
E	喷射混凝土	城轨定额第一章　WG1-157～158	清理基层、喷射混凝土

2.1.5.3　概预算标准化设计

1）概预算标准模板

土钉墙围护结构概预算标准模板见表2-1-35。

2）工程量计算规则

砂浆土钉、护坡土钉按照设计图示长度以"m"为单位计算；喷射混凝土按设计图示尺寸以

"m^2"为单位计算。

土钉墙围护结构概预算标准模板

表 2-1-35

序号	定额编号	工作项目或费用名称	单位	数量	单价(元)	合价(元)
1	WG1-147	路基、围护结构及地基处理工程　锚杆、土钉、喷射混凝土护坡 砂浆土钉	m	5126.58	39.62	203115.1
2	WG1-159	路基、围护结构及地基处理工程　锚杆、土钉、喷射混凝土护坡　钢筋网制作、安装	t	24.3	6563.22	159486.25
3	WG1-157 换	路基、围护结构及地基处理工程　锚杆、土钉、喷射混凝土护坡　垂直面网喷　初喷厚50mm　实际厚度(mm):100	m^2	7302.7	132.63	968557.1
		小计				1331158.45

3)标准模板使用注意事项

(1)喷射混凝土

放坡之后,如果土质条件好可直接进行土钉墙施工,土质条件不好需要先素喷混凝土,固定坡面土层之后再施作土钉墙。现场施工时,多数情况下不需要素喷。编制概算套用网喷混凝土定额时,材料按早强混凝土计算。

(2)土钉制作

土钉的作用是加固原位土体,承受拉力和剪力,而非用来固定钢筋网。但是,为加强土钉墙的整体性,规范要求土钉端部应与钢筋网焊接。

土钉定额子目按钢筋 $\phi10$ 以外编制,实际与定额不同时,根据钢筋直径换算定额里面的消耗量,纳入土钉墙项目下。

2.1.5.4　定额对比分析

本模块使用各地区现行城轨定额。砂浆土钉墙主要套用砂浆土钉、钢筋网、喷射混凝土等子目。本节主要对砂浆土钉及喷射混凝土定额进行对比分析。

(1)砂浆土钉定额

①子目

武汉、江苏为机械成孔 1 条子目;深圳分为机械成孔和人工成孔 2 条子目;杭州定额无砂浆土钉成孔灌浆子目。

②工作内容

武汉定额包含了成孔和土钉制作安装的工作内容;深圳定额中只包括成孔的工作内容,土钉制作安装,不分孔、钢筋直径,套用 60102-65 子目"粗钢筋锚杆每吨 5.17 个孔"定额子目,钢筋消耗量不变,不同直径钢筋按材价换算。

(2)喷射混凝土定额

①子目

武汉、江苏、杭州分为垂直面素喷、斜面素喷、垂直面网喷 3 类,每类包括"初喷厚 50mm"和"每增减 10mm"2 条子目。深圳仅分为素喷和网喷 2 类,每类包括"5cm"和"每增 1cm"2 条子目。

②人工及材料差异

以常用定额“垂直面网喷 50mm”为例,对比分析 4 个地区定额差异。人工消耗量差别较大,深圳混凝土消耗量略低于其他 3 地区。具体对比见表 2-1-36。

网喷定额人工及材料差异(定额单位:m^2) 表 2-1-36

定 额 项 目		垂直面网喷 厚 50mm			
地区		武汉	江苏	深圳	杭州
人工	名称	普工 + 技工	综合人工	技术工日	二类人工
	消耗量(工日)	0.422	0.302	0.247	0.302
混凝土	型号	喷射混凝土 C20	喷射混凝土 C25	预拌普通混凝土 C20	喷射混凝土 1:2.5:2
	消耗量(m^3)	0.059	0.059	0.0535	0.059
	材料单价(元)	290	376.31	284.81	257.5

2.1.6 锚杆与预应力锚索

2.1.6.1 施工组织

预应力锚索(图 2-1-37)是一种设置于钻孔内,端部伸入稳定土层中的钢绞线与孔内注浆体组成的受拉杆体。它一端与工程构筑物相连,另一端锚入土层中,对其施加预应力,以承受由土压力、水压力、风荷载等所产生的拉力,用以维护构筑物的稳定。

按锚索是否可回收,分为普通预应力锚索和可回收锚索。可回收锚索施工工艺与普通预应力锚索基本相似,只是增加了回收工艺。可回收锚索的回收一般采用千斤顶先把腰梁上锚具及垫板卸下,敲击钢绞线头部,然后将钢绞线抽出回收。本章节主要介绍普通预应力锚索的施工组织。

1)施工工序

预应力锚索施工主要由钻孔、锚索制作与安装、注浆、锚索张拉及锁定等施工工序组成,其施工流程如图 2-1-38 所示。

图 2-1-37 预应力锚索

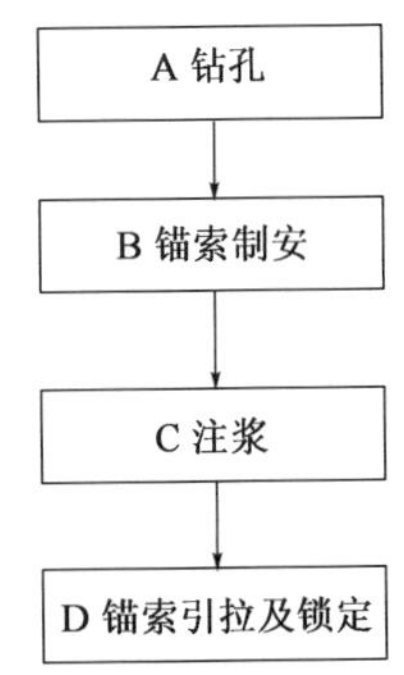

图 2-1-38 预应力锚索施工流程图

A 钻孔

将锚孔位置准确测放在坡面上,准确安装固定钻机后,采用干钻方式进行锚孔钻进施工,钻孔完成后,使用高压空气清除(风压 0.2 ~ 0.4MPa)孔内岩粉及水体。预应力锚索钻孔如图 2-1-39 所示。

B 锚索制安

安装前，要确保每根钢绞线顺直，除锈、除油污；安装时，采用人工缓缓将锚索体放入孔内，用钢尺量出孔外露出的钢绞线长度，以计算孔内锚索长度。锚索制作如图 2-1-40 所示。

图 2-1-39 预应力锚索钻孔

图 2-1-40 锚索制作

C 注浆

注浆采用水泥砂浆，以锚具排气孔不再排气且孔口浆液溢出浓浆作为注浆结束的标准。如一次注不满或注浆后产生沉降，要补充注浆，直至注满为止。

D 锚索张拉及锁定

通过现场张拉试验，确定张拉锁定工艺。在设计张拉完成 6 ~ 10d 后再进行一次补偿张拉，然后加以锁定。补偿张拉后，从锚具量起，留出 5 ~ 10cm 长钢绞线，其余部分用机械切割。最后用水泥净浆注满锚垫板及锚头各部分空隙，然后对锚头采用不低于 20MPa 的混凝土进行封锚，防止锈蚀并兼顾美观。图 2-1-41 为锚索张拉及锁定示意图。

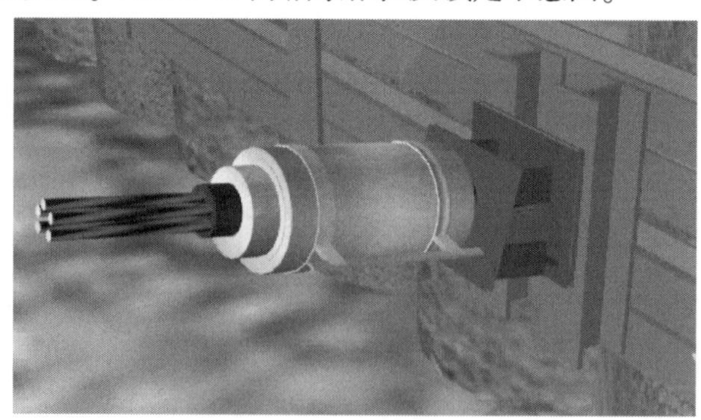

图 2-1-41 预应力锚索张拉及锁定

2）施工进度、机械及劳动力配置

（1）施工进度指标

预应力锚索施工的进度主要受制于锚索钻孔的施工速度，在一般岩层中，1 台潜孔钻机钻进速度约为 20m/d。

（2）施工机械及劳动力配置

预应力锚索采用的主要施工机械设备如表 2-1-37 所示。

主要施工机械设备配置表　　表 2-1-37

序号	名　称	数　量	备　注
1	锚索钻机	2 台	RPD
2	空压机	1 台	
3	泥浆搅拌机	2 台	15kW
4	注浆泵	2 台	HFV-50

现场一般配备一个施工班组，施工人员配置如表 2-1-38 所示。

施工人员配置表　　表 2-1-38

序号	班　组	岗位名称	人　数	备　注
1	预应力锚索班组	钻孔工	3	负责锚索钻孔及安装
2		锚索制作工	4	锚索下料、编制
3		注浆工	3	现场制浆、注浆
4		混凝土工	3	负责锚墩及格梁混凝土浇筑
5		锚索张拉工	6	负责锚索张拉、锁定

2.1.6.2　施工组织与定额对应关系

预应力锚索施工包含钻孔、锚索制安、注浆、锚索张拉及锁定等 4 道主要工序，根据上述施工进度指标可知，在一般岩层中，每台潜孔钻机成孔速度约为 20m/d。

人工和机械是定额的构成要素，也是施工组织中资源配置的重要内容。一般情况下，预应力锚索施工组织按 2 台锚索钻机考虑，则需配备的施工班组有钻孔班组（3 人），锚索制作班组（4 人），注浆班组（3 人），钢筋混凝土班组（3 人），锚索张拉班组（6 人）。

不同的施工工法是影响预应力锚索工程费用的主要因素。如果施工现场有地下环境保护要求或者地下空间有限，则可考虑采用可回收式锚索施工工艺。与传统工法相比，可回收式锚索工艺需增加新的施工机具，锚索回收工序会增加人工费用，从而导致锚索工程费用提高；若可回收锚索能够重复利用一次，则其费用总额可能低于普通预应力锚索或者与其相当，但在实际应用中，锚索回收钢绞线破损严重，重复利用率较低。当钻孔位于松散土层及砂层中时，为防止成孔垮塌应采用跟管钻进成孔施工工法，该工法施工难度加大，且增加了套管的使用费，其工程费用增加。

预应力锚索施工组织与定额对应关系如表 2-1-39 所示。

预应力锚索施工组织与定额对应关系表　　表 2-1-39

编号	工序名称	定额子目	工作内容
A	钻孔	城轨定额第一章　WG1-144	定位、钻孔； 浆液制作及压浆
B	锚索制安	城轨定额第一章　WG1-145～146 城轨定额第二章　WG2-261、WG2-210～211 城轨定额第四章　WG4-304	地梁钢筋绑扎及混凝土浇筑； 钢围檩制作安装； 锚索制作、安装、张拉、锁定
C	注浆	包含在 WG1-144 子目中	—
D	锚索张拉及锁定	包含在 WG1-145 子目中	—

2.1.6.3 概预算标准化设计

1)概预算标准模板

钢筋网及喷射混凝土概预算标准模板参见“土钉墙模块”。锚杆及锚索围护结构概预算标准模板见表2-1-40。

锚杆及锚索围护结构概预算标准模板　表2-1-40

序号	定额编号	工作项目或费用名称	单位	数量	单价(元)	合价(元)
		(1)锚杆				17144840.1
1	WG1-142	路基、围护结构及地基处理工程　锚杆、土钉、喷射混凝土护坡　钻孔、压浆	m	121309.7	113	13707996.1
2	WG1-143	路基、围护结构及地基处理工程　锚杆、土钉、喷射混凝土护坡　锚杆制作、安装	t	412.91	8323.47	3436844
		小计				17144840.1
		(2)预应力锚索				2095609.69
3	WG1-144	路基、围护结构及地基处理工程　锚杆、土钉、喷射混凝土护坡　钻孔、压浆	m	8824.8	153.57	1355224.54
4	WG1-145	路基、围护结构及地基处理工程　锚杆、土钉、喷射混凝土护坡　锚索制作、安装及张拉	t	24.56	15366	377388.96
5	WG1-146	路基、围护结构及地基处理工程　锚杆、土钉、喷射混凝土护坡　锚墩、承压板制作、安装	个	501	249.59	125044.59
6	WG2-239	桥涵工程　现浇混凝土工程　支撑梁与横梁　支撑梁	$10m^3$	16.05	5558.03	89206.38
7	WG2-354	桥涵工程　措施项目　模板工程　支撑梁横板	$10m^2$	64.2	784.61	50371.96
8	WG2-210	桥涵工程　钢筋工程　钢筋制作、安装　现浇混凝土　ϕ10以内	t	2.47	6401.13	15810.79
9	WG2-211	桥涵工程　钢筋工程　钢筋制作、安装　现浇混凝土　ϕ10以外	t	14.01	5893.11	82562.47
		小计				2095609.69

2)工程量计算规则

锚杆、锚索的钻孔、压浆按设计图示长度以“m”为单位计算;制作、安装按照设计图示主材(钢筋或钢绞线)重量以“t”为单位计算,不包括附件重量。

3)标准模板使用注意事项

(1)部分吊脚桩也采用岩石锚杆和锚索固定,不采用内支撑。

(2)可回收锚索在编制概预算时,需根据可回收锚索的设计图纸向厂家进行询价,以确定合理的工程造价。

2.1.6.4 定额对比分析

本模块使用各地区现行城轨定额。预应力锚索主要套用钻孔压浆、锚索制作安装及张拉等定额。本节主要对锚索钻孔注浆、锚索制安定额进行对比分析。

(1)锚索钻孔注浆定额

武汉、江苏、杭州包括“锚索钻孔、压浆”子目，深圳使用“锚杆钻孔、灌浆”子目。

杭州根据孔径(150mm、200mm)分2条子目。

深圳钻孔定额分为“软土层”、“入岩增加费”2条子目，并规定：

①钻孔直径在100～130mm内的，按软土层子目综合价格乘1.2计算；130～165mm内的，按软土层子目综合价格乘以1.5计算。

②全风化、强风化不作入岩，微风化作入岩计算，中风化按入岩子目乘0.7计算。

(2)锚索制安定额

武汉、江苏、杭州均只有1条子目“锚索制作、安装及张拉”；深圳分为“钢绞线锚杆制安”、“每增减1孔”与“钢绞线锚杆张拉”3条子目，按照每吨8.43个孔计列，每增减1个孔，则执行相应的增减定额子目。

定额中主材钢绞线消耗量略有差异，武汉、江苏、杭州为1.03t/t，深圳为1.06t/t。

2.2　土石方、支撑及降水

2.2.1　施工组织

明挖法地下车站主体的土石方开挖(图2-2-1)一般采用纵向分段、竖向分层接力的开挖方法，至少开挖前一个月进行降水，开挖过程中“随挖随撑”。

图2-2-1　土石方工程开挖

1)施工工序

A 土石方工程

A1 土石方开挖

基坑土石方分层开挖以每道支撑底面作为分层开挖线，表层土方在施作冠梁前利用挖掘机开挖至第一道混凝土支撑底高程，基坑第一道混凝土支撑以下土石方开挖在基坑完全封闭第一道钢筋混凝土支撑完成后组织施工。严格按照先支撑后开挖的原则施工。挖掘机布置如图2-2-2所示。

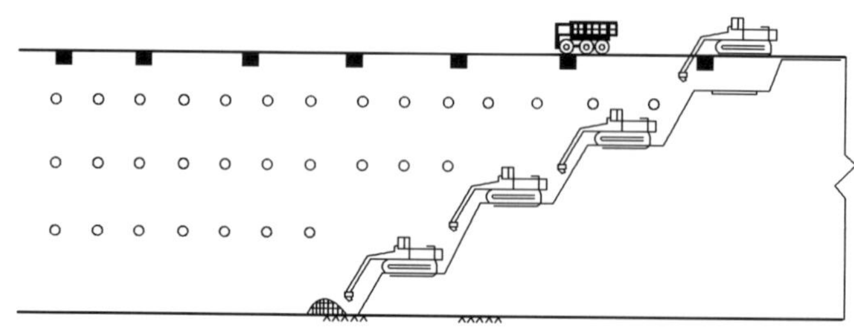

图 2-2-2　基坑分层接力开挖

第一台反铲挖掘机置于基坑底开挖面上一定高度台阶，挖掘该台阶以下土体，挖土甩放在该层台阶后部，由上一层台阶反铲挖掘机接力，每层台阶的挖掘机负责该台阶面到下一台阶面的土方，地面上的挖掘机负责装车。在格构柱周边、基底高程以上 0.3m 处以及其他无法机械开挖的地方，宜采用人工开挖。

A2 土方回填

土方回填的施工主要由回填准备、土方分层回填、压实、回填土压实度检测等施工工序组成。土方回填压实如图 2-2-3 所示。

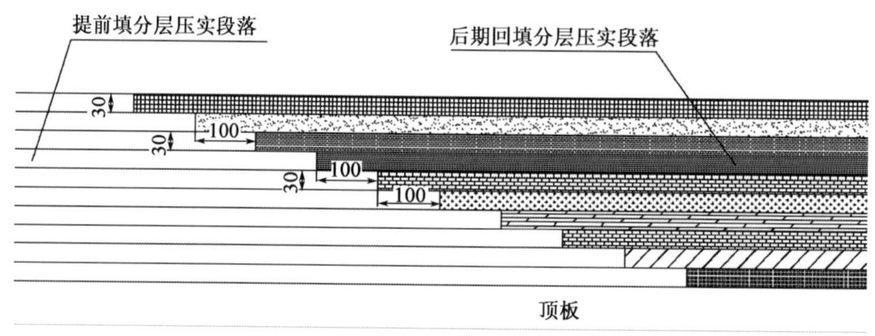

图 2-2-3　土方回填压实示意图(尺寸单位:cm)

①回填准备：顶板防水保护层施工完成，且强度达到设计要求后才能顶板回填。清除顶板上的积水和有机杂物，后浇带采取挡土墙保护措施。做好水平标志，控制回填土的高度、厚度，在地坪上钉上高程控制木桩。

②土方分层回填：基坑回填料施工前对顶板防水进行验收，验收通过后并将杂物、积水清理后按施工图纸要求进行回填施工。顶板以上 1m 范围内，边墙外侧 2m 范围内必须采用黏土回填，回填前应对土样分别取样测定其最大干密度和最佳含水率，确定填料含水率控制范围及检验回填土料的种类、粒径。

③铺摊压实：每层摊铺厚度不大于 300mm 不少于 250mm，逐层进行压实，当基坑回填高程不一致时，要从低处逐层压实。在上翻梁和边角的拐角处采用人工使用小型机具夯填，0.5m 以上采用振动压路机进行碾压。要求回填土每层压实三遍，碾压过程中应控制行驶速度，一般不应超过 2km/h。碾压时，轮(夯)迹应相互搭接，防止漏压或漏夯。回填土方每层压实后，应按规范规定进行压实度检测，达到要求后，再进行上一层的铺土。填方全部完成后，表面应进

行拉线找平，凡超过标准高程的地方，及时依线铲平；凡低于标准高程的地方，应补土找平压实。

④回填土压实度检测：土方回填检验标准必须满足地面工程设计要求，回填碾压过程中，采用环刀法取样检查回填土压实度。

B 支撑

为保证内支撑稳定，设置格构柱、联系梁及立柱桩与钢支撑等一起构成支撑体系。联系梁及格构柱采用型钢或槽钢焊接，立柱桩为钻孔灌注桩，钢立柱插入立柱桩，立柱桩及联系杆与钢支撑间有可靠连接，以保证内支撑的平面稳定。立柱间隔空设置剪刀撑，每根钢支撑应有型钢抱箍与联系梁连接。支撑体系如图 2-2-4 所示。

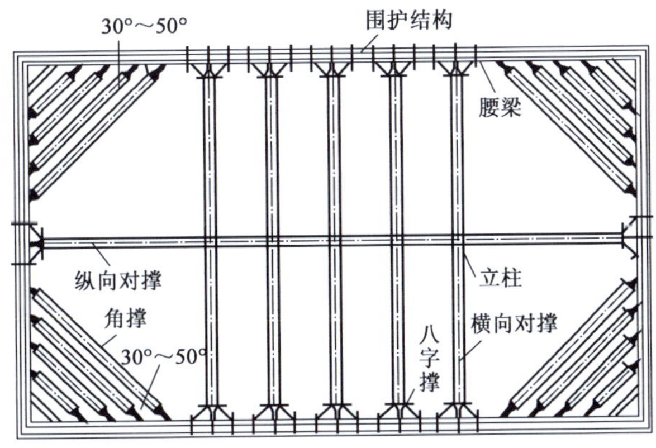

图 2-2-4　基坑内支撑体系示意图

武汉一级阶地明挖地下二层站通常采用一道混凝土支撑、三道钢支撑的水平支撑方案，竖向采用格构柱支撑，如图 2-2-5 所示。钢筋混凝土支撑体系主要包括混凝土支撑及其间的混凝土连系梁等结构。钢支撑体系主要包括钢管支撑、钢围檩及其他钢支撑结构。格构柱支撑体系包括下部的立柱桩和上部的型钢格构柱。钢支撑的施工与土方开挖交替进行，按“先撑后挖”的原则分层进行。

图 2-2-5　支撑体系效果图

B1 钢筋混凝土支撑

钢筋混凝土支撑（图 2-2-6）同一般钢筋混凝土结构的施工过程类似，可分为模板安装、钢筋绑扎、混凝土浇捣养护、拆模及支撑拆除等施工工序。

一般在顶板混凝土强度达到设计强度的75%后,拆除第一道混凝土支撑。支撑拆除分为人工凿除和爆破拆除,均应制定合理的支撑拆除方案,并应交给具备相应资质的施工队伍完成。拆除后的混凝土运输至指定地点。钢筋混凝土支撑拆除如图2-2-7所示。

图2-2-6 钢筋混凝土支撑施工

图2-2-7 钢筋混凝土支撑切割拆除

B2 钢支撑体系施工

①钢支撑安装

钢管支撑的架设采用人工配合两台门式起重机安装,吊装 ϕ609 的钢管支撑与围檩顶紧,一端用千斤顶及时对钢管施加预压力。预加力值按支撑设计轴力的50% ~80%施加,当预加力达到标准后,在伸缩头间加锁紧片,松下千斤顶,使钢管横向支撑于坑内。

②钢支撑拆除及换撑

根据设计要求,在主体结构施工过程中,经试验确认达到拆除条件后,按照顺序逐步拆除支撑。支撑拆除一般为从下到上:底板混凝土强度达到设计强度的75%后,拆除第三、四道钢支撑;中板混凝土强度达到设计强度的75%后,拆除第二道钢支撑。支撑拆除前,先用油顶给支撑加压,卸下活络端的楔块,退回油顶,用门式起重机将支撑整体吊到地面再分解开。

换撑施工应该在主体结构混凝土强度达到设计值的85%后进行。其施工过程的实质就是在相应部位的主体结构施工完成后,以结构内墙为支承点设一道替换的支撑,换撑安装好,预应力施加完毕后,再将原先直接支撑在钢围檩和围护结构上的钢支撑拆除,即构成了换撑整个施工过程。钢支撑如图2-2-8所示。

图2-2-8 钢支撑

B3˙格构柱支撑体系

格构柱支撑体系主要包括格构柱和立柱桩两部分，格构柱一般由角钢和缀板焊接而成，下部立柱桩一般为钻孔灌注桩，其施工工艺可参阅钻孔灌注桩章节。格构柱结构如图 2-2-9 所示。

格构柱支撑体系施工流程一般如下：钻机定位→钻孔→吊放钢筋笼→固定安放格构柱→灌注混凝土→钻机移位→格构柱制作及安装→空桩回填砂→拆除格构柱，如图 2-2-10 所示。

图 2-2-9　格构柱结构

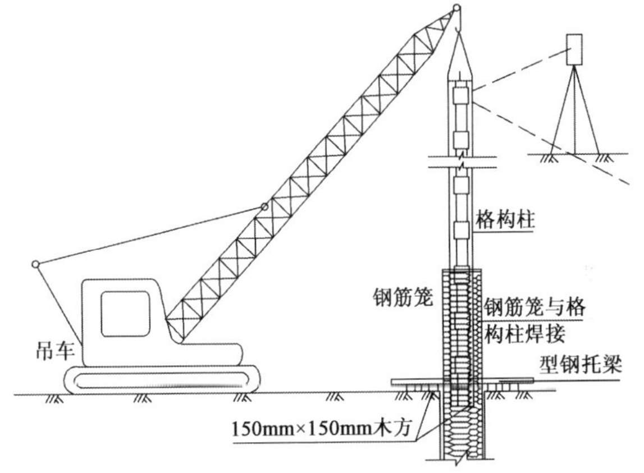

图 2-2-10　格构柱施工过程示意图

C 降水

降水一般采用大口径管井降水。大口径管井工法，不仅适用于各类砂性土、黏土，而且也适用于淤泥质黏性土。该工法适用降深范围大的基坑，一般为 8 ~ 50m。大口径管井降水施工主要由井管分段制作、成孔、埋管、清孔、填砂、用黏土封闭井口、安装抽水系统以及抽水等施工工序组成。

2）施工进度、机械及劳动力配置

（1）施工进度指标

根据《城市轨道交通工程项目建设标准》（建标 104—2008），明挖法地下车站施工工期约为 12 ~ 18 个月/站。其中，土石方工程施工工期约为 3 ~ 5 个月/站，半盖挖或盖挖车站土石方工程施工工期超过 6 个月/站。

明挖地下车站土石方开挖施工时，每个作业面一般分 3 ~ 4 层台阶，每层配置 1 台挖掘机接力挖土，最后 1 台挖掘机装车，辅以推土机堆土。影响土方开挖施工进度的关键工序是土方运输，在市区施工只允许夜间运输，施工效率大大降低。一般情况下，每个工作面开挖施工进度约为 300 ~ 400m^3/d。半盖挖、盖挖车站因基坑上有顶板或盖板，会影响到出土速度。

一般来说，钢支撑安拆施工进度约为 1 根/h，格构柱施工进度约为 3 ~ 5 孔/d，大口径降水施工进度约为 1 ~ 2 口/d。

根据调查分析，土石方、支撑及降水施工进度指标如表 2-2-1 所示。

（2）施工机械及劳动力配置

以车站主体土方开挖量约为 87000m^3，混凝土支撑为 339.6 m^3，钢支撑为 832.23t 的地下二层站为例，土石方、支撑与降水配置的主要施工机械设备如表 2-2-2 所示。

土石方、支撑及降水施工进度指标表 表 2-2-1

序号	项目	工序	施工进度
1	土石方工程	明挖地下车站土石方开挖	约 300 ~ 400m^3/(d · 工作面)
2	支撑	钢支撑安拆	约 1 根/h
3		格构柱	约 3 ~ 5 孔/d
4	降水	大口径降水	约为 1 ~ 2 口/d

主要施工机械设备配置表 表 2-2-2

序号	工程	机械	数量	备注
1	土石方工程	履带式起重机	2	基坑挖土
2		挖掘机	12	坑内挖土
3		自卸汽车	20	土方运输
4		压路机	2	回填碾压
5		蛙式打夯机	4	夯实回填料
6	钢支撑安拆	履带式起重机	2	钢支撑架设
7		液压千斤顶	4	钢支撑加力
8		电弧焊机	10	降水及支撑
9	降水	钻机	2	钻孔
10		泥浆泵	2	固壁
11		潜水泵	10	坑内排水

现场施工人员配置如表 2-2-3 所示。

施工人员配置表 表 2-2-3

序号	班组	岗位名称	人数
1	土石方工程	汽车司机	20
2		挖机司机	12
3		吊车司机	4
4		起重工	4
5	土石方工程	普工	12
6		机械维修工	4
7	钢支撑安拆	起重工	4
8		吊车司机	2
9		普工	4
10	降水	操作工	6

2.2.2 施工组织与定额对应关系

一般情况下，土石方开挖前一个月以上进行降水，开挖过程中“随挖随撑”。根据上述施工进度指标可知，明挖地下车站主体土石方施工，每个工作面出土速度约为 300 ~ 400m^3/d；钢支撑安装进度约为1根/h;大口径降水井安装进度约为1~2孔/d。

人工和机械是定额的构成要素,也是施工组织中资源配置的重要内容。地下标准二层车站挖方工程需配置的机械有挖掘机12台、自卸汽车20辆,配备的施工班组包含:挖掘机司机20人、自卸汽车司机20人、普工12人。钢支撑组织施工时,一般配置履带式起重机或门式起重机2台,现场配置钢支撑安装班组8人,负责钢支撑的拼装、吊装、加压、固定及拆除等工作。大口径降水组织施工时,一般配备工程钻机1~2台,配置1个5~6人的施工班组,负责降水井的安装、拆除及维护。

一般情况下,基坑越深,土石方垂直提升投入的机械数量和消耗的机械台班就越多;运距越远,土石方运输所需时间越长,投入自卸汽车数量越多。二者都会提高土石方开挖工程费用。施工工期越长,钢支撑租赁时间和降水时间越长,相应工程费用会越高。

土石方、支撑及降水施工组织与定额对应关系如表2-2-4~表2-2-6所示。

土石方施工组织与定额对应关系表 表2-2-4

编号	工序名称	定额子目	工作内容
A	土方开挖及运输(以三类土为例)	城轨定额第一章 WG1-002/024/049/077/078	人工挖土、机械挖土、带支撑挖土、土方运输
B	石方开挖及运输(以次坚石为例)	城轨定额第一章 WG1-028/033/051/079/080	人工凿石、爆破石方、带支撑凿石、石方运输
C	土方回填及运输	城轨定额第一章 WG1-058/077/078	回填土运输及夯实
D	围挡内路面凿除	城轨定额第一章 WG1-211/079/080	混凝土路面凿除、石渣运输
E	大型机械进场及安拆	公共定额第五章 G5-3/14/16/19/22/33/34	大型机械场外运输费、安拆一次费用等

支撑施工组织与定额对应关系表 表2-2-5

编号	工序名称	定额子目	工作内容
A	钢筋混凝土支撑	城轨定额第四章 WG4-141/455/204/205 城轨定额第一章 WG1-223/079/080	支设模板、绑扎钢筋、浇筑;拆除混凝土结构、石渣运输
B	钢支撑	城轨定额第四章 WG4-514/515 钢支撑租赁补充子目	钢支撑安装、拆除、租赁
C	格构柱	城轨定额第四章 WG4-209/210 /513 城轨定额第一章 WG1-062/ 079/80 城轨定额第二章 WG2-098/099/194 公共定额第三章 WG3-099/141/152	立柱桩成孔、灌注、型钢格构柱制作、安装、切割拆除;空桩回填砂

降水施工组织与定额对应关系表 表2-2-6

编号	工序名称	定额子目	工作内容
A	降水井安装	城轨定额第四章 WG4-330	安装大口径管井
B	降水井使用	城轨定额第四章 WG4-332	大口径管井使用
C	降水井拆除	城轨定额第四章 WG4-331	大口径管井拆除

2.2.3 概预算标准化设计

1)概预算标准模板

土石方、支撑、降水概预算模板见表2-2-7~表2-2-9。

土石方概预算标准模板 表2-2-7

序号	定额编号	工作项目或费用名称	单位	数量	单价(元)	合价(元)
		(1)土方开挖及运输				13493033.15
1	WG1-002	明挖土石方　人工挖土方　三类土	m^3	4753.52	24.11	114607.37
2	WG1-024 换	明挖土石方　机械挖土方　三类土	$1000m^3$	9.51	3711.38	35295.22
3	WG1-048	路基、围护结构及地基处理工程　带支撑基坑　土石方 土方 宽15m以外 深19m以内	m^3	80809.8	61.75	4990007.62
4	WG1-077 换	路基、围护结构及地基处理工程　土石方运输　机械装车自卸汽车运土方　挖掘机装　自卸汽车运土方　运距1km以内　实际运距(km):20	$1000m^3$	95.07	54862.73	5215799.74
5	补子目001	渣土消纳费	m^3	95070.4	33	3137323.2
		小计				13493033.15
		(2)石方开挖及运输				22178582.66
6	WG1-033	路基、围护结构及地基处理工程　明挖土石方　静力爆破岩石　次坚石	m^3	14260.6	210.71	3004842.6
7	WG1-051	路基、围护结构及地基处理工程　带支撑基坑　土石方　淤泥流砂、石方　支撑下凿岩石	m^3	80809.8	105.52	8527054.32
8	WG1-079 换	路基、围护结构及地基处理工程　土石方运输　挖掘机装自卸汽车运松散石方　运距1km以内　实际运距(km):20	$1000m^3$	95.07	78987.72	7509362.54
9	补子目001	渣土消纳费	m^3	95070.4	33	3137323.2
		小计				22178582.66
		(3)回填土及运输				998857.24
10	WG1-059	路基、围护结构及地基处理工程　机械填土夯实、填土碾压　填土碾压	m^3	16632.7	5.2	86490.04
11	WG1-077 换	路基、围护结构及地基处理工程　土石方运输　机械装车自卸汽车运土方　挖掘机装　自卸汽车运土方　运距1km以内　实际运距(km):20	$1000m^3$	16.63	54862.73	912367.2
		小计				998857.24
		(4)围挡内路面凿除				235737.26
12	WG1-210	路基、围护结构及地基处理工程　拆除工程　拆除混凝土路面　机械拆除　无筋	m^3	600	105.04	63024

续上表

序号	定额编号	工作项目或费用名称	单位	数量	单价(元)	合价(元)
13	WG1-213	路基、围护结构及地基处理工程　拆除工程　拆除沥青路面　机械拆除	m^3	600	63.88	38328
14	WG1-079 换	路基、围护结构及地基处理工程　土石方运输　挖掘机装自卸汽车运松散石方　运距1km以内　实际运距(km):20	$1000m^3$	1.2	78987.72	94785.26
15	补子目001	渣土消纳费	m^3	1200	33	39600
		小计				235737.26
		(5)大型机械进出场及安拆				182888.51
16	借 G5-22	常用大型机械场外运输费用(25km以内)　履带式起重机　提升质量50t	台次	2	3113.24	6226.48
17	借 G5-19	常用大型机械场外运输费用(25km以内)　履带式推土机　135kW以内	台次	3	1285.76	3857.28
18	借 G5-16	常用大型机械场外运输费用(25km以内)　履带式挖掘机　$1m^3$以内	台次	5	1123.71	5618.55
19	借 G5-33	常用大型机械场外运输费用(25km以内)　压路机	台次	2	1099.46	2198.92
20	借 G5-34	常用大型机械场外运输费用(25km以内)　工程钻机　ϕ1500以内	台次	2	2776.97	5553.94
21	借 G5-14	常用大型机械每安装和拆卸一次费用　工程钻机　ϕ1500以内	台次	2	3910.41	7820.82
22	借 G5-3	常用大型机械每安装和拆卸一次费用　履带式起重机　提升质量50t	台次	2	4306.26	8612.52
23	补子目002	履带式液压抓斗成槽机进出场及安拆费	台次	2	16500	33000
24	补子目003	门式起重机进出场及安拆费	台次	2	55000	110000
		小计				182888.51

支撑概预算标准模板　　表2-2-8

序号	定额编号	工作项目或费用名称	单位	数量	单价(元)	合价(元)
		(1)钢支撑				6972019.23
1	WG4-514	地下结构工程　措施项目　辅助工程　钢支撑(10m以外)　安装	t	1791.8	1178.55	2111725.89
2	WG4-515	地下结构工程　措施项目　辅助工程　钢支撑(10m以外)　拆除	t	1791.8	732.52	1312529.34
3	补子目001	钢支撑租赁费	t×月	10750.8	330	3547764
		小计				6972019.23

续上表

序号	定额编号	工作项目或费用名称	单位	数量	单价(元)	合价(元)
		(2)混凝土支撑				2371269.2
4	WG4-141	地下结构工程　明挖车站混凝土　矩形梁	m^3	1038.4	611.73	635220.43
5	WG4-455	地下结构工程　措施项目　明挖车站模板工程　梁模板　矩形梁　组合钢模板钢支撑	m^2	3807.1	68.22	259720.36
6	WG4-204	地下结构工程　明挖车站钢筋工程　现浇混凝土钢筋　ϕ10 以内	t	24.92	5849.9	145779.51
7	WG4-205	地下结构工程　明挖车站钢筋工程　现浇混凝土钢筋　ϕ10 以外	t	141.22	5767.96	814551.31
8	WG1-223	路基、围护结构及地基处理工程　拆除工程　拆除混凝土结构　机械拆除　有筋	m^3	1038.4	385.97	400791.25
9	WG1-079 换	路基、围护结构及地基处理工程　土石方运输　挖掘机装自卸汽车运松散石方　运距 1km 以内　实际运距(km):20	$1000m^3$	1.0384	77946.01	80939.14
10	补子目 001	渣土消纳费	m^3	1038.4	33	34267.2
		小计				2371269.2
		(3)格构柱				2986395.18
11	借 G3-100	旋挖钻机钻桩孔　桩径≤1500mm　土层	$10m^3$	144.17	2517.27	362914.82
12	借 G3-108	旋挖钻机钻桩孔　桩径≤1500mm　入岩增加费	$10m^3$		8276.03	
13	借 G3-141	泥浆池建造和拆除	$10m^3$	144.17	66.35	9565.68
14	WG2-098 换	桥涵工程　钻孔灌注桩工程　泥浆制作、运输　运距 1km 以内　实际运距(km):20	$10m^3$	144.17	1410.46	203346.02
15	补子目 001	渣土消纳费	m^3	1441.7	33	47576.1
16	WG2-212	桥涵工程　钢筋工程　钢筋制作、安装　钻孔桩钢筋笼	t	156.87	6905.87	1083323.83
17	补子目 005	机械成孔桩灌注混凝土　旋挖钻孔　水下 C30	$10m^3$	78.44	6731.63	528029.06
18	WG4-209C×0.2	地下结构工程　明挖车站金属构件制作、安装工程　空腹钢柱　制作　材料×0.2	t	120.8	3766.1	454944.88
19	WG4-210	地下结构工程　明挖车站金属构件制作、安装工程　空腹钢柱　安装	t	120.8	418.34	50535.47
20	WG4-513	地下结构工程　措施项目　辅助工程　格构柱型钢切割拆除	t	120.8	553.05	66808.44
21	WG1-062	路基、围护结构及地基处理工程　回填夯实　回填砂	m^3	657.3	272.86	179350.88
		小计				2986395.18

降水概预算标准模板 表2-2-9

序号	定额编号	工作项目或费用名称	单位	数量	单价(元)	合价(元)
		降水				3362920
1	WG4-330	地下结构工程大口径降水25m深 安装	根	78	6807.35	530973
2	WG4-331	地下结构工程大口径降水25m深 拆除	根	78	3205.65	250041
3	WG4-332	地下结构工程大口径降水25m深 使用	套·d	720	3585.98	2581906
		小计				3362920

2)工程量计算规则

(1)明挖土石方

土石方开挖及运输工程量按设计图示尺寸天然密实体积(自然方)计算。回填土的碾压夯实量按设计图示(夯实后)尺寸以体积计算。

(2)盖挖土石方

盖挖车站土石方按设计结构外围断面面积乘以设计长度以"m^3"为单位计算,其设计结构外围断面面积为结构衬墙外侧之间的宽度乘以设计顶板底至底板(或垫层)底的高度。

(3)带支撑基坑土石方

车站顶板下表面以下的土石方执行带支撑基坑土石方相应子目。

(4)降水

轻型井点、喷射井点、大口径井点的使用定额以"套·d"为单位计算,其中轻型井点50根为一套,喷射井点30根为一套,大口径井点10根为1套,累计根数不足一套时,以一套计算,一天按24h计算。

3)标准模板使用注意事项

(1)车站施工所需全部大型机械的安拆费及进出场费在土石方工程开项。围挡内路面拆除也列入土石方工程开项。

(2)土方开挖根据主体及附属的基坑宽度、深度、土质类型选择对应挖土定额;石方开挖根据工程采用的开挖方法及数量套用对应定额。标准地下二层车站带支撑开挖基坑深度一般为19m以内。

(3)支撑下挖土子目已综合考虑土方垂直运输的各种方法,不得因施工组织方法不同调整定额。支撑下挖淤泥、流砂与石方子目不含垂直运输,应另行计算。

(4)人工挖土方、人工凿岩子目已考虑场内100m水平运输和归堆,但未考虑垂直运输,若发生土石方垂直运输时,按相应子目执行。

(5)格构柱钢材按5次摊销,将空腹钢柱制作定额中材料消耗量乘以系数0.2。格构柱下桩基础部分,空桩部分回填砂,下部灌注桩不凿桩头,参照钻孔灌注桩模块套用定额。

(6)钢支撑若有换撑,钢支撑安拆数量为全部数量,租赁数量要扣减换撑数量。

(7)根据设计确定的降水井深度和类型选择对应的降水定额。根据全线地下水位情况综合考虑每站的降水费用。

2.2.4 工程量计算规则及定额对比分析

土石方、支撑、降水模块采用各地的城轨定额,本节主要选取带支撑挖土定额、土方运输定额、钢支撑安拆定额、大口径降水定额等进行分析。

1)工程量计算规则差异

带支撑土石方开挖工程量的计算:武汉、江苏按围护结构内围尺寸乘以设计结构顶板底至底板(或垫层)底的高度以"m^3"为单位计算;深圳按围护结构内围尺寸乘以自然地面至底板(或垫层)底的高度以"m^3"为单位计算;杭州按围护结构内围尺寸乘以基坑第一道支撑下表面以下深度以"m^3"计算。

2)重点定额对比

(1)带支撑挖土定额

①子目及说明

a. 武汉、深圳、杭州根据基坑宽度(15m 以内、15m 以外)、深度(7m 以内、11m 以内、15m 以内、19m 以内、19m 以外)划分子目,江苏定额只按深度(同上)划分。

b. 武汉、杭州、深圳带支撑开挖土方定额已综合考虑土方垂直运输的各种方法,不得因施工组织方法不同而调整定额。江苏不包括土方垂直运输,其余按相应子目执行。

c. 武汉、杭州定额中含污水泵(包含湿土排水工作内容),江苏、深圳不含污水泵。杭州规定,若需采用井点降水,其费用另行计算;计取井点排水费用后,需扣除定额中的污水泵数量。武汉无此规定说明。

②人工及材料差异

如表 2-2-10 所示,"带支撑挖土宽 15m 以外 深 19m 以内"定额中(江苏为"深 19m 以内",深圳按"三类土"子目),深圳、江苏定额人工消耗量比武汉和杭州低。

人工消耗量对比(定额单位:100m^3) 表 2-2-10

定额		带支撑挖土方　宽 15m 以外 深 19m 以内			
地区		武汉	江苏	深圳	杭州
人工	名称	普工	普工	普工	一类
	消耗量(工日)	17.8	7.9	3.42	17.8

③机械台班

武汉与杭州定额机械类型相同,机械台班消耗量武汉比杭州高;江苏定额无起重机台班及污水泵台班;深圳定额机械包括污水泵和三种类型的挖掘机,不含推土机及起重机,与其他三地在定额机械构成上差异较大,如表 2-2-11 所示。

(2)钢支撑安拆定额

①子目

武汉、江苏、深圳定额中钢支撑安拆定额分为明挖钢支撑、盖挖暗挖钢支撑两类,每类又分为钢支撑安装、拆除 2 条子目。杭州钢支撑安装拆除为 1 条子目,适用于各种开挖方法。

武汉、江苏、深圳按钢支撑长度(10m 以内、10m 以外)分 2 条子目,杭州按钢支撑长度(15m 以内、15m 以外)分 2 条子目。

机械台班对比(定额单位:100m³) 表2-2-11

带支撑挖土方 宽15m以外 深19m以内				
地区	武汉	江苏	杭州	深圳(三类土)
名称	履带式挖掘机		履带式挖掘机	
型号	(液压)0.6m³		液压0.3m³+液压1.0m³+长臂单斗(挖掘半径25m)	
消耗量(台班)	1.7	1.5	0.595	1.017+0.266+1.150
单价(元)	617.32	629.85	732.04	630.63+1395.11+1733.22
名称	推土机105kW			
消耗量(台班)	0.4	0.4	0.22	—
单价(元)	909.59	903.49	871.22	—
名称	起重机25t			
消耗量(台班)	2.3	—	1.61	—
单价(元)	822.5	—	646.24	—
名称	污水泵ϕ100			
消耗量(台班)	2.3	—	2.3	1.017
单价(元)	205.49	—	116.51	270.05

②机械台班

将武汉、江苏、深圳钢支撑(10m以外)安装、拆除两条定额的消耗量合并计算,与杭州钢支撑(15m以外)安装拆除作比较,人工、材料消耗量无明显差别。杭州履带式起重机型号较大,单价高,台班少。机械台班对比如表2-2-12所示。

机械台班对比(定额单位:t) 表2-2-12

定额		钢支撑安装拆除(10m以外或15m以外)			
地区		武汉	江苏	深圳	杭州
履带式起重机	机械型号	40t			60t
	消耗量(台班)	0.451	0.361	0.451	0.31
	单价(元)	1480.59	1412.26	1849.64	1607.81

(3)大口径降水使用定额

①人工及材料差异

如表2-2-13所示,四地主要是人工消耗量差异较大,武汉与江苏消耗量一致,深圳、杭州人工消耗量分别为武汉的90%、50%。材料“大口径井点总管ϕ400”费用占比最大,江苏单价最高,武汉、深圳、杭州分别为江苏的80%、25%、30%。

②机械台班

定额中主要机械为电动多级离心泵,各地台班消耗量及单价差别较大,如表2-2-14所示。

人工及材料差异(定额单位:套·d)　　表 2-2-13

定额		大口径降水 25m 深			
地区		武汉	江苏	深圳	杭州
人工	名称	普工＋技工	综合人工	技术工日	二类人工
	消耗量(工日)	2.4＋3.6	6	5.4	3
大口径井点总管 ϕ400	消耗量(m)	2.25	2.25	2.25	2.25
	单价(元)	509.03	628.43	164.82	183.94

机械台班对比[定额单位:10 根(1 套)]　　表 2-2-14

定额		大口径降水 25m 深			
地区		武汉	江苏	深圳	杭州
电动多级离心清水泵 $\phi150, H=180$m	消耗量(台班)	2	2	3	3
	单价(元)	614.6	606.34	778.27	400.58

3)其他定额对比

(1)土方外运定额

武汉、江苏、深圳一般使用机械装车自卸汽车运土方定额,分为“装载机装”、“挖掘机装”和“每增 1km”3 条子目。而杭州定额分推土机推土、装载机装运土方、自卸汽车运土方 3 种方式,推土机推土按土质和推土距离分为 4 条子目,装载机装运土方分“20m 以内”、“150m 以内每增 20m”2 条子目,自卸汽车运土分“1km 以内”、“每增 1km”2 条子目。

(2)大口径降水井

武汉按降水井深度分为 15m、25m、35m 三类,其他三地只分为 15m 和 25m 两类。

2.3 主体结构及防水

2.3.1 施工组织

主体结构(图 2-3-1)是车站保障列车安全运营和结构体系稳定的主要受力结构,主体结构一般为钢筋混凝土框架结构体系,主要包括板(底板、中板、顶板)、墙(侧墙及其他墙体)、梁(底梁、中梁、顶梁)、柱、楼梯、风道、站台板等结构。车站主体一般采用明挖法施工,主体结构一般为钢筋混凝土单柱双跨(设备区双柱三跨)箱形框架结构,车站主体设全外包防水层,基坑等级为一级。主体结构的防水一般以混凝土结构自防水为主,以接缝防水为重点,并辅以防水层加强防水。常用的防水材料主要有防水卷材、防水涂料、止水条、止水带、接水盒等。

1)施工工序

地下主体结构及防水包括钢筋混凝土结构施工和防水施工。钢筋混凝土结构施工主要分为混凝土工程、钢筋工程、模板工程以及脚手架工程。一般明挖法地下车站主体结构及防水施工时,沿车站纵向按 15~25m 分段、竖向由下向上分层施工,混凝土、钢筋、模板、脚手架及防水工程按施工顺序分班组流水作业。主体结构断面如图 2-3-2 所示。

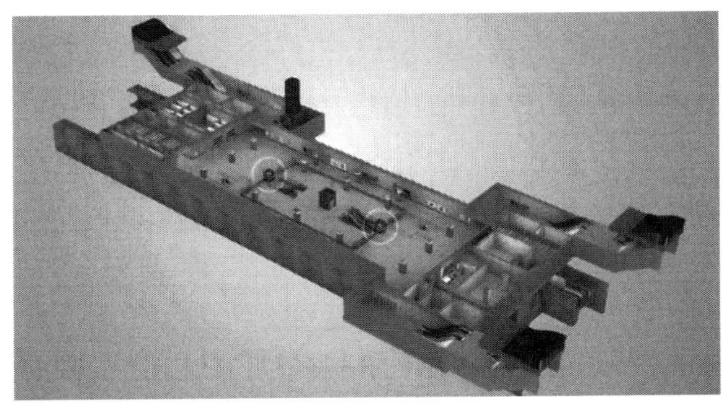

图 2-3-1　主体结构示意图

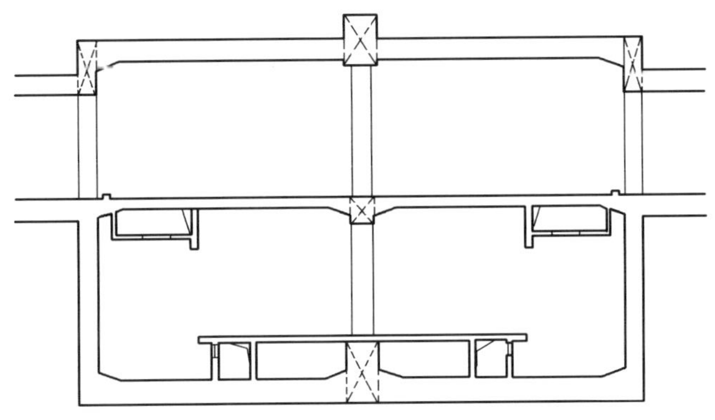

图 2-3-2　主体结构断面图

A 主体结构

根据明挖法施工要求，车站沿纵向每 15～25m 分段施工，并确保横向施工缝位于柱距的 1/4～1/3 之间。沿车站竖向由下向上进行流水作业，见表 2-3-1，地下二层站的施工流程为：

A1 检测基坑底承载力满足要求后，施作接地网、基底垫层及底板防水层；

A2 施工底板、底纵梁；

A3 施工地下二层立柱，待混凝土强度达到设计要求的强度后，拆除第 4 道钢支撑；

A4 施工地下二层侧墙、中板、中板梁，待中板混凝土强度达到设计要求的强度后，拆除第 3 道钢支撑；

A5 施工地下一层立柱，待混凝土强度达到设计要求的强度后，拆除第 2 道钢支撑；

A6 施工地下一层侧墙、顶板、顶板梁，顶板达到一定强度后，拆除第一道混凝土支撑；

A7 施工车站顶板防水层及混凝土保护层及时进行覆土回填，恢复路面。

钢筋混凝土结构的施工过程一般为：施工准备→材料采运→钢筋加工→模板、钢筋制安→混凝土拌和→混凝土运输→浇筑振实→混凝土养护→拆模→养护→检查验收。

主体结构每施工段施工流程 表 2-3-1

序号	施 工 步 骤	施工示意图	施 工 说 明
1	垫层施工	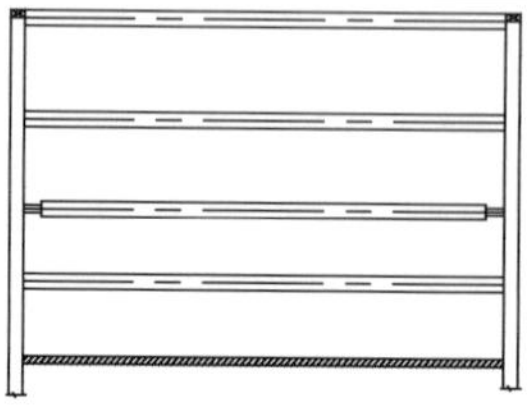	基坑开挖一块,浇筑一块,平板振动器捣固,人工抹平,外贴式止水带安装
2	底板、底板梁施工	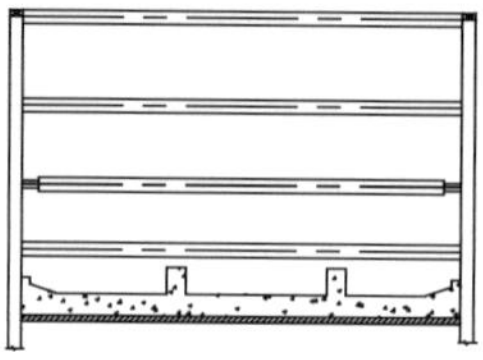	混凝土从短边开始浇筑,捣固器捣固
3	地下二层立柱施工	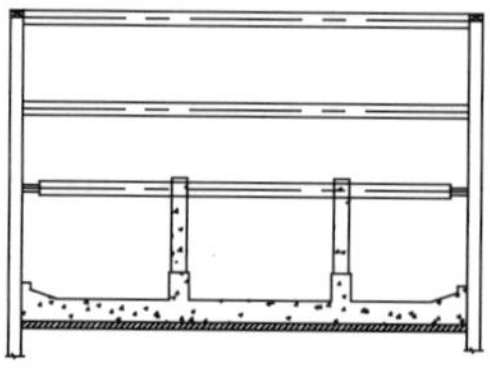	立柱模板采用钢模板,一次浇筑完成,插入式捣固器捣固;拆除第四道钢支撑
4	地下二层侧墙、中板、中板梁施工	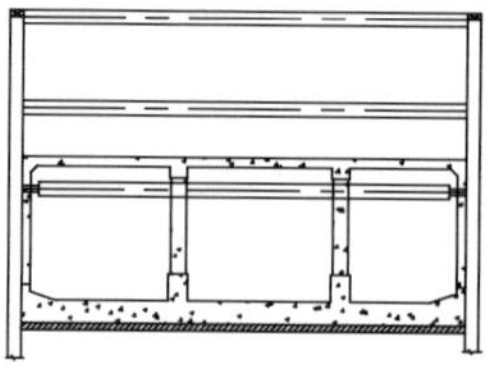	两侧对称浇筑,分层浇筑厚度 30 ~ 50cm,侧墙模板用钢模板、中板底模用木模板,钢管脚手架支撑体系;拆除第三道钢支撑
5	地下一层立柱施工	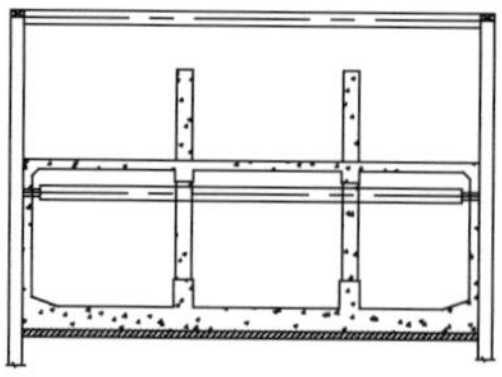	立柱模板采用钢模板,一次浇筑完成,插入式捣固器捣固;拆除第二道钢支撑
6	地下一层侧墙、顶板、顶板梁施工	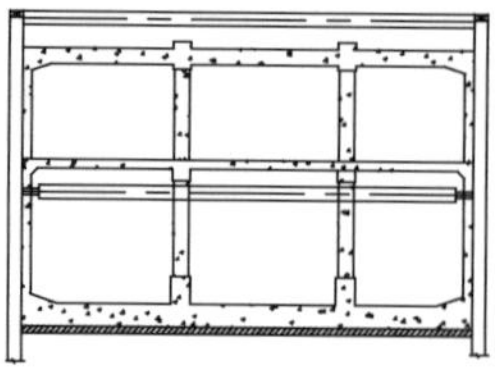	两侧对称浇筑,分层浇筑厚度 30 ~ 50cm,侧墙模板用钢模板、顶板底模用木模板,钢管脚手架支撑体系;拆除第一道混凝土支撑
7	其他项目施工	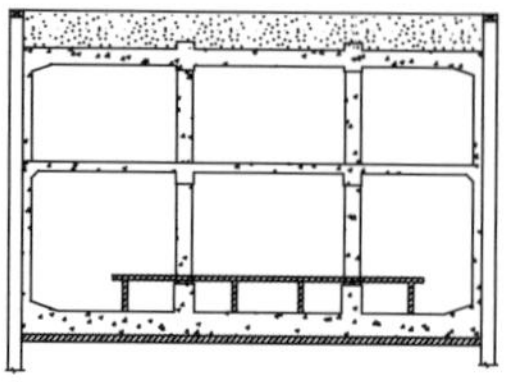	顶板防水层、站台板、电梯井、楼梯、顶板回填土方等

B 防水

主体结构防水方案如表2-3-2所示,主要可分为面防水、缝防水等类型。首先顶板、底板、底梁、侧墙等部位的混凝土一般采用防水混凝土,然后在主体结构与外界土体接触面区域设置防水卷材等防水措施,在施工缝、变形缝等处设置钢板止水带、橡胶止水带等防水措施。具体设置应根据实际工程确定。

主体结构常见防水布置方案 表2-3-2

序号	工程部位	常用防水措施
1	底板	P8或P12防水混凝土+改性沥青防水卷材+细石混凝土保护层(或垫层)
2	侧墙	P8或P12防水混凝土+改性沥青防水卷材+水泥砂浆保护层(部分车站还设置隔离墙)
3	顶板	P8或P12防水混凝土+聚氨酯防水涂料+纸胎油毡隔离层+细石混凝土保护层
4	施工缝及变形缝	中埋式止水带、外贴式止水带、不锈钢接水盒

2)施工进度、机械及劳动力配置

(1)施工进度指标

根据《城市轨道交通工程项目建设标准》(建标 104—2008),明挖法地下车站施工工期为12~18个月/站。其中,主体结构及防水施工工期约为7~9个月/站。

主体结构梁、板、柱的施工进度与车站规模或具体工作量有关。主体结构一般采用分段流水施工,沿车站纵向每25m左右为一段,每段包含底板、中板、顶板及立柱,施工进度约为35d/段。根据调查分析结果,各工序施工进度指标如表2-3-3所示。

主体结构及防水施工进度指标表 表2-3-3

序号	项目	工序	施工进度
1	混凝土浇筑	梁、柱等小体积部位混凝土浇筑	约75m^3/d
2		板、墙等大体积混凝土浇筑	约95m^3/d
3	钢筋	钢筋加工、绑扎	约15t/d
4	模板	模板铺设	约150m^2/d
5	脚手架	碗扣式脚手架施工	约125m^3/d
6	防水	全粘防水材料	约240m^2/d

(2)施工机械及劳动力配置

以地下二层车站为例,配置的主要施工机械如表2-3-4所示。

主要施工机械设备配置表 表2-3-4

序号	机械	数量	备注
1	起重机	1	25t
2	门式起重机	2	10t

现场配置有混凝土班组、钢筋班组、模板班组、脚手架班组、防水班组，施工人员配置如表 2-3-5 所示。

施工人员配置表 表 2-3-5

序号	班组	岗位名称	人数
1	混凝土班组	混凝土工	10
2	钢筋班组	钢筋制作工	8 ~ 12
3		钢筋绑扎工	20
4	模板班组	模板工	15 ~ 20
5	脚手架班组	脚手架工	5
6	防水班组	防水施工工人	4

2.3.2 施工组织与定额对应关系

明挖车站主体结构施工主要内容包括混凝土工程、钢筋工程、模板工程、脚手架工程等，根据上述施工进度指标可知，各分项工程施工速度如下：小体积部位混凝土浇筑进度约 $75m^3/d$，大体积混凝土浇筑进度约 $95m^3/d$；钢筋综合制作安装进度约为 15t/d；模板支设进度约为 $150m^2/d$；脚手架搭设进度约 $125m^3/d$；全粘防水材料铺设进度约为 $240m^2/d$。

人工和机械是定额的构成要素，也是施工组织中资源配置的重要内容。明挖法主体结构组织施工时，地下明挖车站组织施工时，配置 1 ~ 2 台门式起重机（10 ~ 20t），用于材料及模板的垂直运输；配置 1 ~ 2 台起重机（25 ~ 50t），用于材料吊装；现场至少同时有 2 台泵送车等待泵送，每台泵送车配备 3 ~ 4 台振捣器。施工班组一般包括混凝土班组、钢筋班组、模板班组、脚手架班组、防水班组等。每台泵送车配备一个混凝土班组，每个混凝土班组 10 人左右；钢筋班组一般 28 ~ 30 人；模板班组一般 15 ~ 20 人；脚手架班组一般 5 人；防水班组一般 4 人。

影响主体结构工程费用的主要施工组织因素是工作面数量。工作面越多，工期越短，但同时投入的模板、脚手架等数量越多，模板及支架摊销次数就越少，相应的工程费用越高。

以车站梁、板、柱施工为例，分析车站主体结构施工组织与定额对应关系，如表 2-3-6 所示。

车站主体结构施工组织与定额对应关系表 表 2-3-6

编号	工序名称	定额子目	工作内容
A	混凝土工程	城轨定额第四章 WG4-132/141/144、WG4-150 ~ 153	混凝土浇筑、振捣、抹平、养护等
B	模板工程	城轨定额第四章 WG4-442/446/451、WG4-465 ~ 467	模板及支撑制作、安装、拆除、维护、整理、堆放、刷油、清理等
C	钢筋工程	城轨定额第四章 WG4-204、WG4-205	钢筋除锈、调直、下料、弯曲、绑扎、焊接、成型、入模、就位等
D	拆除混凝土	城轨定额第一章 WG1-223/079	拆除混凝土结构；石渣运输
E	回填混凝土及垫层	城轨定额第四章 WG4-160、WG4-129	回填混凝土；浇筑垫层混凝土

续上表

编号	工序名称	定额子目	工作内容
F	螺纹套筒	城轨定额第四章 WG4-274、WG4-275	直螺纹套筒
G	预埋件	城轨定额第四章 WG4-266	制作,洞内运输、安装,焊接等
H	脚手架	城轨定额第四章 WG4-518 建筑定额 A17-41/42	双排脚手架安拆; 满堂脚手架安拆
I	模板垂直运输	城轨定额第四章 WG4-481	模板垂直运输

2.3.3 概预算标准化设计

1)概预算标准模板

主体结构中的抗拔桩开项参考"钻孔灌注桩模块",编制概预算时注意空桩数量。概预算标准模板如表2-3-7、表2-3-8所示。

主体结构概预算标准模板 表2-3-7

序号	定额编号	工作项目或费用名称	单位	数量	单价(元)	合价(元)
		(1)垫层、板				21225407.07
1	WG4-129	地下结构工程 明挖车站垫层 混凝土垫层 基底垫层 C20	m^3	1030.3	547.67	564264.4
2	WG4-150 换	地下结构工程 明挖车站混凝土 底板 C35P8 厚 900mm	m^3	5024.6	626.14	3146103.04
3	WG4-152 换	地下结构工程 明挖车站混凝土 中层板 C35 厚 400mm	m^3	2060.5	624.59	1286967.7
4	WG4-467	地下结构工程 措施项目 明挖车站模板工程 中板、顶板 组合钢模板钢支撑	m^2	5151	71.26	367060.26
5	WG4-474 ×(-2)	地下结构工程 措施项目 明挖车站模板工程 混凝土墙、板厚大于或小于600mm 增(减) 子目×(-2)	$100m^2$	51.51	-818.86	-42179.48
6	WG4-153 换	地下结构工程 明挖车站混凝土 顶板 C35P8 厚 900mm	m^3	4466.3	649.97	2902961.01
7	WG4-467	地下结构工程 措施项目 明挖车站模板工程 中板、顶板 组合钢模板钢支撑	m^2	5151	71.26	367060.26
8	WG4-473×3	地下结构工程 措施项目 明挖车站模板工程 混凝土墙、板厚大于或小于600mm 增(减) 板厚每增加100mm 子目×3	$100m^2$	51.51	1282.03	66037.37
9	WG4-204	地下结构工程 明挖车站钢筋工程 现浇混凝土钢筋 ϕ10mm 以内	t	326.12	5849.9	1907769.39
10	WG4-205	地下结构工程 明挖车站钢筋工程 现浇混凝土钢筋 ϕ10mm 以外	t	1848.03	5767.96	10659363.12
		小计				21225407.07

续上表

序号	定额编号	工作项目或费用名称	单位	数量	单价(元)	合价(元)
		(2)梁				5574641.85
11	WG4-139 换	地下结构工程　明挖车站混凝土　防水混凝土基础梁　底梁　C35P8	m^3	1058.4	644.62	682265.81
12	WG4-451	地下结构工程　措施项目　明挖车站模板工程　矩形梁模板　木模板钢支撑	m^2	1524	68.74	104759.76
13	WG4-141 换	地下结构工程　明挖车站混凝土　矩形梁中梁　C35	m^3	478.8	637.03	305009.96
14	WG4-451	地下结构工程　措施项目　明挖车站模板工程　矩形梁模板　木模板钢支撑	m^2	1037	68.74	71283.38
15	WG4-141 换	地下结构工程　明挖车站混凝土　矩形梁顶梁　C35P8	m^3	1053.4	661.11	696413.27
16	WG4-451	地下结构工程　措施项目　明挖车站模板工程　矩形梁模板　木模板钢支撑	m^2	1596	68.74	109709.04
17	WG4-204	地下结构工程　明挖车站钢筋工程　现浇混凝土钢筋 $\phi10$ 以内	t	93.56	5849.9	547316.64
18	WG4-205	地下结构工程　明挖车站钢筋工程　现浇混凝土钢筋 $\phi10$ 以外	t	530.15	5767.96	3057883.99
		小计				5574641.85
		(3)柱				1656466.97
19	WG4-132 换	地下结构工程　明挖车站混凝土　矩形柱 C50	m^3	558.1	718.12	400782.77
20	WG4-446	地下结构工程　措施项目　明挖车站模板工程　矩形柱模板　木模板钢支撑	m^2	2329	54.37	126627.73
21	WG4-204	地下结构工程　明挖车站钢筋工程　现浇混凝土钢筋 $\phi10$ 以内	t	29.3	5849.9	171402.07
22	WG4-205	地下结构工程　明挖车站钢筋工程　现浇混凝土钢筋 $\phi10$ 以外	t	166.03	5767.96	957654.4
		小计				1656466.97
		(4)墙				10058036.35
23	WG4-147 换	地下结构工程　明挖车站混凝土　直形内衬墙　侧墙(含端墙)C35P 8　700mm	m^3	5283.4	637.49	3368114.67
24	WG4-466	地下结构工程　措施项目　明挖车站模板工程　内衬墙　组合钢模板钢支撑	m^2	7309	47.95	350466.55

续上表

序号	定额编号	工作项目或费用名称	单位	数量	单价(元)	合价(元)
25	WG4-471	地下结构工程　措施项目　明挖车站模板工程　混凝土墙、板厚大于或小于600mm 增(减)墙厚每增加100mm	$100m^2$	73.09	173.6	12688.42
26	WG4-144	地下结构工程　明挖车站混凝土　直形墙内墙 C35 400mm 厚	m^3	1000	598.99	598990
27	WG4-465	地下结构工程　措施项目　明挖车站模板工程　直形墙　组合钢模板钢支撑	m^2	1300	49.8	64740
28	WG4-472 ×(-2)	地下结构工程　措施项目　明挖车站模板工程　混凝土墙、板厚大于或小于600mm 增(减)墙厚每减少100mm　子目×(-2)	$100m^2$	13	-274.96	-3574.48
29	WG4-204	地下结构工程　明挖车站钢筋工程　现浇混凝土钢筋 $\phi10$ 以内	t	147.05	5849.9	860227.8
30	WG4-205	地下结构工程　明挖车站钢筋工程　现浇混凝土钢筋 $\phi10$ 以外	t	833.29	5767.96	4806383.39
		小计				10058036.35
		(5)楼梯、电梯井、风管、站台板及其他混凝土结构				**3725205.77**
31	WG4-159 换	地下结构工程　明挖车站混凝土　电梯井 C35	m^3	50.5	623.8	31501.9
32	WG4-477	地下结构工程　措施项目　明挖车站模板工程　其他工程模板(木模板木支撑)风井、电梯井、电缆井、消防水池	m^2	253	84.04	21262.1
33	WG4-152 换	地下结构工程　明挖车站混凝土　中层板站台板　C35	m^3	940.3	624.59	587301.98
34	WG4-470	地下结构工程　措施项目　明挖车站模板工程　站台板(高度1.5m 以内)木模板钢支撑	m^2	6235	35.95	224148.25
35	WG4-147 换	地下结构工程　明挖车站混凝土　直形内衬墙　站台板支撑墙　C35	m^3	265.7	613.42	162985.69
36	WG4-463	地下结构工程　措施项目　明挖车站模板工程　内衬墙模板　木模板钢支撑	m^2	2656	42.19	112056.64
37	WG4-154 换	地下结构工程　明挖车站混凝土　普通楼梯 C35	m^3	44.6	670.33	29896.72
38	WG4-475	地下结构工程　措施项目　明挖车站模板工程　楼梯模板(木模板木支撑)普通	m^2	604	181.23	109462.92

续上表

序号	定额编号	工作项目或费用名称	单位	数量	单价(元)	合价(元)
39	WG4-161 换	地下结构工程　明挖车站混凝土　混凝土结构风管、电缆槽　C35	m^3	632.1	691.81	437293.1
40	WG4-479	地下结构工程　措施项目　明挖车站模板工程　其他工程模板(木模板木支撑)结构风管、电缆槽	m^2	1968	70.37	138488.16
41	WG4-156 换	地下结构工程　明挖车站混凝土　混凝土门框　C35	m^3	186.1	679.38	126432.62
42	WG4-478	地下结构工程　措施项目　明挖车站模板工程　其他工程模板(木模板木支撑)　小型构件	m^2	931	77.31	71975.61
43	WG4-204	地下结构工程　明挖车站钢筋工程　现浇混凝土钢筋　ϕ10 以内	t	43.4	5849.9	253885.66
44	WG4-205	地下结构工程　明挖车站钢筋工程　现浇混凝土钢筋　ϕ10 以外	t	245.93	5767.96	1418514.4
		小计				3725205.77
		(6)构造柱、砌体墙等装修项				1363595.51
45	WG4-135	地下结构工程　明挖车站混凝土　构造柱　C30	m^3	242	650.32	157377.44
46	WG4-449	地下结构工程　措施项目　明挖车站模板工程　柱模板　矩形柱　组合钢模板钢支撑	m^2	726	54.25	39385.5
47	WG4-143	地下结构工程　明挖车站混凝土　圈梁、过梁、反梁、压顶梁　C30	m^3	350	617.99	216296.5
48	WG4-456	地下结构工程 措施项目　明挖车站模板工程 梁模板　圈(过)梁、反梁　组合钢模板钢支撑	m^2	1225	70.66	86558.5
49	WG4-192	地下结构工程　砌筑工程　直形轻质混凝土空心砌块墙　175mm 厚	m^2	8000	57.42	459360
50	WG4-204	地下结构工程　明挖车站钢筋工程　现浇混凝土钢筋　ϕ10 以内	t	10.5	5849.9	61423.95
51	WG4-205	地下结构工程　明挖车站钢筋工程　现浇混凝土钢筋　ϕ10 以外	t	59.5	5767.96	343193.62
		小计				1363595.51
		(7)其他				3271717.04
52	WG1-223	路基、围护结构及地基处理工程　拆除工程　拆除混凝土结构　机械拆除　有筋	m^3	1345.4	385.97	519284.04

续上表

序号	定额编号	工作项目或费用名称	单位	数量	单价(元)	合价(元)
53	WG1-079 换	路基、围护结构及地基处理工程　土石方运输　挖掘机装自卸汽车运松散石方　运距 1km 以内　实际运距(km):20	$1000m^3$	1.35	77946.0	105227.11
54	补子目 001	渣土消纳费	m^3	1345.4	33	44398.2
55	WG4-160	地下结构工程　明挖车站混凝土　回填混凝土　盾构井 C30 素混凝土回填	m^3	900	585.16	526644
56	WG4-275	地下结构工程　其他工程　直螺纹套筒接头 $\phi \leqslant 32mm$	个	10000	48.16	481600
57	WG4-274	地下结构工程　其他工程　直螺纹套筒接头 $\phi \leqslant 25mm$	个	5000	38.6	193000
58	WG4-266	地下结构工程　其他工程　预埋件　铁件	t	25.55	9863.59	252014.72
59	WG4-518	地下结构工程　措施项目　辅助工程　双排脚手架　高度 10m 以内	m^2	61423	14.07	864221.61
60	借 A17-41	满堂脚手架　基本层(3.6～5.2m)	$100m^2$	111.66	1926.57	215120.81
61	借 A17-42	满堂脚手架　增加层 1.2m	$100m^2$	111.66	341.35	38115.14
62	WG4-481	地下结构工程　措施项目　明挖车站模板工程　模板工程垂直运输　龙门式起重机　钢模板钢支撑	$100m^2$	208.62	89.29	18627.68
63	WG4-480	地下结构工程 措施项目　明挖车站模板工程　模板工程垂直运输　龙门式起重机　木模板木支撑	$100m^2$	191.6	70.27	13463.73
		小计				3271717.04

防水工程概预算标准模板　　表 2-3-8

序号	定额编号	工作项目或费用名称	单位	数量	单价(元)	合价(元)
		(1)顶板防水				1450878.47
1	WG4-236	地下结构工程　明挖车站防水工程　细石混凝土保护层　100mm 厚	m^3	558.29	1095.39	611545.28
2	WG4-230 + WG4 －231	地下结构工程　明挖车站防水工程　非焦油聚氨酯防水涂料　2mm 厚　实际厚度(mm):2.5	m^2	5582.9	150.34	839333.19
		小计				1450878.47
		(2)底板防水				716848.82
3	WG4-236	地下结构工程　明挖车站防水工程　细石混凝土保护层　50mm 厚	m^3	279.145	1095.39	305772.64

续上表

序号	定额编号	工作项目或费用名称	单位	数量	单价(元)	合价(元)
4	WG4-226	地下结构工程　明挖车站防水工程　自粘性防水卷材	$100m^2$	55.829	7363.13	411076.18
		小计				716848.82
		(3)侧墙防水				899605.57
5	WG4-234	地下结构工程　明挖车站防水工程　防水水泥砂浆保护层　20mm 厚	m^2	8558.6	31.48	269424.73
6	WG4-226	地下结构工程　明挖车站防水工程　自粘性防水卷材	$100m^2$	85.586	7363.13	630180.84
		小计				899605.57
		(4)施工缝、变形缝防水				280916.28
7	WG4-238	地下结构工程　明挖车站防水工程　变形缝钢板止水带	m	2937	72.48	212873.76
8	WG4-240	地下结构工程　明挖车站防水工程　变形缝橡胶止水带	m	372	57.05	21222.6
9	WG4-258	地下结构工程　盖挖、暗挖车站防水工程　不锈钢板接水盒	m	372	125.86	46819.92
		小计				280916.28

2)工程量计算规则

(1)现浇混凝土工程量除另有规定者外,均按设计图示体积以“m^3”为单位计算,不扣除构件内钢筋、预埋件及墙、板中面积≤$0.3m^2$ 的孔洞所占体积。

(2)板、梁、柱、墙混凝土按照柱、梁、墙、板的先后顺序计算,叠合部分不得重复计算。

(3)明挖车站的模板垂直运输应另行执行相应定额子目,数量为所有明挖混凝土结构模板数量之和;盖挖车站模板已经综合考虑地面运输,洞内水平运输、垂直运输和模板的地面装卸费等。

3)标准模板使用注意事项

(1)套用定额时,注意抽换不同强度等级、不同防水级别的混凝土,在定额名称处注明混凝土标号及特性。

(2)混凝土墙和板的模板是按厚度 600mm 综合测算的,实际厚度变化时,增减部分应执行增减子目。

(3)定额中的支模高度均按 6m 综合测算,实际高度超过 6m 时,超过部分应执行 6m 以上每增 1m 相应子目。

(4)梗斜的模板靠墙的并入墙的模板计算,靠梁的并入梁的模板计算。

(5)概预算标准模板中按钢模板钢支撑编制,定额中无钢模的按木模板处理(如楼梯)。

(6)盖挖车站主体结构套用对应的盖挖车站混凝土定额。

(7)风井、电梯井脚手架每座按横截面周长在 8m 以内编制,当周长大于 8m 时,按“实际周长除以8"作为调整系数。

(8)明挖车站结构混凝土定额子目未包含泵送费用,需另行计列泵送费用;盖挖车站(除顶板外)的结构混凝土定额子目均已包含泵送费用,混凝土材料单价中不应再计泵送费。

2.3.4　定额对比分析

本模块使用各地区现行城轨定额。本节主要对混凝土、钢筋、模板等定额进行对比分析。

1)重点定额对比

(1)混凝土定额

①泵送费

武汉和江苏的暗挖、盖挖车站(除顶板外)主体结构混凝土浇筑定额子目已含"混凝土输送泵"机械台班,不另计泵送费;明挖车站主体结构混凝土浇筑定额子目不包括泵送费,需另外计列泵送费。

深圳明挖、暗挖、盖挖车站主体结构混凝土浇筑定额子目均已含"混凝土输送泵"机械台班,不另计泵送费。

杭州明挖、暗挖、盖挖车站主体结构混凝土浇筑定额子目均不含"混凝土输送泵"机械台班,需另计泵送费。

②人工及材料差异

以明挖法顶板混凝土定额为例,四地区每10m^{3}顶板混凝土中人工消耗量,武汉、江苏、深圳基本相同,杭州约为武汉的50%;混凝土消耗量略有差异。具体差异分析见表2-3-9。

人工及材料差异(定额单位:10m^3)　　表2-3-9

定额		明挖车站混凝土　顶板			
地区		武汉	江苏	深圳	杭州
人工	名称	普工+技工	综合工日	技术工日	二类
	消耗量(工日)	3.98+3.98	7.95	7.95	3.95
混凝土	规格	防水预拌C30	非泵送C30P6	泵送C30	泵送C25P6
	消耗量(m^3)	10.2	10.2	10.15	10.15
	单价(元)	340	426	403.35	321

(2)现浇钢筋定额

①子目

武汉、江苏、深圳定额按ϕ10以内、ϕ10以外分类。杭州现浇混凝土钢筋定额按照圆钢、螺纹钢Ⅱ级、螺纹钢Ⅲ级分类。

②材料消耗量

武汉、江苏ϕ10以内、ϕ10以外定额中钢筋消耗量分别为1.02t/t、1.04t/t;深圳ϕ10以内、ϕ10以外定额分别为1.02t/t、1.045t/t;杭州定额均为1.02t/t。

(3)模板定额

①子目及说明

a.模板垂直运输

杭州定额明挖、盖挖及暗挖模板已经综合考虑地面运输，洞内水平运输、垂直运输和模板的地面装卸费、回库维修费等。武汉、江苏、深圳定额盖挖暗挖车站模板已经综合考虑地面运输，洞内水平运输、垂直运输和模板的地面装卸费等，明挖车站的模板垂直运输应套用相应定额子目。

b. 混凝土墙、板厚度增减

武汉、江苏、深圳定额混凝土墙和板的模板定额是按厚度600mm编制的，实际厚度变化时，增减部分执行增减子目。杭州定额混凝土墙和板的模板定额是按混凝土厚度划分600mm以内、600mm以上两类。

②人工及材料差异

以顶板模板(组合钢模板钢支撑)为例，分析各地定额在人工、主要材料的差异。杭州定额人工消耗量约为其他地区的66%，主要材料(钢支撑、钢模板)消耗量无差异，但单价有一定差别，如表2-3-10所示。

模板定额人工及材料差异(定额单位：100m^2) 表2-3-10

定额		明挖车站 中板顶板 组合钢模板钢支撑 600mm			
地区		武汉	江苏	深圳	杭州
人工	名称	普工+技工	综合工日	技术工日	二类
	消耗量(工日)	16.2+32.3	48.5	48.5	32.07
钢模板	消耗量(kg)	72.1	72.1	72.1	72.1
	单价(元)	4	6.03	4.24	4.67
钢支撑	消耗量(kg)	177.7	177.7	177.7	177.7
	单价(元)	5.5	4.19	3.66	4.6

③机械台班

由于杭州定额工作内容包括模板运输，因此比武汉等地定额多出起重机机械，杭州定额机械费是武汉等地的2~3倍。

2)其他定额对比

杭州植筋定额不包括钢筋主材费，钢筋按设计长度计算另行套用钢筋制作安装定额。植筋深度按10d(d为钢筋直径)考虑，设计要求植筋深度不同时，按比例调整相应定额。杭州定额子目按ϕ10以内、ϕ12~16、ϕ18~22、ϕ25~30分类。

武汉、江苏、深圳植筋定额含钢材主材费，定额子目按ϕ12、ϕ0、ϕ25、ϕ32分类。植筋深度按15d(d为钢筋直径)考虑，设计要求植筋深度不同时，另外套用每增减10mm子目。

2.4 地基加固

2.4.1 施工组织

地基加固常用于软基加固、岩溶处理、建筑物、构筑物保护等，常见的地基加固措施有旋喷桩、搅拌桩、注浆等。

旋喷桩是利用钻机把带有喷嘴的注浆管钻进土层的预定位置后，以高压设备使浆液或水成为20～40MPa的高压射流从喷嘴中喷射出来，冲切、扰动、破坏土体，同时钻杆以一定速度逐渐提升，将浆液与土粒强制搅拌混合，浆液凝固后，在土中形成一个圆柱状固结体（即旋喷桩），以达到加固地基或止水防渗的目的。

搅拌桩是利用水泥作为固化剂，通过搅拌桩机，在地基深处将软土和固化剂强制搅拌，利用固化剂和软土之间所产生的一系列物理化学反应，使软土硬结成具有整体性、水稳定性和一定强度的优质地基。

注浆加固法，利用气压或液压配以填充渗透和挤密等方式，把能凝固的浆液均匀地注入岩土层中，驱走岩石裂隙中或泥土颗粒间的水分和气体，并以其自身填充，待硬化后即可将岩土胶结成一个整体，可以改善持力层受力状态和荷载传递性能，从而使地基得到加固，防止或减少渗透和不均匀沉降。

1）施工工序

（1）旋喷桩

①旋喷桩分类

根据喷射方法的不同，旋喷桩可分为单管法、二重管法和三重管法。

a.单管法：单重喷射管，仅喷射水泥浆，如图2-4-1所示。

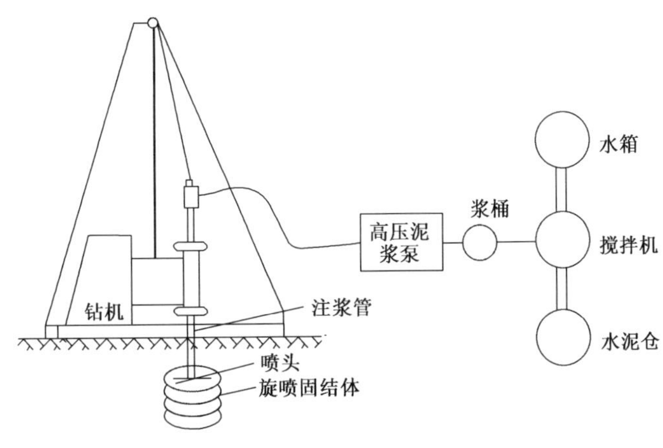

图2-4-1　单管旋喷桩示意图

b.二重管法：又称浆液气体喷射法，是用二重注浆管同时将高压水泥浆和空气两种介质横向喷射出，冲击破坏土体。在高压浆液和其外圈环绕气流的共同作用下，破坏土体的能量显著增大，最后在土中形成较大的固结体，如图2-4-2所示。

c.三重管法：是一种浆液、水、气喷射法，使用分别输送浆液、水、气三种介质的三重注浆管，在以高压泵等高压发生装置产生的高压水流周围环绕一股圆筒状气流，进行高压水流和气流同轴喷射冲切土体，形成较大的空隙，再由泥浆泵将水泥浆以较低压力注入到被切割、破碎的地基中，喷嘴作旋转和提升运动，使水泥浆与土混合，在土中凝固，形成较大的固结体，其加固体直径可达2m，如图2-4-3所示。

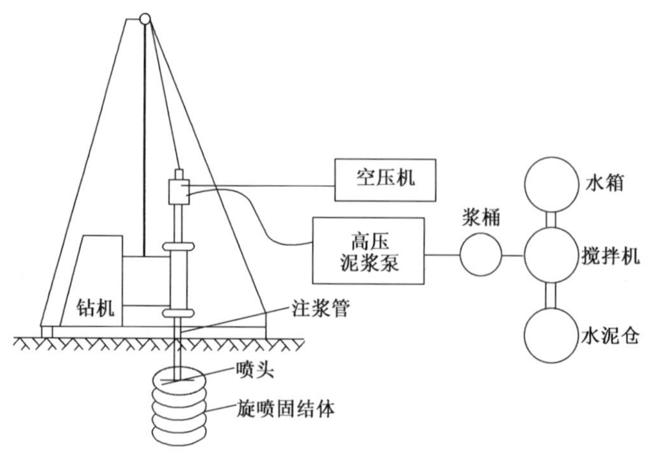

图 2-4-2　二重管旋喷桩示意图

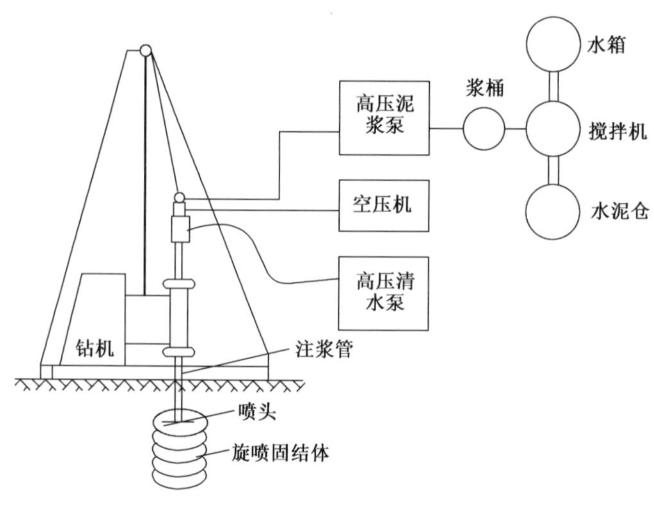

图 2-4-3　三重管旋喷桩示意图

②旋喷桩施工

旋喷桩施工主要由钻机定位、制备水泥浆、钻孔(插管)、提升喷浆管、旋喷、桩头部分处理、清洗、移位、补浆等施工工序组成,其施工流程如图 2-4-4 所示。

A 钻机定位:移动旋喷桩机到指定桩位,将钻头对准孔位中心,同时整平钻机,放置平稳、水平,钻杆的垂直度偏差不大于 1% ~1.5%。就位后,首先进行低压(0.5MPa)射水试验,用以检查喷嘴是否畅通,压力是否正常。

B 制备水泥浆:桩机移位时,即开始按设计确定的配合比拌制水泥浆。首先将水加入桶中,再将水泥和外掺剂倒入,开动搅拌机搅拌 10 ~20min,而后拧开搅拌桶底部阀门,放入第一道筛网(孔径为 0.8mm),过滤后流入浆液池,然后通过泥浆泵抽进第二道过滤网(孔径为 0.8mm),第二次过滤后流入浆液桶中,待压浆时备用。

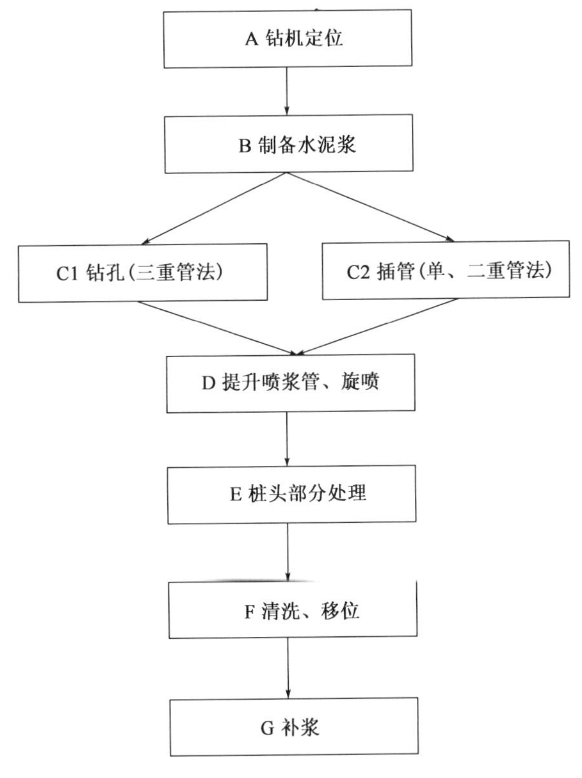

图 2-4-4　旋喷桩施工流程图

C1 钻孔(三重管法):当采用地质钻机钻孔时,钻头在预定桩位钻孔至设计高程(预钻孔孔径为 15cm)。

C2 插管(单重管法、二重管法):三重管法钻机钻孔后,拔出钻杆,再插入旋喷管。在插管过程中,为防止泥砂堵塞喷嘴,可用较小压力(0.5 ~ 1.0MPa)边下管边射水。当采用单管法旋喷、二重管旋喷进行钻孔作业时,钻孔和插管二道工序可合二为一。当第一阶段贯入土中时,可借助喷射管本身的喷射或振动贯入。其过程为:启动钻机,同时开启高压泥浆泵低压输送水泥浆液,使钻杆沿导向架振动、射流成孔下沉;直到桩底设计高程,观察工作电流不应大于额定值。

D 提升喷浆管、旋喷:喷浆管下沉到达设计深度后,停止钻进,旋转不停,高压泥浆泵压力增到施工设计值(20 ~ 40MPa),座底喷浆 30s 后,边喷浆,边旋转,同时严格按照设计和试桩确定的提升速度提升钻杆。若为二重管法或三重管法施工,在达到设计深度后,接通高压水管、空压管,开动高压清水泵、泥浆泵、空压机和钻机进行旋转,并用仪表控制压力、流量和风量,分别达到预定数值时开始提升,继续旋喷和提升,直至达到预期的加固高度后停止。

E 桩头部分处理:当旋喷管提升接近桩顶时,应从桩顶以下 1.0m 开始,慢速提升旋喷,旋喷数秒,再向上慢速提升 0.5m,直至桩顶停浆面。

F 清洗、移位:向浆液罐中注入适量清水,开启高压泵,清洗全部管路中残存的水泥浆,直至基本干净,并将黏附在喷浆管头上的土清洗干净。移动桩机进行下一根桩的施工。

G 补浆:喷射注浆作业完成后,由于浆液的析水作用,一般均有不同程度的收缩,使固结体顶部出现凹穴,要及时用水灰比为 1.0 的水泥浆补灌。

(2)搅拌桩

搅拌桩施工常用双轴、三轴搅拌桩,其施工主要由桩机就位、预搅下沉、制备水泥浆、提升喷浆搅拌、重复上下搅拌、清洗等施工工序组成,施工流程如图 2-4-5 所示。

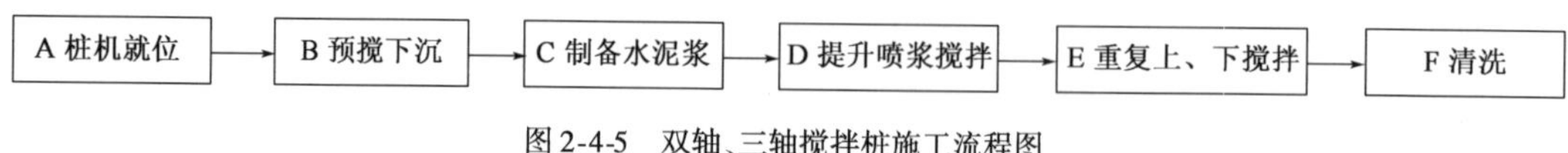

图 2-4-5　双轴、三轴搅拌桩施工流程图

A 桩机就位:桩机自行到达指定桩位,对中,保持桩架垂直和水平。施工时两台桩机从一点往两个相反方向开打。

B 预搅下沉:待搅拌头的冷却水循环正常后,启动搅拌机电机,放松卷扬机钢丝绳,使搅拌机沿导向架搅拌切土下沉,下沉的速度可由电机的电流监测表控制。如下沉速度太慢,可从输浆系统补给清水以利钻进。

C 制备水泥浆:待搅拌头下沉到一定深度时,即开始按设计确定的配合比拌制水泥浆,待压浆前将水泥浆倒入集料斗中。

D 提升喷浆搅拌:搅拌头下沉到达设计深度后,开启灰浆泵将水泥浆压入地基中,边喷浆边旋转,同时严格按设计确定的提升速度提升搅拌头,如图 2-4-6 所示。

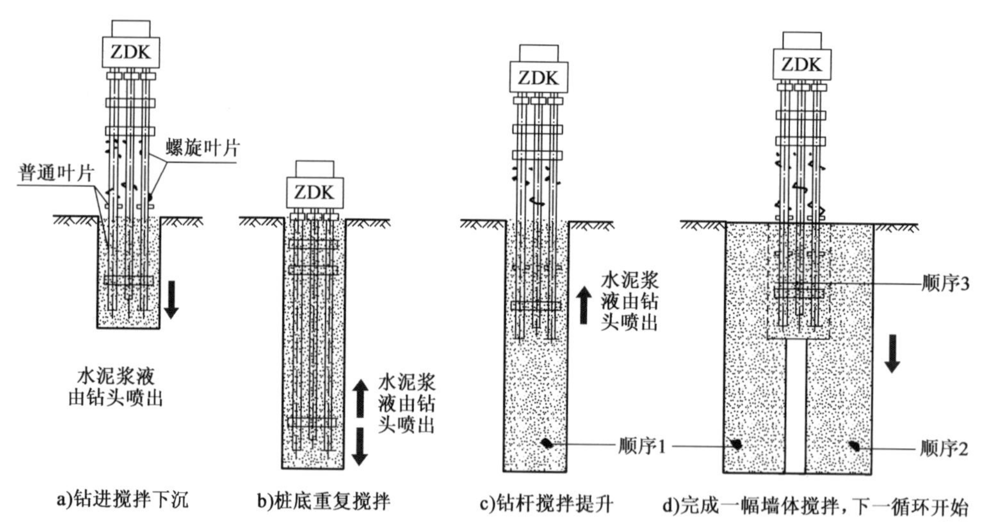

图 2-4-6　搅拌桩(三轴)施工示意图

E 重复上、下搅拌:搅拌头提升至桩顶高程时,集料斗中水泥浆应正好排空。为使软土和水泥浆搅拌均匀,应再次将搅拌头边旋转边沉入土中,至设计加固深度后再将搅拌斗提升出地面。

F 清洗:向集料斗中注入适量清水,开启灰浆泵,清洗全部管路中的残存水泥浆,直至基本干净。

搅拌桩可分为实桩和空桩两种。实桩的水泥含量多,可达到 15%;空桩不喷水泥浆或少喷(7%)。空桩含有水泥(7%)的原因是土体由于被搅动,加少量水泥浆可以加强土体自稳性,减少土体的原状破坏;第一次下搅时喷浆可以防止堵管;方便后期上部土体开挖。

三轴搅拌桩的搭接(图 2-4-7)分为两种:一种为轴与轴之间的搭接,一种为打桩时幅与幅之间的搭接。直径850mm的三轴搅拌桩轴与轴之间的搭接一般为250mm;幅与幅的搭接一般是套接一个孔,即孔径为搭接长度。施工检验批里面一般指的是三轴动力头上面轴与轴之间的搭接。三轴水泥搅拌桩是按幅计算桩数的,每幅桩有三个桩孔,桩孔之间搭接长度为250mm,两侧钻杆中心距离为1.2m,相邻两根钻杆中心距离0.6m,两侧钻杆外边距为2.15m。

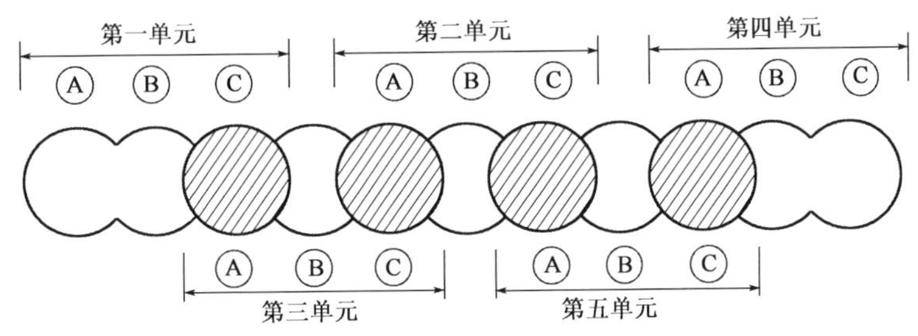

图2-4-7　三轴搅拌桩套打示意图

(3)注浆施工工序

注浆施工主要由钻孔、注浆等施工工序组成,其施工流程图如图2-4-8所示。

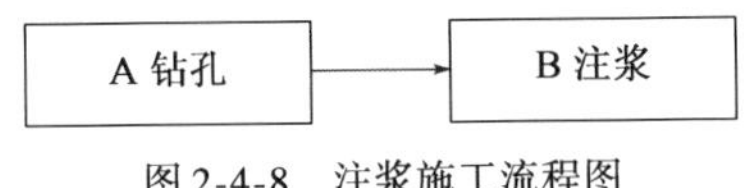

图2-4-8　注浆施工流程图

A钻孔:首先根据设计孔位在注浆范围内准确定位,定出注浆孔位并将其标记出来。钻孔至设计深度并采用清水洗孔后,安装注浆阀管。

B注浆:配置浆液,插入注浆管,准备灌浆。根据各组注浆参数的要求,从孔底自下而上进行注浆。全孔段注浆完成后,间歇一段时间再进行第二次注浆,间歇时间控制在10~30min之内。最后检测注浆效果,判断检测结果,看质量是否满足要求,若不合格,进行二次补强注浆。压密注浆和分层注浆如图2-4-9、图2-4-10所示。

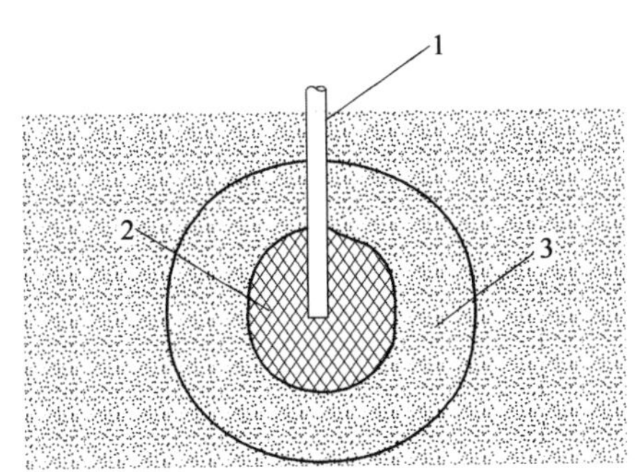

图2-4-9　压密注浆示意图

1-注浆管;2-球状浆泡;3-压密带

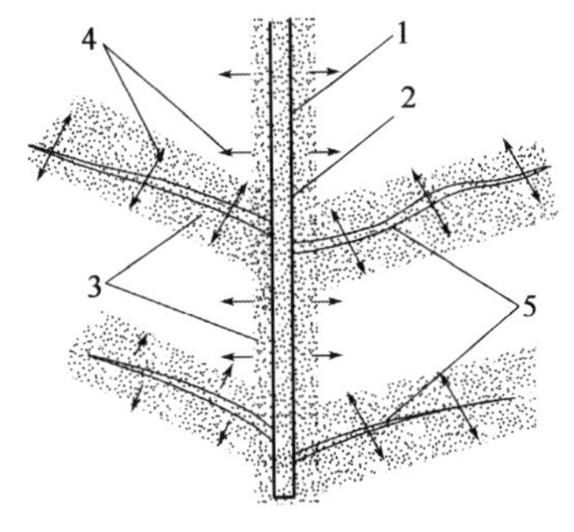

图2-4-10　分层注浆(劈裂注浆)示意图

1-浆液;2-注浆孔;3-渗入的浆液(通过劈裂面和注浆孔边缘);4-浆液挤压作用;5-劈裂面

2)施工进度、机械及劳动力配置

(1)施工进度指标

①旋喷桩

以三重管旋喷桩(图2-4-11)为例,根据调查分析,旋喷桩单桩作业时间如表2-4-1所示。

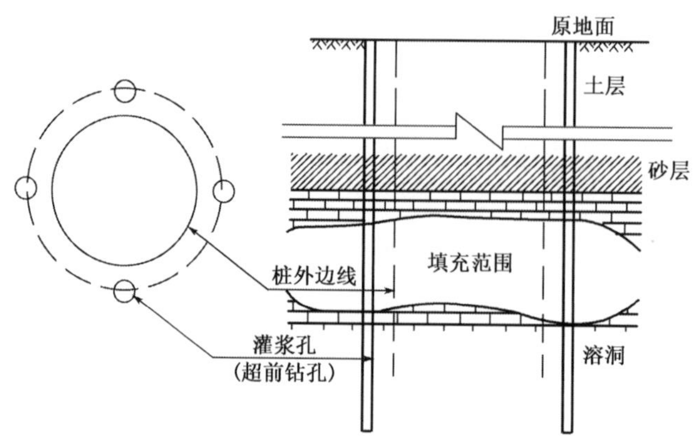

图2-4-11　三重管旋喷桩

旋喷桩单桩作业时间分析表

表2-4-1

序号	工　序	施工时间
1	钻机定位	约10min
2	钻孔	约90min
3	旋喷机定位	约10min
4	旋喷	约150min
5	冲洗	约10min
合计	约4.5h	

每根旋喷桩作业时间共计4.5h,考虑钻孔和旋喷可以平行作业,每根旋喷桩的完成时间可以按3h考虑。综合来说,每台钻机的施工进度为2~3根/d。

②搅拌桩

以三轴搅拌桩为例,根据调查分析,三轴搅拌桩作业时间如表2-4-2所示。

三轴搅拌桩作业时间分析表

表2-4-2

序号	工　序	施工时间
1	桩机定位	约15min
2	搅拌下沉喷浆	约25min
3	提升搅拌喷浆	约50min
合计	约1.5h	

每组搅拌桩作业时间共计1.5h,每台钻机综合施工进度为5~6幅/d。

(2)施工机械及劳动力配置

地基加固机械及劳动力配置,以现场考虑三重管旋喷桩、三轴搅拌桩及注浆为例,采用的主要施工机械设备如表2-4-3所示。

现场每个施工班组配置的施工人员如表2-4-4所示。

主要施工机械设备配置表　　表 2-4-3

序号	类　型	名　称
1	旋喷桩	三重管旋喷机
2	搅拌桩	三轴搅拌桩机
3	注浆	钻机
4		注浆泵
5		浆液搅拌机

施工人员配置表　　表 2-4-4

序号	类　型	岗位名称	人　数
1	旋喷桩	钻机操作工	1
2		压力泵操作工	1
3		拌浆工	3
4		电工	1
5		普工	4
6	搅拌桩	桩机操作工	1
7		普工	8
8		电工	1
9	注浆	钻机操作工	1
10		拌浆工	3
11		电工	1
12		普工	4
13		注浆泵操作工	1
14		注浆工	5

2.4.2　施工组织与定额对应关系

地基加固的施工工法主要有旋喷桩、搅拌桩和注浆等。根据上述施工进度指标可知，三重管旋喷桩施工速度约为 3h/根/台钻机；三轴搅拌桩机施工速度约为 1.5h/幅/台钻机。

人工和机械是定额的构成要素，也是施工组织中资源配置的重要内容。旋喷桩组织施工时，配置 1 台三重管旋喷桩机，配备 1 个 10 人左右的施工班组；搅拌桩组织施工时，配置 1 台搅拌桩机，每台搅拌桩机配备 1 个 8 ~ 10 人左右的施工班组；注浆加固组织施工时，配置钻孔和注浆 2 个班组，钻孔班组一般 6 ~ 8 人，注浆班组一般 4 ~ 6 人。

影响搅拌桩工程费用的主要因素是水泥掺量。水泥掺量跟钻机提升速度有关，提升速度越慢，水泥掺量越高，其工程费用越高。影响注浆工程费用的施工组织因素主要包括注浆管材料和注浆材料。注浆管材中，钢花管材料费用高于袖阀管；注浆材料中，双浆液材料费用高于水泥浆和水泥砂浆。

地基加固施工组织与定额对应关系如表 2-4-5 所示。

地基加固施工组织与定额对应关系表 表 2-4-5

编号	工序名称	定额子目	工作内容
A	旋喷桩	城轨第一章定额 WG1-258、WG1-261	钻孔、喷浆
B	搅拌桩	城轨第一章定额 WG1-194、WG1-196	钻机钻进、输送压浆、搅拌、提升成桩
C	注浆	城轨第一章定额 WG1-254 城轨第三章定额 WG3-043	钻孔、安插注浆管、注水泥浆

2.4.3 概预算标准化设计

1)概预算标准模板

地基加固模块包含旋喷桩、搅拌桩和注浆三种加固方式。旋喷桩概预算标准模板以三重管喷浆工艺为例，搅拌桩概预算标准模板以三轴搅拌桩工艺为例，概预算模板如表 2-4-6 所示。

地基加固概预算标准模板 表 2-4-6

序号	定额编号	工作项目或费用名称	单位	数量	单价(元)	合价(元)
		(1)旋喷桩				950792.33
1	WG1-258	路基、围护结构及地基处理工程 地基处理工程 高压旋喷水泥桩 钻孔	m	1665	36.43	60655.95
2	WG1-261 换	路基、围护结构及地基处理工程 地基处理工程 高压旋喷水泥桩 三重管喷浆 水泥掺量 30%	m^3	836.5	1064.12	890136.38
		小计				950792.33
		(2)搅拌桩				1980450
3	WG1-194 换	路基、围护结构及地基处理工程 水泥劲性搅拌围护桩 搅拌桩水泥掺量 12% 一喷两搅 空桩	m^3	5000	273.23	1366150
4	WG1-196 ×(−5)	路基、围护结构及地基处理工程 水泥劲性搅拌围护桩 水泥掺量 ±1% 子目×(−5)	m^3	5000	−65.42	−327100
5	WG1-194 换	路基、围护结构及地基处理工程 水泥劲性搅拌围护桩 搅拌桩水泥掺量 12% 一喷两搅	m^3	2000	366.03	732060
6	WG1-196 ×8	路基、围护结构及地基处理工程 水泥劲性搅拌围护桩 水泥掺量 ±1% 子目×8	m^3	2000	104.67	209340
		小计				1980450

续上表

序号	定额编号	工作项目或费用名称	单位	数量	单价(元)	合价(元)
		(3)注浆				492047.28
7	WG1-254	路基、围护结构及地基处理工程 地基处理工程 分层注浆 钻孔	m	356	46.56	16575.36
8	WG3-043	隧道工程 矿山法隧道初期支护 水泥浆预留孔注浆	m^3	726	654.92	475471.92
		小计				492047.28

2)工程量计算规则

(1)旋喷桩

旋喷桩钻孔按原地面至设计桩底底面的距离以“m”为单位计算,喷浆按设计加固桩的截面面积乘以设计桩长以“m^3”为单位计算。

(2)搅拌桩

深层水泥搅拌桩按设计加固桩的截面面积乘以设计桩长以“m^3”为单位计算;三轴、双轴搅拌桩截面积计算时,轴与轴之间重叠部分需扣除,幅与幅之间搭接套打部分不扣除。

(3)注浆

钻孔按设计图示长度以“m”为单位计算;注浆按设计注浆浆液体积以“m^3”为单位计算。

3)标准模板使用注意事项

(1)高压旋喷桩定额中的浆体材料、用量与设计不同时,可按设计调整。

(2)三轴搅拌桩实桩、空桩均套用SMW工法桩定额(不含型钢),并根据设计水泥掺量执行相应的水泥掺量增减子目。

(3)深层水泥搅拌桩(单轴及双轴)套用定额时不区分桩径大小,定额水泥含量与设计不同时,按设计含量调整。

(4)水泥搅拌桩空搅部分,应按相应子目的人工及搅拌机械乘以系数0.5。

(5)注浆均采用“钻孔+预留孔注浆”形式套用相应定额。

2.4.4 定额对比分析

本模块使用各地区现行城轨定额,注浆定额无差异。本节主要对比分析四地区三重管旋喷桩定额差异,三轴搅拌桩定额差异参见SMW工法桩模块。

四地区的旋喷桩定额子目均包括钻孔、单重管喷浆、双重管喷浆和三重管喷浆四条定额。其中,钻孔定额无明显差异,主要分析三重管喷浆定额差异。

(1)人工及材料差异

如表2-4-7所示,江苏定额人工消耗量约比其他三个地区高65%,杭州水泥消耗量约比其他三地区低20%。

人工及材料差异(定额单位:10m³)　　表 2-4-7

定额		三重管旋喷桩			
地区		武汉	江苏	深圳	杭州
人工	名称	普工 + 技工	综合人工	技术工日	二类
	消耗量(工日)	3.18 + 7.42	17.7	10.6	9.6
水泥	规格	32.5 级	42.5 级	32.5 级	32.5 级
	消耗量(t)	5	5	5	3.875
	单价(元)	320	520	350	300

(2)机械台班

江苏三重管喷浆定额中比其他三地区多出液压钻机,而缺少旋喷车。

武汉定额旋喷车台班单价高出其他三地区 40% ~60%。

深圳定额中泥浆泵台班约为武汉、江苏、杭州地区的 2 倍。杭州定额的其他机械台班低于其他三地区。

武汉、江苏定额中电动多级离心清水泵型号为"出口直径 200mm,扬程 280m 以上",深圳为"出口直径 100mm,扬程 120m 以上小型",杭州为"扬程 180m 以下"。不同型号台班单价相差较大,如表 2-4-8 所示。

机械台班对比(定额单位:10m³)　　表 2-4-8

定额		三重管旋喷桩			
地区		武汉	江苏	深圳	杭州
旋喷车	台班	0.89	—	0.89	0.8
	单价(元)	964.3	—	517.78	427.54
液压钻机	台班	—	0.89	—	—
	单价(元)	—	461.23	—	—
泥浆泵	台班	0.89	0.89	1.78	0.8
	单价(元)	306.32	122.11	180.39	210.52
电动多级离心清水泵	台班	0.89	0.89	0.89	0.8
	单价(元)	1724.62	2481.12	423.28	400.58

2.5 施工监测

2.5.1 施工组织

施工监测是指在建构筑物施工过程中,采用监测仪器对关键部位各项控制指标进行监测的技术手段,在监测值接近控制值时发出报警,用来保证施工的安全性,也可用于检查施工过程是否合理。

地下车站施工监测的目的:

(1)保证车站结构的稳定和施工安全。

(2)确保邻近建筑物、道路及地下管线等的正常使用。

(3)根据监测结果,判断工程的安全状况,预测可能发生的危险,提出应采取的预防措施,遏止危险的趋势,确保施工及周边环境的安全。

(4)以施工监测结果指导现场施工,进行信息化反馈优化施工方案,使其更切合实际,安全合理。

(5)将现场监测结果与理论预测值相比较,修正设计参数,为优化设计提供依据。

1)施工工序

施工监测工序主要由监测点布置和监测组成,其施工流程图如图 2-5-1 所示。

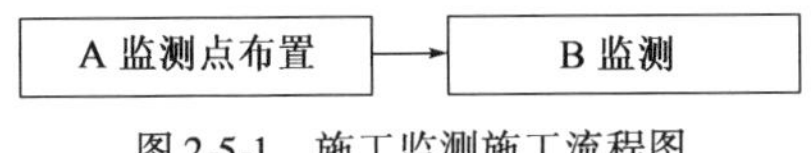

图 2-5-1　施工监测施工流程图

各监测点的布置随基坑工程的施工工序而开展,一般按如下顺序进行:

(1)先期布设地表沉降点、建筑物沉降点及各种管线监测点。

(2)围护结构施工时,同步安装围护桩内的测斜管。

(3)围护结构及坑内外加固施工完后,钻孔埋设坑内分层沉降管,坑外的水位管。

(4)桩顶的圈梁浇捣时,同步埋设桩顶的位移测点,并做好测斜管的保护工作,进行初始值的测取工作。

(5)基坑开挖前,应测出各测试项目的初始值。

基坑监测是在地铁工程施工中常用的施工监测形式,基坑监测内容见表 2-5-1,可根据车站工程地质、水文地质、基坑深度、基坑周边建筑物和管线等施工环境以及基坑支护结构的安全等级等具体情况选测,选用的监测项目及其监测部位应能够反映支护结构的安全状态和基坑周边环境受影响的程度。

基坑监测项目　　表 2-5-1

序号	监测对象	目的	必要性
1	围护结构		
1.1	围护桩墙	桩墙顶水平位移与沉降	必须监测
		桩墙深层挠曲	必须监测
		桩墙内力	选择监测
		桩墙水土压力	选择监测
1.2	水平支撑	轴力	必须监测
1.3	围梁、围檩	内力	选择监测
		水平位移	建议监测
1.4	立柱	垂直沉降	建议监测
1.5	坑底土层	垂直隆起	选择监测
1.6	坑内地下水	水位	选择监测
2	相邻环境		
2.1	相邻地层	分层沉降	选择监测
		水平位移	选择监测

续上表

序号	监 测 对 象	目　　的	必　要　性
2.2	地下管线	垂直沉降	必须监测
		水平位移	必须监测
2.3	相邻房屋	垂直沉降	必须监测
		倾斜	必须监测
		裂缝	必须监测
2.4	坑外地下水	水位	必须监测
		分层水压	选择监测

监测流程如图 2-5-2 所示。

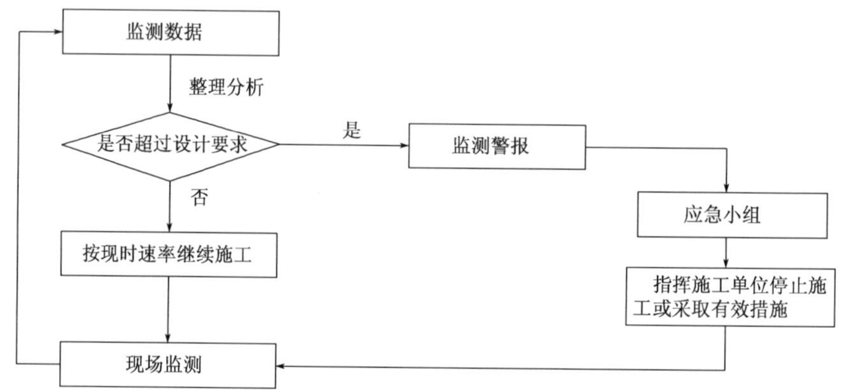

图 2-5-2　监测流程示意图

A1 地表沉降观测点

监测点布置：测点（图 2-5-3）为顶部光滑的钢筋，用钻孔取芯钻机在测点位置钻孔，钻孔须穿破路面地面持力层，保证钢筋能在钻孔中自由沉降。坑边地面沉降监测点应设置在支护结构外侧的土层表面或柔性地面上。与支护结构的水平距离宜在基坑深度的 0.2 倍范围以内。

监测仪器：精密水准仪。

图 2-5-3　地表沉降测点

A2 围护结构顶部水平(垂直)位移监测

监测点布置:围护结构顶部垂直位移监测点应沿基坑周边布置,周边中部、阳角处应布置监测点。基坑围护结构顶部垂直位移的监测点布设于冠梁处,测点应采用基础标志,顶部钻孔安装定制的沉降(变形)观测点标志,如图 2-5-4 所示。

监测仪器:全站仪、精密水准仪。

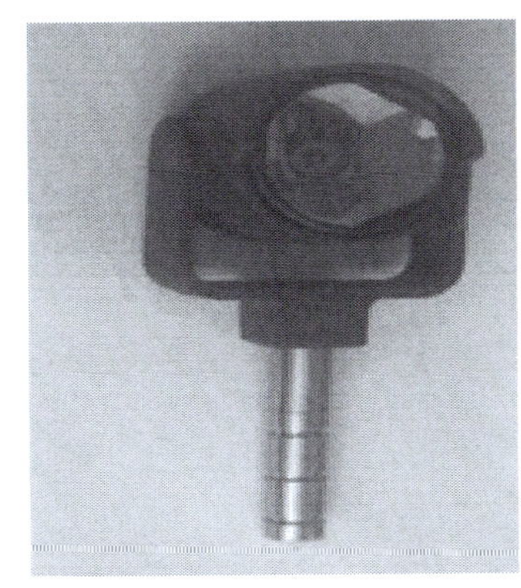

图 2-5-4 沉降(变形)观测点标志

A3 围护结构变形(测斜)

测斜管埋设:对于围护结构的位移测量,采用灌注法进行埋设。孔深应大于所测围护结构的深度,孔径比所用的测斜管管径大 5 ~ 10cm。孔位设在紧靠围护结构体后的墙体。测斜管如图 2-5-5 所示。

监测仪器:测斜仪。测斜仪是通过测量测斜管轴线与铅垂线之间夹角变化量,来监测围护墙体、土体深层侧向位移的高精度仪器。测斜仪如图 2-5-6 所示。

图 2-5-5 测斜管

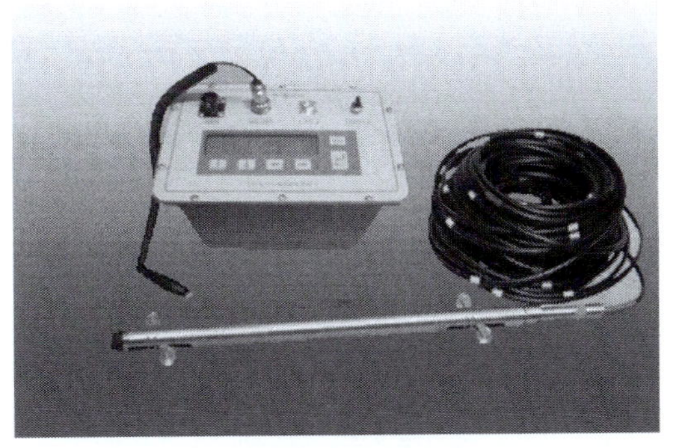

图 2-5-6 测斜仪

A4 周边建(构)筑物变形监测

监测点布置:对于混凝土结构墙体上的观测点,采用在结构上钻孔后埋设“L”形点位标志的方法。对于在钢结构上需布设观测点的,采用焊接式或强力胶粘贴式观测标志。监测内容包括沉降、水平位移、倾斜、裂缝等。

监测仪器：精密水准仪、测斜仪、裂缝观测仪等。

A5 支撑轴力监测

监测仪器：轴力计、钢筋应力计、应变计、频率仪。

轴力计主要用于测量钢支撑的轴力，其外壳是一个经过热处理的高强度钢筒，在筒内装有应变计，可直接测读作用在钢筒上的荷载。轴力计及其安装如图 2-5-7、图 2-5-8 所示。

图 2-5-7　轴力计

图 2-5-8　轴力计安装示意图

钢筋应力计（图 2-5-9）用于测量钢筋混凝土构件内的钢筋应力，通过钢筋和混凝土应变协调的假定来换算支撑轴力。

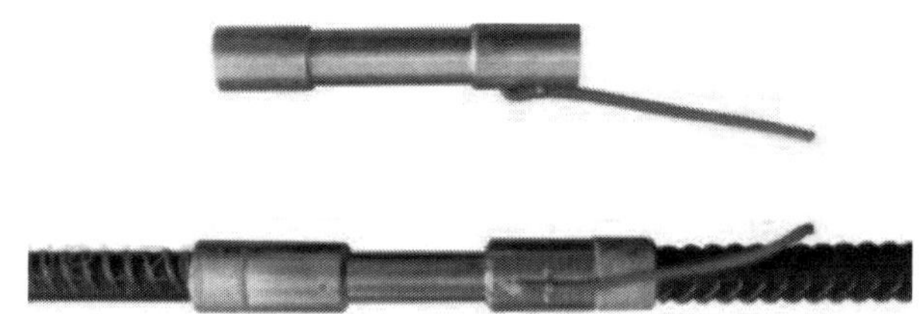

图 2-5-9　钢筋应力计

应变计包括埋入式应变计和表面应变计，如图 2-5-10、图 2-5-11 所示，埋入式应变计在混凝土结构浇筑时，直接埋入混凝土中用于地下工程中混凝土的长期应变测量；基坑监测中表面应变计主要安装在钢支撑表面，用于钢支撑受力后的应变测量，通过测量得到的应变再计算支撑轴力。

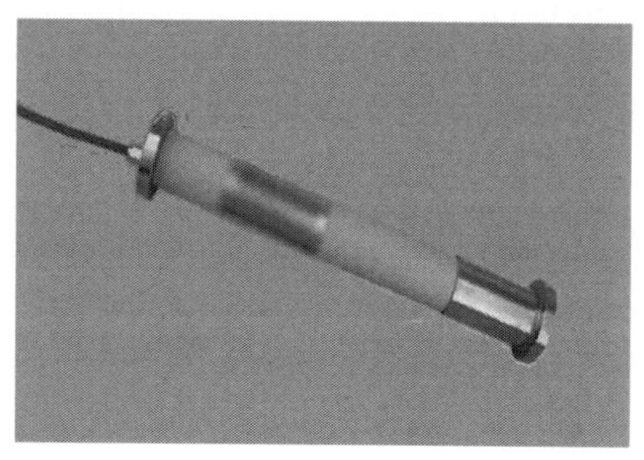

图 2-5-10　埋入式应变计

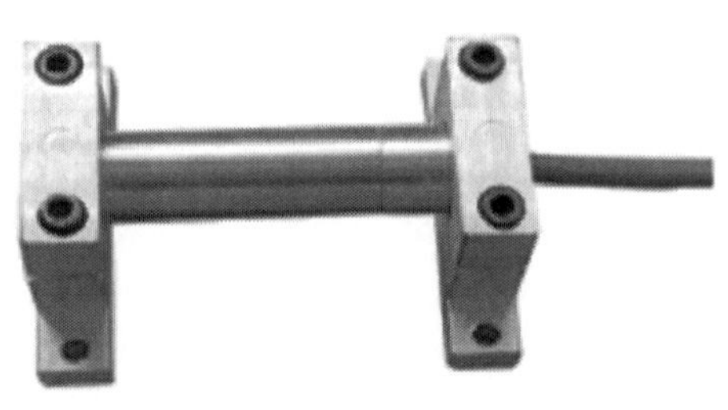

图 2-5-11　表面应变计

A6 地下管线监测

监测点布置：间接测点设在管线的窨井盖上，将钢筋打入至管底深度，适用于不允许开挖布设直接测点的场地；直接测点分为抱箍式和套筒式，如图 2-5-12 所示。监测内容包括沉降、水平位移。监测仪器：精密水准仪。

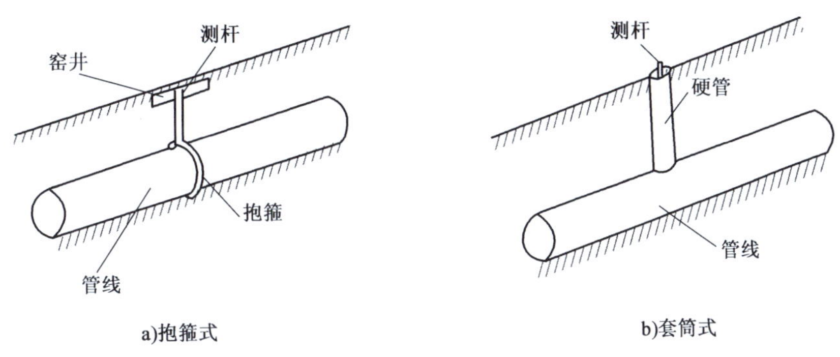

图 2-5-12　地下管线直接测点布置方式

A7 基坑底部隆起监测

监测点布置：监测点宜按纵向或横向剖面布置，剖面应选择在基坑的中央、距坑底边约1/4坑底宽度处以及其他能反映变形特征的位置。同一剖面上监测点横向间距宜为 10 ~ 20m，数量不宜少于 3 个。

监测仪器：分层沉降仪。

A8 地下水位监测

监测点布置：基坑内地下水位的监测点可设置在基坑内或相邻降水井之间。当监测地下水位下降对基坑周边建筑物、道路、地面等沉降的影响时，地下水位监测点应设置在降水井或截水帷幕外侧且宜尽量靠近被保护对象。

监测仪器：水位计，如图 2-5-13 所示。

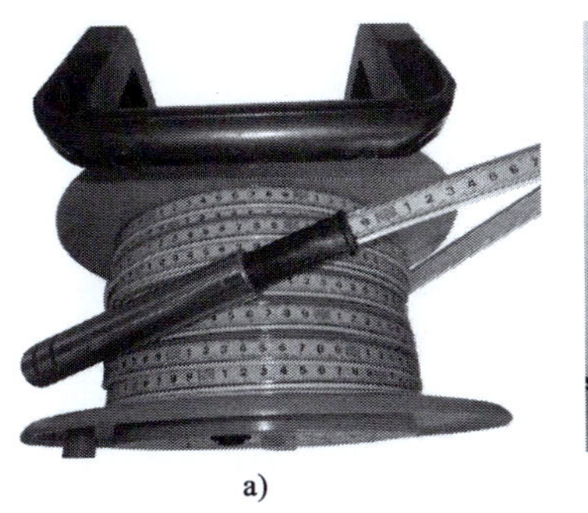

a)

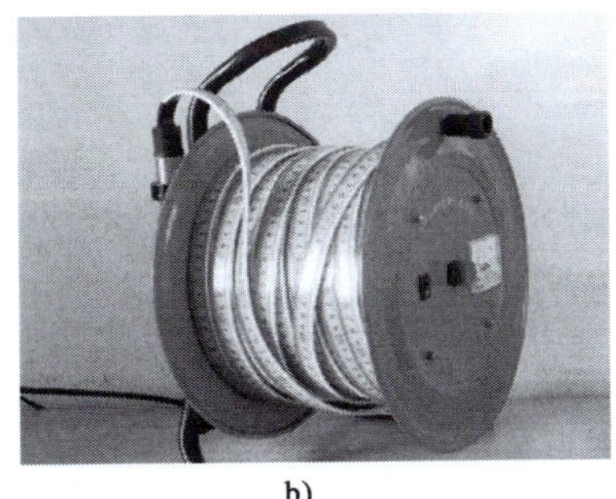

b)

图 2-5-13　水位计

2）施工进度、机械及劳动力配置

（1）施工进度指标

地下车站的施工监测分为施工前期监测、围护结构施工阶段监测、基坑开挖阶段监测、主体结构施工阶段监测、主体结构完工后稳定期阶段监测。基坑监测的频率如下：

①施工前至少进行各监测项的2次初始观测。

②围护结构施工阶段2d/次。

③基坑开挖阶段0～5m阶段2d/次，开挖5m后阶段1d/次。

④主体结构施工阶段3d/次。

⑤主体结构完工后稳定阶段2周/次。

当基坑或周边建(构)筑物出现异常情况或达到警戒值时，应作应急观测或增加监测频次、增加监测点或监测项目、扩大监测范围。在基坑开挖期间根据开挖分段区分重点监测区和非重点监测区，重点监测区按上述原则确定频率，非重点监测区在上述原则基础上可适当减少监测频率。

(2)施工机械及劳动力配置

常用的监测仪器有全站仪、精密水准仪、测斜仪、应力计、轴力计、水位计等。监测主要仪器设备配置如表2-5-2所示。

主要施工机械设备配置表

表2-5-2

序号	监测对象	监测项目	仪器设备
1	地层	地表沉降	精密水准仪
2	建筑物	沉降	精密水准仪
		倾斜	双向测斜仪
		裂缝	裂缝观测仪
3	地下管线	沉降	精密水准仪
4	坑底隆起	隆沉	分层沉降仪
5	立柱	隆沉	精密水准仪
6	地下水	水位	水位计
7	围护结构	围护墙顶水平位移	全站仪
		围护墙倾斜	测斜仪
		钢支撑轴力	支撑轴力计、钢筋应力计、应变计、频率仪

监测施工配置一个施工班组，施工人员配置如表2-5-3所示。

施工人员配置表

表2-5-3

序号	班组	岗位名称	人数	备注
1	监测班组	测量工程师	1	测量主管，负责技术工作
2		测量工	2	监测及数据处理
3		助理工	2	辅助监测

2.5.2 施工组织与定额对应关系

地下车站的施工监测分为施工前期监测、围护结构开挖阶段监测、基坑土体开挖阶段监测、主体结构施工阶段监测、主体结构完工后稳定期阶段监测。常用的监测仪器有全站仪、精密水准仪、测斜仪、应力计、轴力计、水位计等。

由于监控测试技术成熟，测量机器发达，测量人员素质高，操作程序重复性高，监控测试效率提高，使施工监测组织施工时投入的机械台班和人工消耗量降低，从而降低工程费用。

施工监测施工组织与定额对应关系如表2-5-4所示。

施工监测施工组织与定额对应关系表　　表2-5-4

编号	工序名称	定额子目	工作内容
A	测点布置	城轨定额第四章　WG4-373/400/374/375/376/391/395/390/384/387	定额内容包含沉降、水平位移、测斜、轴力、钢筋应力、地下水位等监测点位布置
B	监测	城轨定额第四章　WG4-421/422/423/431/432/433/434	定额内容包含沉降、水平位移、测斜、轴力、钢筋应力、地下水位等监测

2.5.3　概预算标准化设计

1）概预算标准模板

概预算标准模板如表2-5-5所示。

施工监测概预算标准模板　　表2-5-5

序号	定额编号	工作项目或费用名称	单位	数量	单价(元)	合价(元)
1	WG4-373	地下结构工程　检测量控工程　地表沉降测点布设　混凝土水准点　其他地面	点	22	1086.14	23895.08
2	WG4-421 R×0.3	地下结构工程　检测量控工程　监控测试沉降　人工×0.3	点次	2904	18.6	54014.4
3	WG4-400	地下结构工程　检测量控工程　桩体水平位移测点布设　围护结构水平位移　20m以内	孔	22	3334.89	73367.58
4	WG4-421 R×0.3	地下结构工程　检测量控工程　监控测试水平位移　人工×0.3	点次	2904	18.6	54014.4
5	WG4-421 R×0.3	地下结构工程　检测量控工程　监控测试竖向位移　人工×0.3	点次	2904	18.6	54014.4
6	WG4-422 R×0.3	地下结构工程　检测量控工程　监控测试倾斜　人工×0.3	点次	2904	59.48	172729.92
7	WG4-374	地下结构工程　检测量控工程　建筑物变形测点布设　沉降观测	点	28	329.03	9212.84
8	WG4-375	地下结构工程　检测量控工程　建筑物变形测点布设　倾斜观测	点	12	581.49	6977.88
9	WG4-376	地下结构工程　检测量控工程　建筑物变形测点布设　裂缝观测	点	6	721.78	4330.68

续上表

序号	定额编号	工作项目或费用名称	单位	数量	单价(元)	合价(元)
10	WG4-421 R×0.3	地下结构工程　检测量控工程　监控测试　沉降　人工×0.3	点次	3696	18.6	68745.6
11	WG4-422 R×0.3	地下结构工程　检测量控工程　监控测试　倾斜　人工×0.3	点次	1584	59.48	94216.32
12	WG4-423 R×0.3	地下结构工程　检测量控工程　监控测试　裂缝　人工×0.3	点次	792	16.8	13305.6
13	WG4-391	地下结构工程　检测量控工程　混凝土构筑物钢筋应力、混凝土应变测点布设　混凝土构筑物钢筋应力　地下	点	15	1302	19530
14	WG4-395	地下结构工程　检测量控工程　钢结构应力、应变测点布设　钢结构应力、应变　地下	点	15	1656.01	24840.15
15	WG4-432 R×0.3	地下结构工程　检测量控工程　监控测试　钢筋、混凝土应变、混凝土应力　地上　人工×0.3	点次	1936	45.69	88455.84
16	WG4-431 R×0.3	地下结构工程　检测量控工程　监控测试　钢筋应力　地下　人工×0.3	点次	1936	47.29	91553.44
17	WG4-390	地下结构工程　检测量控工程　地下管线沉降、位移测点布设　地下管线沉降、位移　间断监测	点	50	863.82	43191
18	WG4-434 R×0.3	地下结构工程　检测量控工程　监控测试　管线沉降　人工×0.3	点次	1056	82.2	86803.2
19	借 D4-445	地下监测孔布置　基坑回弹	孔	10	4845.49	48454.9
20	WG4-433 R×0.3	地下结构工程　检测量控工程　监控测试　孔隙水压力\水位\土压力　人工×0.3	点次	1291	76.69	99006.79
21	WG4-384	地下结构工程　检测量控工程　孔隙水压力测孔布设　孔隙水压力　20m 以内	孔	50	4973.23	248661.5
22	WG4-387	地下结构工程　检测量控工程　孔隙水压力测孔布设　水位观察孔　20m 以内	孔	8	4988.84	39910.72
23	WG4-433 R×0.3	地下结构工程　检测量控工程　监控测试　孔隙水压力\水位\土压力　人工×0.3	点次	1225	76.69	93945.25

续上表

序号	定额编号	工作项目或费用名称	单位	数量	单价(元)	合价(元)
24	WG4-397	地下结构工程 检测量控工程 界面土压力测点布设 界面土压力 直埋式	点	50	2449	122450
25	WG4-433 R×0.3	地下结构工程 检测量控工程 监控测试孔隙水压力\水位\土压力 人工×0.3	点次	1056	76.69	80984.64
		小计				1716612.13

2)工程量计算规则

(1)监测点的布设按设计图纸数量以“点”或“孔”为单位计算。

(2)监控测试中人工检测根据测点按“点次”为单位计算,连续监测根据监测项目以“组日”为单位计算,测试时间应根据施工组织设计或施工方案确定计算。

3)标准模板使用注意事项

施工监测费用指标控制:标准地下2层车站(6B编组)施工监测指标约为150万元/站,车站监测费用可按约100元/m^2控制;区间约为60万元/正线公里。

2.5.4 定额对比分析

本模块使用各地现行城轨定额。江苏城轨定额不含施工监测定额,可借调江苏市政定额。本节主要对比地表沉降测点布设、围护结构水平位移测点布设、建筑物变形测点布设等定额。

1)重点定额对比

(1)地表沉降测点布设

①人工及材料差异

武汉、深圳、杭州三地定额均分为钢管水准点和混凝土水准点两类,钢管水准点分混凝土路面、沥青混凝土路面、其他路面3条子目,混凝土水准点含“其他地面”1条子目。江苏仅有“地表监测孔布置地表桩”1条定额子目。

以“地表沉降观测混凝土水准点其他路面”子目为例,杭州人工消耗量仅为武汉、深圳的30%左右。江苏、杭州混凝土消耗量约为武汉、深圳的3倍,但杭州定额中不含抗蚀预埋件,如表2-5-6。

人工及材料差异(定额单位:点) 表2-5-6

定额		地表沉降观测 混凝土水准点 其他路面			
地区		武汉	深圳	杭州	江苏
人工	名称	普工+技工	技工	二类	二类
	消耗量(工日)	4.48	4.48	1.353	3.653
混凝土	规格	C25	C25	C30非泵送	C30非泵送
	消耗量(m^3)	0.14	0.14	0.50	0.5
	单价(元)	304	419.99	319	—
抗蚀预埋件	消耗量(个)	1	1	—	1
	单价(元)	223.5	150	—	28.75(预埋标志点)

②机械台班

武汉和深圳的机械均包括发电机(60kW 以内)、挖掘机(0.4/0.6m³)以及水准仪器等,杭州定额仅含手提冲击钻。

(2)围护结构水平位移测点布设

①人工及材料差异

以定额“围护结构水平位移测点布设 20m 以内”为例,如表 2-5-7 所示,杭州人工消耗量仅为武汉的 10% 左右;深圳、江苏人工消耗量相当,约为武汉的 30%;杭州塑料测斜管单价约为武汉的 60%。

人工及材料差异(定额单位:孔)　　表 2-5-7

定额		围护结构水平位移测点布设　20m 以内			
地区		武汉	深圳	杭州	江苏
人工	名称	普工 + 技工	技工	二类	二类
	消耗量(工日)	16.54	5.016	1.584	4.277
塑料测斜管	规格	—	ϕ80	ϕ80	ϕ80
	消耗量(m)	22	22	22	22
	单价(元)	24.29	24.29	15.56	27.64
钢筋	规格	—	圆钢(综合)	圆钢(综合)	ϕ10 以内
	消耗量(kg)	30	25.5	30	30
	单价(元)	4.2	4.4	3.85	3.99

②机械台班

杭州定额起重机台班消耗量及单价明显低于其他地区,江苏定额起重机消耗量则明显高于其他地区,如表 2-5-8。

机械台班对比(定额单位:孔)　　表 2-5-8

定额		围护结构水平位移测点布设　20m 以内			
地区		武汉	深圳	杭州	江苏
履带式起重机 15t	消耗量(台班)	0.910	0.910	0.561	2.117
	单价(元)	723.75	1013.31	515.34	813.31

(3)建筑物变形测点布设

①人工及材料差异

武汉、深圳、杭州建筑物变形测点布设定额分沉降、倾斜、裂缝 3 条子目;江苏只含倾斜、振动 2 条子目。以倾斜观测定额子目为例,如表 2-5-9 所示,杭州人工消耗量约为武汉、深圳的 30%,江苏人工消耗量略低于武汉、深圳;倾斜预埋件的单价差异不大,杭州最高,深圳最低。

人工及材料差异(定额单位:孔)　　表 2-5-9

定额		建筑物变形测点布设　倾斜观测			
地区		武汉	江苏	深圳	杭州
人工	名称	普工 + 技工	二类工	技工	二类
	消耗量(工日)	1.65	1.337	1.65	0.495

续上表

定额		建筑物变形测点布设　倾斜观测			
倾斜预埋件	消耗量(个)	1	1	1	1
	单价(元)	250	250	223.5	279.73

②机械台班

杭州定额机械仅含手提冲击钻;武汉、深圳还包括高空作业车和水准仪器等;江苏定额不含机械。

2)其他定额对比

江苏市政监控测试定额分为地面监控测试、地下监控测试两类。每一类含“3 项以内”、“6 项以内”、“6 项以外”3 条子目。

武汉、深圳、杭州监控测试定额分别与测点布设定额项目对应。

以下仅以“监控测试沉降”定额为例对比武汉、深圳、杭州三地定额,如表 2-5-10 所示,主要差异在人工消耗量。杭州人工消耗量约为武汉、深圳的 30%,其他监控测试定额子目与此类似,不再赘述。

人工消耗量差异(定额单位:孔)　表 2-5-10

定额		监控测试　沉降		
地区		武汉	深圳	杭州
人工	名称	普工 + 技工	技工	二类
	消耗量(工日)	0.58	0.58	0.174

第 3 章　盖挖地下车站

盖挖地下车站施工分为盖挖顺作法和盖挖逆作法两种施工方法。

盖挖顺作法是首先在地面修筑维持地面交通的临时路面及支撑,然后自上而下开挖土方至坑底设计高程,再自下而上修筑结构的方法。当路面盖板根据需要仅铺设一部分时,为半盖挖顺作法,其施工工序如图 3-0-1 所示。

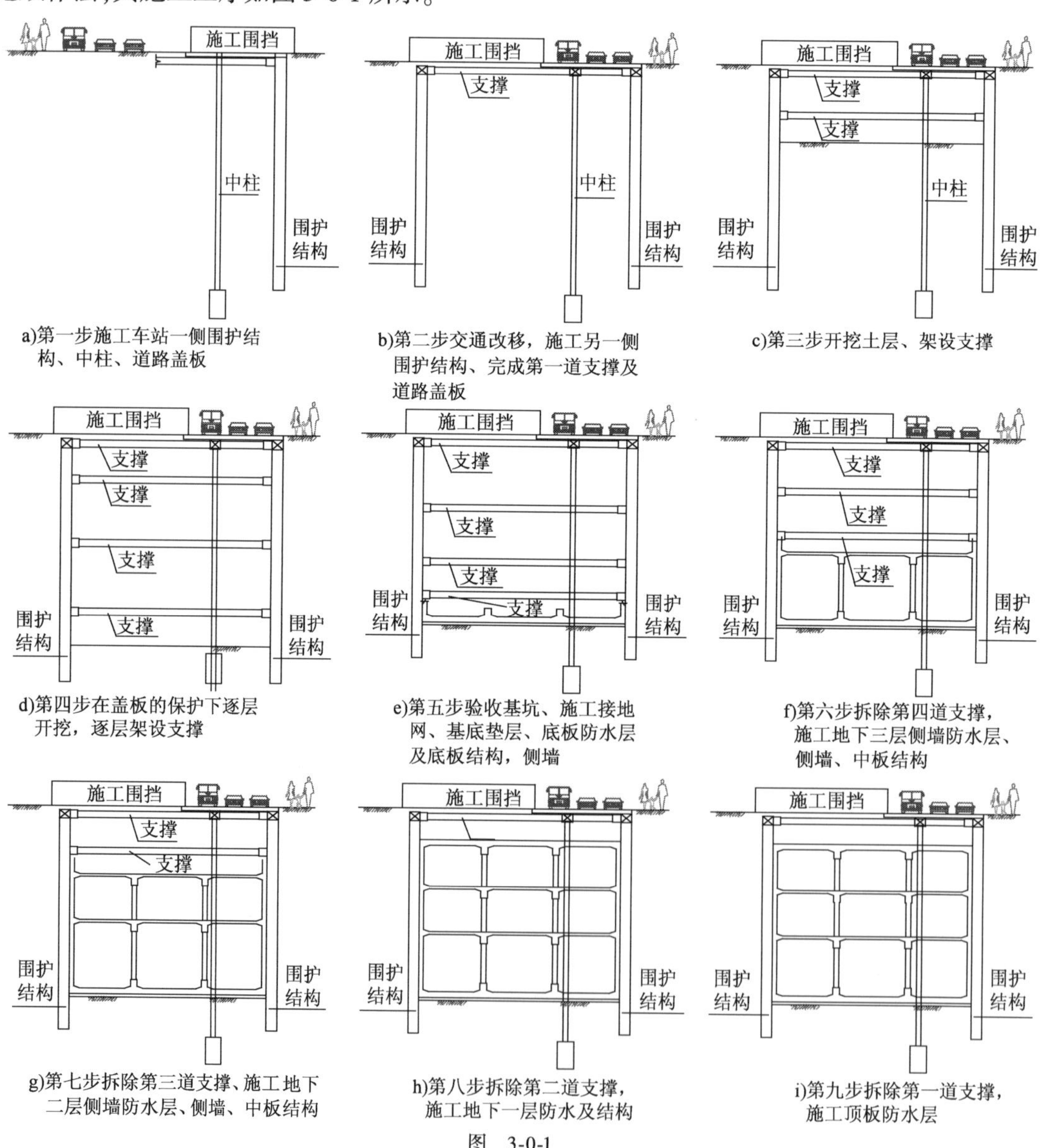

a)第一步施工车站一侧围护结构、中柱、道路盖板

b)第二步交通改移，施工另一侧围护结构、完成第一道支撑及道路盖板

c)第三步开挖土层、架设支撑

d)第四步在盖板的保护下逐层开挖，逐层架设支撑

e)第五步验收基坑、施工接地网、基底垫层、底板防水层及底板结构，侧墙

f)第六步拆除第四道支撑，施工地下三层侧墙防水层、侧墙、中板结构

g)第七步拆除第三道支撑、施工地下二层侧墙防水层、侧墙、中板结构

h)第八步拆除第二道支撑，施工地下一层防水及结构

i)第九步拆除第一道支撑，施工顶板防水层

图　3-0-1

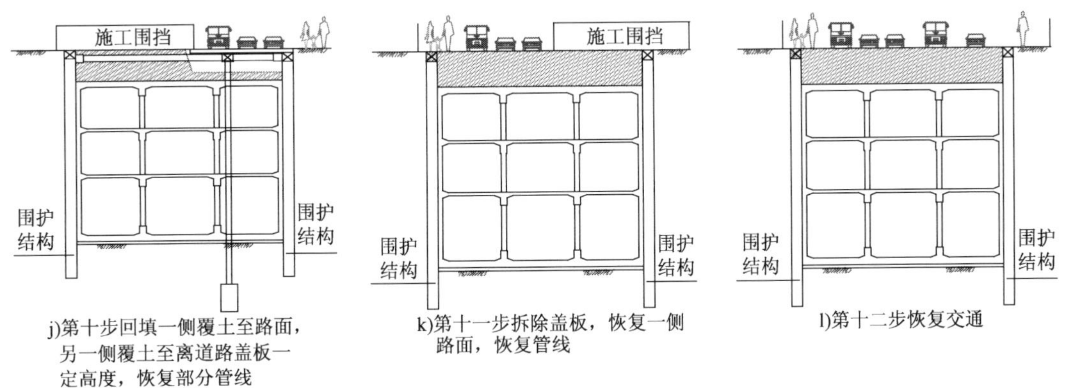

j)第十步回填一侧覆土至路面，另一侧覆土至离道路盖板一定高度，恢复部分管线

k)第十一步拆除盖板，恢复一侧路面，恢复管线

l)第十二步恢复交通

图 3-0-1 半盖挖顺作法施工工序

盖挖逆作法施工工序与明挖法相反，方法是开挖地面修筑结构顶板及其竖向支撑结构后，在顶板的下面自上而下分层开挖土方、分层修筑结构，其施工工序如图 3-0-2 所示。

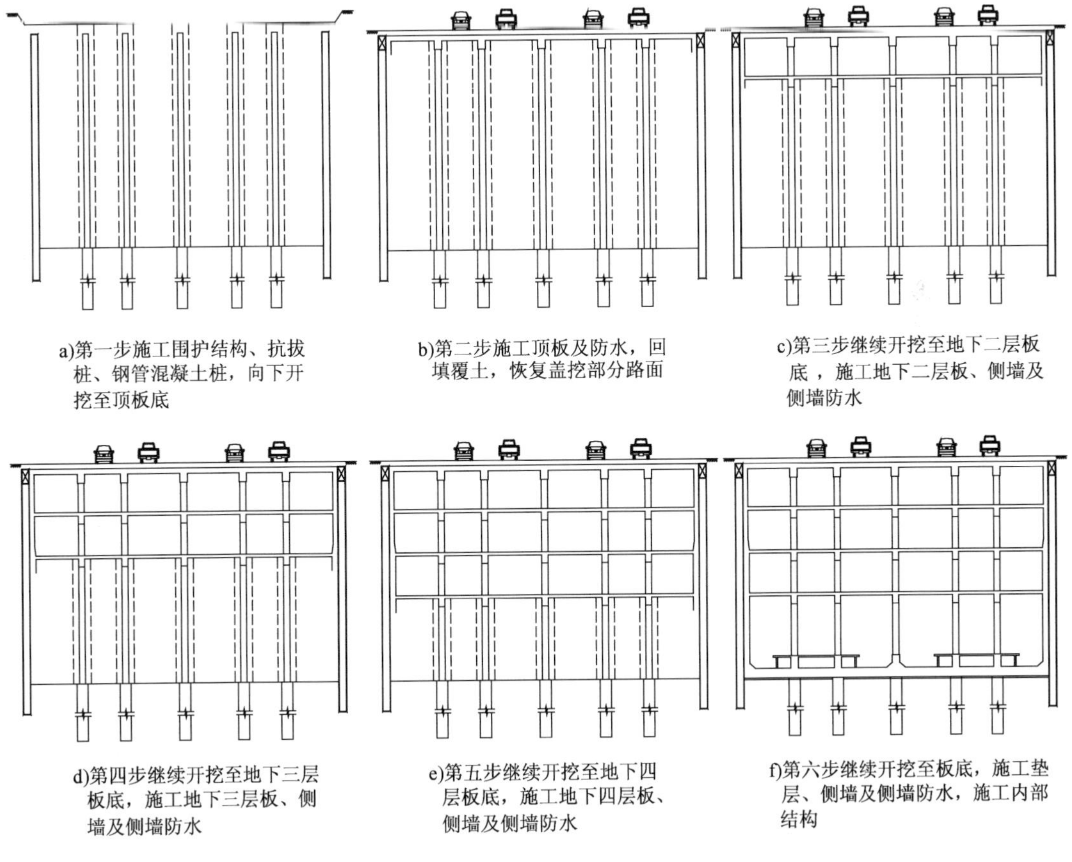

a)第一步施工围护结构、抗拔桩、钢管混凝土桩，向下开挖至顶板底

b)第二步施工顶板及防水，回填覆土，恢复盖挖部分路面

c)第三步继续开挖至地下二层板底，施工地下二层板、侧墙及侧墙防水

d)第四步继续开挖至地下三层板底，施工地下三层板、侧墙及侧墙防水

e)第五步继续开挖至地下四层板底，施工地下四层板、侧墙及侧墙防水

f)第六步继续开挖至板底，施工垫层、侧墙及侧墙防水，施工内部结构

图 3-0-2 盖挖逆作法施工工序图

盖挖地下车站与明挖车站的最大区别在于其特有的盖板系统，因此本章主要进行盖板系统研究。

3.1 施工组织

盖挖顺作法的盖板系统由路面盖板和支撑系统组成,其中路面盖板在车站施工完成后需拆除,故将盖挖顺作法盖板系统称为临时盖板系统,其常见形式为钢筋混凝土路面+格构柱支撑系统。

盖挖逆作法的盖板系统由车站顶板和中间桩柱组成,一般均为永久结构,故将盖挖逆作法盖板系统称为永久盖板系统。其中路面盖板为车站顶板,为主体结构的一部分,在本章节中不作详细介绍。永久盖板系统中间桩柱常见形式为立柱桩+钢管柱。

3.1.1 施工工序

1)临时混凝土路面+格构柱支撑系统(临时盖板系统)施工流程

临时混凝土路面+格构柱支撑系统施工主要由格构柱支撑体系施工、临时路面盖板施工、盖板系统拆除等施工工序组成,其施工流程如图3-1-1所示。

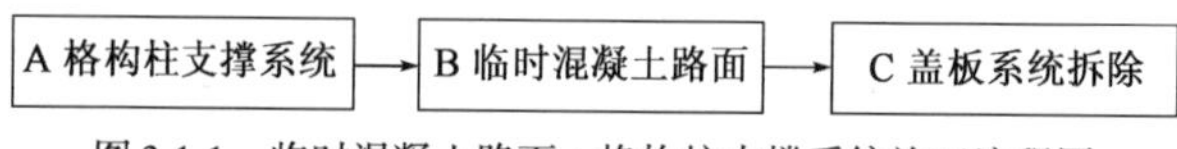

图3-1-1 临时混凝土路面+格构柱支撑系统施工流程图

A 格构柱支撑系统

格构柱支撑系统的施工请参阅土石方、支撑、降水章节中格构柱的内容,此处不再赘述。

B 临时路面盖板

B1 地模施工:地模基底用平板式打夯机振平、夯实,找平层施工为在夯实的基底安放方木条,保证木条高程符合设计要求,然后浇筑细石混凝土,浇筑完成后需对垫层进行抹面压平,保证垫层平整度。待细石混凝土垫层终凝后,首先清除垫层上的杂物,在每块模板长边方向中间位置安装木条,将木条固定牢固,保证模板铺设基面的平整。

B2 盖板钢筋工程:联系梁、次梁钢筋绑扎完成,检查无问题后,安装侧模及盖板底模;盖板底模安装完成后安装盖板钢筋,如图3-1-2所示。

B3 盖板混凝土施工:沿纵向方向按先梁后板的顺序进行浇筑,采用汽车泵浇筑,振动棒、平板振动器捣固,人工收面、压纹,保证钢筋保护层厚度,不露筋、不超厚,如图3-1-3所示。

图3-1-2 钢筋施工

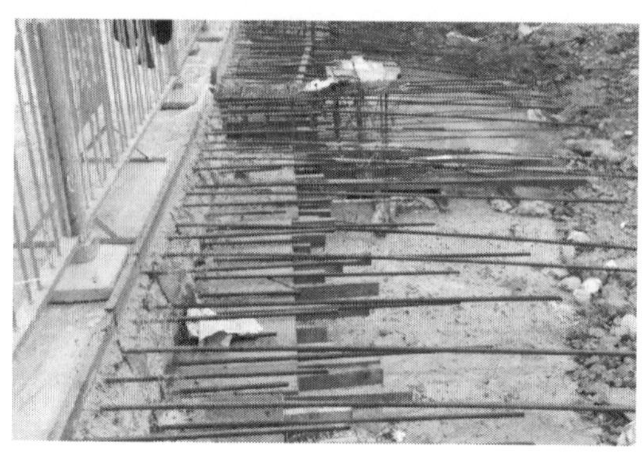

图3-1-3 盖板施工

C 盖板系统拆除

待盖挖车站主体完成后，拆除盖板系统，恢复正常路面。

2）立柱桩+钢管柱支撑系统（永久盖板系统）施工流程

立柱桩+钢管柱支撑系统施工主要由立柱桩施工、钢管柱施工等工序组成，其流程如图3-1-4所示。

A 立柱桩	→	B 钢管柱

图3-1-4 立柱桩+钢管柱施工流程图

A 立柱桩

立柱桩的施工工序和钻孔灌注桩类似，具体施工步骤参阅钻孔灌注桩章节，此处不再赘述。

B 钢管柱

厂家生产完钢管柱，经检测合格后，进场使用。

定位是钢管柱施工精度控制的关键工序。定位器的安装主要包括将定位器水平板面高程调整到设计钢管柱底高程和将定位器中心与设计钢管柱中心对中，如图3-1-5所示。

a)

b)

图3-1-5 钢管柱定位器安装

将两台经纬仪分别置于轴线的护桩上，随时用相交点，指挥柱体的吊装，直至其高程垂直度无误后完成吊装下放入孔。采用两台吊机相互配合作业，一台主吊，另一台吊车辅助吊装，以防止钢管柱底部戳地变形。操作时一台吊车在钢管柱上端两点起吊钢管柱，同时另一台吊车起吊钢管柱底部，使钢管柱上端起吊过程中，其底部脱离地面。辅助吊车缓慢放绳，待钢管柱完全垂直吊离地面，且相对稳定后，将其与辅助吊车分离。

对准桩位，下放钢管柱，慢插入孔，钢管柱底部可直接嵌入定位器，其管端稳固坐落于定位器环行定位板上，通过高程测定柱底与定位器的吻合程度。钢管柱定位完成后从上至下进行加固，加固位置为钢管柱顶部及钢管柱两个连接法兰处，加固处采用四面对顶，加固采用顶丝杠。

确定钢管柱安装位置和垂直度及各预埋件准确无误后进行钢管柱内高强度混凝土浇筑施工。为保证混凝土浇筑质量，浇筑时严格控制混凝土坍落度，利用串筒进行浇筑，为防止混凝土离析，混凝土自由下落高度不大于2m。混凝土浇筑时利用高频振动器进行振捣密实，孔内的混凝土应一次连续浇筑完毕。

为了保护钢管柱柱体成品,防止施工时对其破坏挤压。柱体混凝土初凝后在柱体与钻孔灌注桩孔壁之间环形均匀填入中粗砂。

3.1.2 施工进度、机械及劳动力配置

1)施工进度指标

根据《城市轨道交通工程项目建设标准》(建标104—2008),盖挖法地下车站的施工工期约为20~25个月/站。其中,临时路面盖板系统的施工工期约为1个月,立柱桩+钢管柱支撑系统施工进度约为0.5根/d。

2)施工机械及劳动力配置

(1)临时混凝土路面+格构柱支撑系统(临时盖板系统)

临时混凝土路面+格构柱支撑系统施工主要由临时路面盖板和格构柱支撑组成,格构柱支撑的施工机械及劳动力配置请参阅土石方、支撑及降水中格构柱施工内容,此处主要介绍临时路面盖板施工机械及劳动力配置。

临时路面盖板施工主要分为地模、钢筋、混凝土施工,施工现场以段划分。现场主要机械为钢筋加工机械、混凝土运输车、电焊机、输送泵、卷扬机等。现场配置一个施工班组,施工人员配置混凝土工6名、钢筋工8名、木工5名。

(2)立柱桩+钢管柱支撑系统(永久盖板系统)

永久盖板系统主要由立柱桩和钢管柱组成,立柱桩的施工机械及劳动力配置请参阅钻孔灌注桩章节,此处主要介绍钢管柱施工机械及劳动力配置。

钢管柱每个工作面施工采用的主要施工机械设备如表3-1-1所示。

主要施工机械设备配置表 表3-1-1

序号	名　称	单位	数量	备　注
1	汽车式起重机	台	2	钢管柱吊装
2	混凝土运输车	辆	3	混凝土运输
3	输送泵	台	2	混凝土浇筑
4	指挥车	台	1	钢管柱吊装
5	测量仪器	套	1	钢管柱定位

现场施工每个工作面配置一个施工班组,施工人员配置如表3-1-2所示。

施工人员配置表 表3-1-2

序号	班　组	岗位名称	人　数
1	钢管柱施工班组	起重工	6
2		混凝土工	8
3		混凝土罐车司机	3
4		测量工	4
5		吊车司机	2

3.2 施工组织与定额对应关系

盖挖车站盖板系统包括永久盖板系统和临时盖板系统，根据上述施工进度指标可知，一般情况下，临时路面盖板系统的施工工期约为 1 个月左右，立柱桩 + 钢管柱支撑系统施工进度约为 0.5 根/d。

人工和机械是定额的构成要素，也是施工组织中资源配置的重要内容。以采用人工定位方法的钢管柱为例，钢管柱组织施工配置 1 台 25t 汽车式起重机，1 台 40t 汽车式起重机；配置 1 个钢管柱安装班组，包含起重工 6 人，钢管柱安装工 8 人，吊车司机 2 人，测量工 4 人。

永久盖板系统采用立柱桩和钢管柱作为永久结构的一部分，施工工期较临时盖板系统长，施工投入机械台班和人工消耗量较临时盖板系统高，导致其工程费用远高于临时盖板系统。在钢管柱组织施工中，现有一些工程采用 HPE 液压垂直插入钢管柱工法，与传统的人工定位工法相比，HPE 液压垂直插入机安全性高，精度高，机械化程度高，施工速度快，平均完成单根钢管柱施工工期缩短 50%；省去了埋设长钢护筒及人工安装定位器等工序，减少人工和材料的消耗量。

永久盖板系统中，盖板即为车站顶板，一般采用“立柱桩 + 钢管柱”形式，其施工组织与定额对应关系如表 3-2-1 所示；临时盖板系统一般采用“临时混凝土路面 + 格构柱”形式，其中临时路面梁和格构柱与车站混凝土支撑合建，此处只需套用路面板浇筑和拆除定额，其施工组织与定额对应关系如表 3-2-2 所示。

永久盖板系统施工组织与定额对应关系表　　表 3-2-1

编号	工序名称	定 额 子 目	工 作 内 容
A	立柱桩	城轨定额第二章　WG2-098/099/212 公共定额第三章　G3-99/141/152	定额主要采用钻孔灌注桩相关定额，详细步骤请参阅钻孔灌注桩章节相关内容
B	钢管柱	城轨定额第四章　WG4-080/077/079/081/307/088/085	钢管柱制作、安装、运输、外填砂

临时盖板系统施工组织与定额对应关系表　　表 3-2-2

编号	工序名称	定 额 子 目	工 作 内 容
A	混凝土路面	城轨定额第四章　WG4-143/456/153/467/204/205	临时路面板、钢筋、模板
B	盖板系统拆除	城轨定额第一章　WG1-223/079/080	凿除钢筋混凝土、石渣外运

3.3 概预算标准化设计

盖挖车站土石方工程和主体钢筋混凝土结构套用定额时，应注意与明挖车站加以区分，套用对应的盖挖车站定额。

3.3.1 概预算标准模板

永久盖板系统的立柱桩开项参考“钻孔灌注桩模块”；临时盖板系统的格构柱支撑及临时

路面梁与车站支撑结合建设,此处不再计列。钢管柱及临时混凝土路面概预算模板如表3-3-1、表3-3-2所示。

钢管柱概预算标准模板

表3-3-1

序号	定额编号	工作项目或费用名称	单位	数量	单价(元)	合价(元)
		钢管柱				474349012.8
1	WG4-080	地下结构工程　盖挖车站　钢管柱　定位器安装	套	68	2469.56	167930.08
2	WG4-078	地下结构工程　盖挖车站　钢管柱工作套筒制作、安装　一次性预埋	t	439.16	10362.72	4550892.12
3	WG4-077	地下结构工程　盖挖车站　钢管柱工作套筒制作、安装　周转使用	t	439.16	4903.22	2153298.1
4	WG4-079	地下结构工程　盖挖车站　钢管柱　套筒拆除	t	439.16	594.14	260922.52
5	WG4-081	地下结构工程　盖挖车站　钢管柱安装(厂制)　ϕ800以内	t	1205.45	8077.69	9737251.41
6	WG4-307换	地下结构工程　其他工程　型钢构件运输1km以内　实际运距(km):20	t	1205.45	100.76	121461.14
7	WG4-088	地下结构工程　盖挖车站　钢管柱预拌混凝土　C50	m^3	583	744.67	434142.61
8	WG4-085	地下结构工程　盖挖车站　钢管柱外填砂	m^3	1252.6	364779.8	456923114.9
		小计				474349012.8

临时混凝土路面概预算标准模板

表3-3-2

序号	定额编号	工作项目或费用名称	单位	数量	单价(元)	合价(元)
		混凝土路面				2007441.9
1	WG4-153	地下结构工程　明挖车站混凝土　临时路面板　C30	m^3	694.95	617.46	429103.827
2	WG4-467	地下结构工程　措施项目　明挖车站模板工程　中板、顶板　组合钢模板钢支撑	m^2	2317	71.34	165294.78
3	WG4-204	地下结构工程　明挖车站钢筋工程　现浇混凝土钢筋　ϕ10以内	t	27.7	5849.9	162042.23
4	WG4-205	地下结构工程　明挖车站钢筋工程　现浇混凝土钢筋　ϕ10以外	t	156.97	5772.11	906048.1067
5	WG1-223换	拆除混凝土结构　机械拆除　有筋	m^3	694.95	385.98	268236.801
6	WG1-079换	机械装车自卸汽车运石方　挖掘机装自卸汽车运松散石方　运距1km以内　实际运距(km):20	$1000m^3$	0.69	77946.13	53782.8297
7	补子目001	渣土消纳费	m^3	694.95	33	22933.35
		小计				2007441.9

3.3.2　工程量计算规则

钢管柱制作、安装按设计图示重量以“t”计算;钢管柱定位器以“套”为单位计算;钢管柱外填砂和桩顶混凝土凿除按设计图示体积以“m^3”为单位计算。

3.3.3　标准模板使用注意事项

1)永久盖板系统

永久盖板系统一般为盖挖逆作法施工,盖板兼做车站顶板,后期不需拆除。标准模板采用“立柱桩+钢管柱”永久盖板系统。

2)钢管柱定位

钢管柱定额及标准模板均按人工定位施工方案编制。

3)钢套筒

钢管柱钢套筒一般是按照周转使用设计,但是由于钢套筒埋深大,直径宽,回收较困难,且部分回收后的钢套筒存在锈蚀、变形的情况,难以再次利用。

4)临时盖板系统

临时盖板系统中,盖板仅作为临时路面系统,施工完成后需将其拆除。临时混凝土路面盖板系统,其格构柱支撑及临时路面梁与车站支撑部分共用。

3.4　工程量计算规则及定额对比分析

本模块使用各地现行城轨定额,主要包括盖挖土石方,内部结构及防水,临时盖板系统和永久盖板系统等。

3.4.1　工程量计算规则差异

深圳定额,盖挖车站土石方按盖挖逆作法编制,盖挖顺作法套用支撑下深基坑土石方子目,工料机消耗量乘以系数1.05。

杭州定额中盖挖法挖土石方,按顺作法施工考虑。遇到逆作法施工挖土石方时,按顺作法定额乘以系数1.2。

武汉及江苏定额无相关规定。

3.4.2　重点定额对比

以盖挖土方(机械)为例,四地的定额差异如下。

(1)人工消耗量差异

定额“盖挖土方　机械　三类土”中,四地人工消耗量差别较大。武汉、江苏消耗量是深圳的2倍、杭州的12倍,见表3-4-1。

(2)机械台班

机械盖挖土方定额,工作内容均包括土方装运至洞口。但各地定额机械种类不同,见表3-4-2。武汉定额包括挖掘机、推土机、翻斗车、卷扬机四种机械;江苏包括挖掘机、翻斗车、卷扬机三种机械;深圳包括挖掘机(0.3m³、0.6m³)、履带式起重机两类机械;杭州包括挖掘机和推土机两种机械。

人工消耗量对比(定额单位:m³)　　表 3-4-1

定额		盖挖土方　机械　三类土			
地区		武汉	江苏	深圳	杭州
人工	名称	普工	综合人工	普通工日	一类
	消耗量(工日)	0.085	0.085	0.04	0.00672

机械台班对比(定额单位:m³)　　表 3-4-2

定额		盖挖土方　机械　三类土			
地区		武汉	江苏	深圳	杭州
挖掘机 1m³	台班	0.011	0.011	0.012	0.00277
	单价(元)	1118.36	1321.61	1395.11	1078.38
挖掘机 0.3m³	台班	—	—	0.0288	—
	单价(元)	—	—	630.63	—
履带式推土机	台班	0.011(75kW)	—	—	0.00192(90kW)
	单价(元)	755.25	—	—	705.64
机动翻斗车 1t	台班	0.067	0.067	—	—
	单价(元)	129.3	191.93	—	—
卷扬机 50kN	台班	0.025	0.025	—	—
	单价(元)	133.17	184.69	—	—
履带式起重机 15t	台班	—	—	0.012	—
	单价(元)	—	—	1013.31	—

3.4.3　其他定额对比

1)钢管柱安装

武汉、江苏、深圳钢管柱安装定额包含钢管柱材料单价,分别为 4500 元/t、5690 元/t、5800 元/t。杭州不含钢管柱材料费用。

2)钢管柱桩顶混凝土凿除

武汉、江苏、深圳均有专项"钢管柱桩顶混凝土凿除"子目,杭州缺项。

3)定位器安装

武汉定额中定位器单价为 1500 元/套,江苏单价为 102.62 元/套,深圳 1000 元/套,杭州 43 元/套,差异较大。

第4章　高 架 车 站

高架车站主要可分为桥建分离、桥建组合、桥建合一等结构形式，其中桥建合一形式的高架车站具有结构合理、整体刚度好、柱网整齐等优点，在轨道交通工程中应用较普遍。桥建合一结构体系及高架车站效果图如图 4-0-1、图 4-0-2 所示。

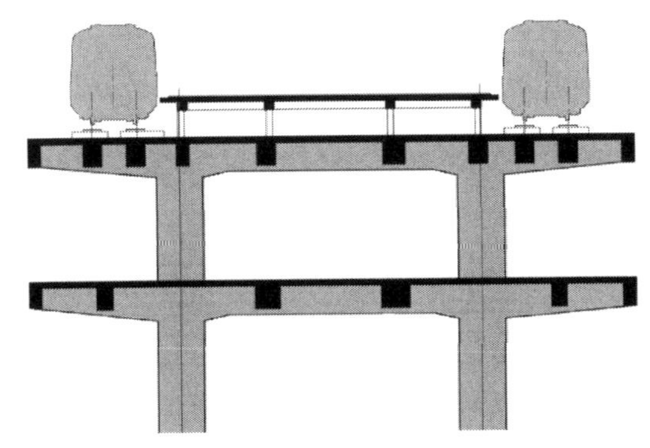

图 4-0-1　桥建合一示意图

图 4-0-2　高架车站效果图

高架车站工程总体施工顺序：基础工程→主体钢筋混凝土工程→钢结构工程→屋面工程→室内外装饰工程→水暖电安装工程→附属工程→清理、验交。根据车站工程特点，结合现场实际情况，按照“先房屋后附属”的基本原则和“先地下后地上”、“先土建后安装”、“先结构后装饰”的次序进行施工。附属房屋、天桥等车站附属建筑配合车站主体工程同步进行。

4.1　高架车站钢筋混凝土结构

4.1.1　施工组织

4.1.1.1　施工工序

高架车站钢筋混凝土结构施工主要由基础工程、主体钢筋混凝土施工、防水工程、砌筑工程及措施工程等施工工序组成，如图 4-1-1 所示。

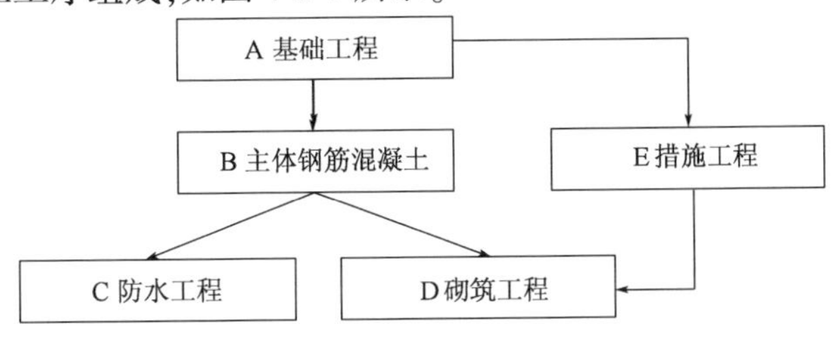

图 4-1-1　高架车站钢筋混凝土结构施工流程图

A 基础工程

高架车站的基础工程包含桩基础、土石方和基础承台工程,先完成桩基施工,然后进行地面土石方的放坡开挖。当有地下室或受场地条件限制时,应先做好围护结构,再进行开挖。开挖至设计高程后,完成桩基检测并截桩头,然后进行基础承台、基础梁的施工。其主要的施工顺序为桩基施工→放坡挖土方→桩基验收→混凝土垫层→绑扎承台及基础梁钢筋→支设基础模板→浇筑基础混凝土→拆模、养护→回填土。

B 主体钢筋混凝土

高架车站依车站长度方向,划分施工段,进行流水施工,每一层主体结构施工完毕后,再进行上一层的施工。按照架空层→站厅层→站台层的顺序,逐层向上施工。主体钢筋混凝土结构主要有四个部分组成:钢筋、模板、混凝土、预应力钢绞线。

B1 钢筋

钢筋工程分为钢筋的制作与安装,在钢筋加工场统一生产半成品,运装至施工区域进行安装。钢筋制作的一般工艺流程为:材料进场检验→钢筋下料→钢筋长度放线→钢筋切断→钢筋弯曲放样→钢筋弯曲→钢筋接头加工→钢筋验收和分类堆存。

钢筋连接方式有绑扎搭接、焊接和机械连接等,如图4-1-2所示。纵向受力筋采用焊接或机械连接,箍筋、分布筋等构造钢筋采用绑扎搭接。焊接常采用电渣压力焊、电弧焊等方式,机械连接常采用直螺纹套筒形式。

a)钢筋冷拉

b)钢筋绑扎

c)焊接(电渣压力焊)

d)机械连接(直螺纹)

图4-1-2 钢筋制作安装示意图

B2 模板

高架车站的墩柱属于大体积混凝土，采用定型钢模板以保证浇筑过程中的稳定性。其他普通框架柱、盖梁、有梁板等构件采用胶合板模板，具体模板材料体系方案如表 4-1-1 所示。

高架车站模板材料体系方案表　　表 4-1-1

<table>
<tr><th colspan="2">施工部位</th><th>模板体系</th><th>材料使用</th></tr>
<tr><td rowspan="4">主体部分</td><td rowspan="2">独立柱</td><td>采用 18mm 厚木胶合板，10cm × 10cm 方木背楞和槽钢柱箍及对拉螺栓组拼</td><td rowspan="2">木胶合板、槽钢、方木、钢管、U托、螺栓等</td></tr>
<tr><td>墩柱采用定型钢模板，定型槽钢加固</td></tr>
<tr><td>框架梁</td><td>100mm × 100mm、50mm × 100mm 方木、18mm 厚木胶合板，使用钢管加固，碗口架为支撑体系</td><td>木胶合板、方木、钢管、碗口架等</td></tr>
<tr><td>顶板</td><td>采用 15mm 厚木胶合板，100mm × 100mm、50mm × 100mm 方木龙骨，使用满堂红碗口件体系加固</td><td>木胶合板、方木、U 托、碗口件等</td></tr>
</table>

安装模板前应提前刷好脱模剂，并在安装过程中避免碰触钢筋。拆除模板要根据现场同条件养护试块的强度确定，当混凝土试块完全凝固并且已经达到设计强度时方可进行模板的拆除工作。模板加固如图 4-1-3、图 4-1-4 所示。

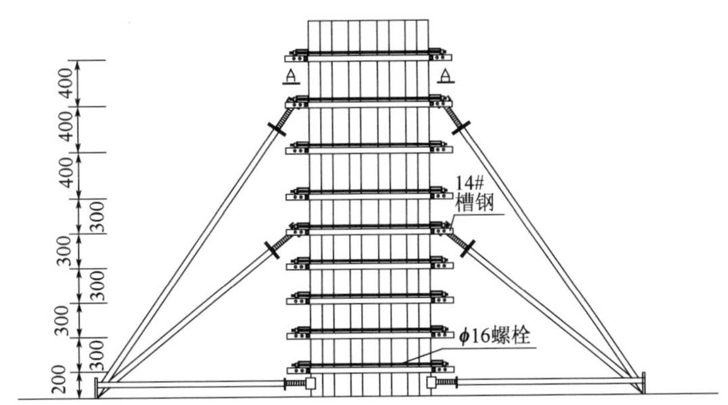

图 4-1-3　墩柱模板加固示意图(尺寸单位：mm)

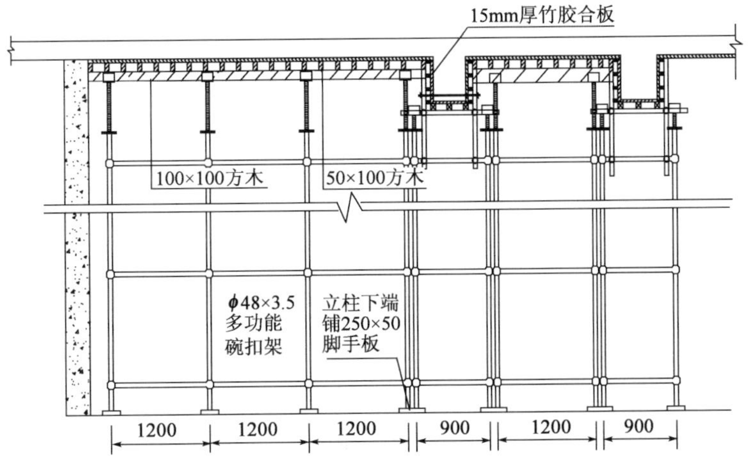

图 4-1-4　有梁板模板加固示意图(尺寸单位：mm)

B3 混凝土

混凝土浇筑采用泵送法施工，浇筑前进行清洗，确保要浇筑的施工区清洁无杂物。混凝土捣固采用插入式与平板振捣两种方法，其中梁、柱、墙采用插入式振捣器，板采用平板式振捣器。混凝土在浇筑 6～12h 后即进行洒水覆膜养护，养护时间一般为 14d。浇筑混凝土流程如图 4-1-5 所示。

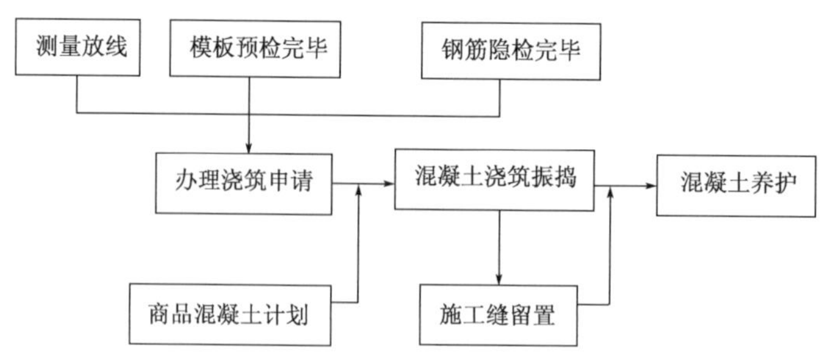

图 4-1-5　浇筑混凝土流程图

B4 预应力钢绞线

高架车站盖梁常采用后张法有黏结预应力钢绞线。在盖梁的钢筋绑扎时，焊接支架钢筋，安装波纹管，预应力钢绞线穿束，之后安装泌水管，设置好张拉端头的螺旋筋和锚垫板，完成预应力件的预埋。

在盖梁混凝土强度达到 100% 以后进行预应力张拉，其施工流程：张拉→持荷锚固→压浆→封锚。预应力张拉和压浆如图 4-1-6、图 4-1-7 所示。

图 4-1-6　预应力张拉

图 4-1-7　预应力压浆

C 防水工程

防水工程根据防水等级和防水部位的不同，设计做法有很大差异，如屋面常采用隔气层，地下室常采用多层复合防水形式。常见施工流程：找平层→保温层→防水层→保护层。屋面防水工程如图 4-1-8 所示。

找平层是防水、保温层的基层。地面或屋面找平层一般采用最薄处 20mm 厚水泥砂浆的找坡做法，墙面一般采用防水砂浆抹面。

保温层常采用珍珠岩、保温板等材料。

防水层是防水工程的核心，按设防材料的性能进行分类，可分为刚性防水和柔性防水，其中柔性防水是主要防水方式。柔性防水依据材料类型还可分为卷材防水、涂膜防水。一般在施工缝等薄弱环节还会采用增强的防水措施，如预埋式止水带。柔性防水常采用复合防水形式，如卷材和涂膜的混合防水形式，其施工流程：清理基层→涂刷底脂及附加层→刷聚氨酯防水层两遍→涂刷冷底子油或专用基层胶粘剂→铺贴卷材附加层→铺贴SBS卷材防水层两层→热熔封边及卷材收头部位处理→蓄水、淋水试验。

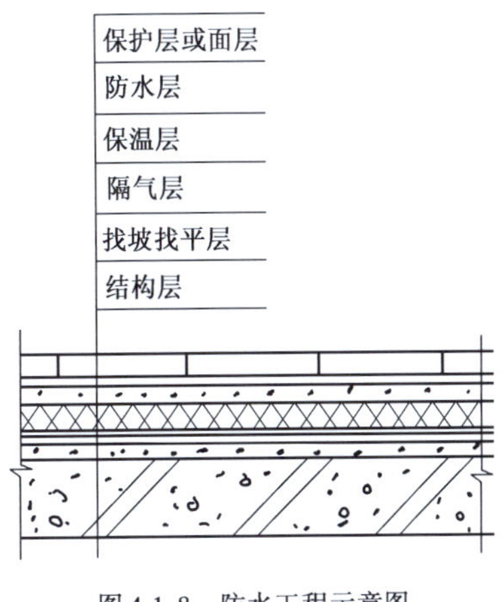

图4-1-8　防水工程示意图

保护层是防水工程的面层。地面、屋面防水工程的保护层多采用细石混凝土（或带钢筋）等刚性保护层，墙面多采用水泥砂浆抹面。屋面工程常在保护层上贴砖，其属于装饰面层。

D 砌筑工程

砌筑工程包含砌体结构和附属混凝土结构。附属混凝土结构包含圈梁、过梁、构造柱等加强砌体抗震性能的钢筋混凝土结构，与砌体结构同步实施，其施工流程如图4-1-9所示。

填充墙施工前，应将楼层结构面按高程找平，依据施工图纸放线。通过植筋、预埋、绑扎等连接方式，将砌体墙的拉结筋和构造柱筋提前安装完毕。

砌块采用铺浆法砌筑，在铺好砂浆后，放置砌块。墙体底层砌筑防渗性能好的实心砖坎台，用于找平、防潮、防渗、再施工上部砌体。构造柱与墙体连接处应砌成马牙槎，门窗洞孔应用实心砖加强。砌筑时，在门窗、洞口等处施工过梁，当砌块墙高超过4m时，增设圈梁。墙体施工至接近梁板底部位置时，应预留一定空隙，待间隔至少14d后，砌筑顶砖。整面墙体砌筑封顶约7d后，支模浇筑构造柱。

砌筑结构如图4-1-10所示。

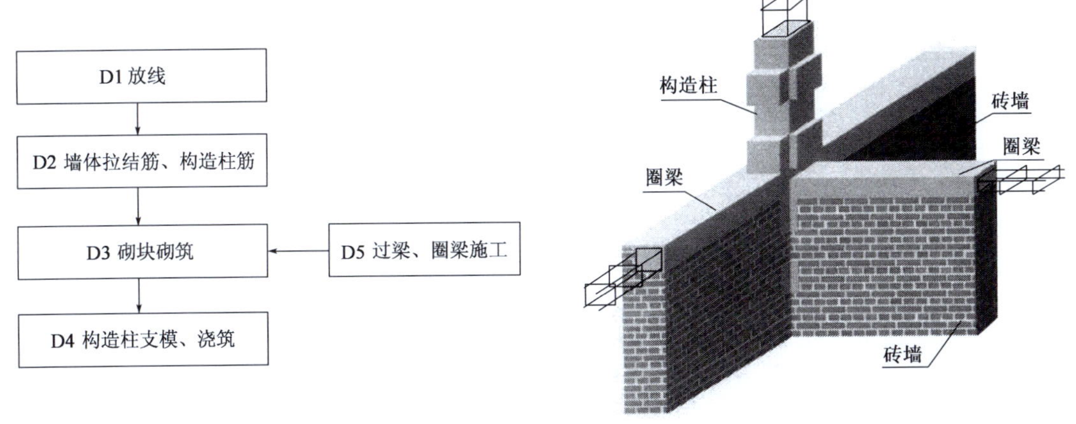

图4-1-9　砌筑工程施工流程图

图4-1-10　砌筑工程示意图

E 措施工程

措施工程主要有脚手架和垂直运输，如图4-1-11所示。

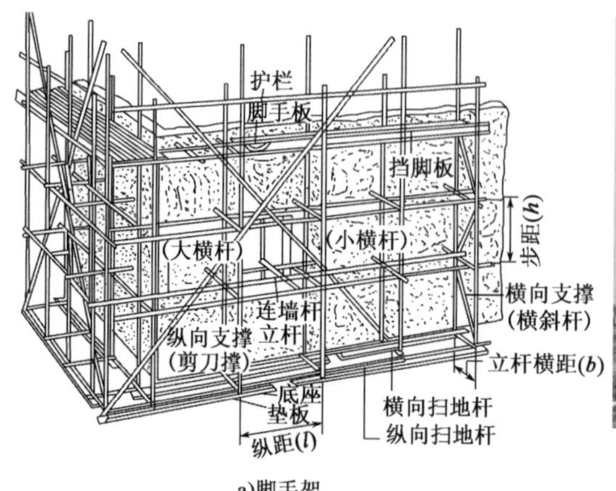

a)脚手架

b)吊车

c)塔式起重机

d)施工电梯

图 4-1-11　措施工程示意图

脚手架工程包括外墙脚手架、里脚手架、满堂脚手架等。外墙脚手架从基础工程完工后开始,同主体结构同步增高,直至封顶。里脚手架和满堂脚手架用于室内浇筑、砌筑和装修工程。

垂直运输工程主要有三种:塔式起重机、吊车、施工电梯。吊车有汽车式起重机和履带式起重机两大类,配合塔式起重机进行施工,主要负责钢结构、装饰材料及塔式起重机荷载超限的物品的垂直运输。塔式起重机主要负责模板钢筋等材料的运输,在基础工程之前安装好,主体结构完工后拆除。施工电梯用于载人载货的垂直运输,檐高 30m 以上时可考虑设置施工电梯。一般情况下,高架车站不设置施工电梯。

4.1.1.2　施工进度、机械及劳动力配置

1)施工进度指标

根据《城市轨道交通工程项目建设标准》(建标 104—2008),高架车站施工工期约为 10 ~ 12 个月/站。

高架车站一般分为桩基础、承台、墩台、梁部和主体结构等工程,如表 4-1-2 所示。其中,正常情况下整个车站桩基础部分施工约需 1 ~ 2 个月;桩基础施工完,养护 1 周后进行承台施工,每个承台施工时间约需 9d;每个墩台施工时间约需 8d;梁部施工与钢模板及模板周转速度有关,一般每孔梁约需 3 周,若只有一套模板,每套模板每月倒用 2 次,则车站梁部施工约需 15 周;车站主体结构根据变形缝施工,一般 60m/幅,主体施工约需 3 ~ 4 个月;车站房屋及附属工程施工约需 2 ~ 4 个月。

高架车站施工时间表　　表 4-1-2

序号	项　目	施工时间	备　注
1	桩基础工程	约 1 ~ 2 个月	与土质条件有关
2	承台	约 1 个月	约 9d/个
3	墩台	约 1 个月	约 8d/个
4	上部现浇梁	约 1 个月	与钢模板及模板周转速度有关
5	主体结构	约 3 ~ 4 个月	
6	车站房屋及附属	约 2 ~ 4 个月	

根据调查分析(表 4-1-3),车站主体结构混凝土进度约为墩柱、有梁板 300 ~ 400m^3/d,普通框架柱 150 ~ 250m^3/d;模板施工进度约为支模 5 ~ 8m^2/d/人,钢筋加工、绑扎施工进度约为 0.5t/d/人。屋面等大面积区域的防水工程,单层涂膜防水施工进度约为 60 ~ 80m^2/d/人;单层卷材防水施工进度约为 50m^2/d/人。加气混凝土砌块墙的砌筑施工进度约为 2.5m^3/d/人。

高架车站分项工程施工进度指标表　　表 4-1-3

序号	项　目	工　序	施工进度
1	混凝土工程	墩柱、有梁板混凝土浇筑	300 ~ 400m^3/d
2		普通框架柱混凝土浇筑	150 ~ 250m^3/d
3	钢筋工程	钢筋加工、绑扎	约 0.5t/d/人
4	模板	支模	5 ~ 8m^2/d/人
5	砌体	加气混凝土砌块墙的砌筑	约 2.5m^3/d/人
6	防水	单层涂膜防水	60 ~ 80m^2/d/人
7		单层卷材防水	约 50m^2/d/人

2)施工机械及劳动力配置

以建筑面积 7800m^2 的路中高架三层侧式站为例分析机械和人工配置情况。该车站配置的主要施工机械设备如表 4-1-4 所示。

主要施工机械设备配置表　　表 4-1-4

序号	名　称	单　位	数　量
1	旋挖钻机	台	2
2	打桩机	台	1
3	挖掘机	台	3
4	自卸汽车	台	9
5	塔式起重机	台	2
6	汽车式起重机	台	2
7	张拉千斤顶	台	2
8	电动油泵	台	2
9	灌浆机	台	1
10	灰浆搅拌机	台	1

现场配置主体结构班组、预应力施工班组、防水班组、砌筑班组，施工人员配置如表4-1-5所示。

施工人员配置表 表4-1-5

序号	班 组	岗位名称	人 数
1	主体结构班组	混凝土工	10
2		模板工	34
3		架子工	16
4		钢筋工	24
5	预应力施工班组	张拉工	3
6		记录员	1
7		混凝土工	2
8	防水班组	防水工	8
9	砌筑班组	砌筑工	15

4.1.2 施工组织与定额对应关系

高架车站钢筋混凝土工程包含基础工程、主体结构、防水、砌筑、脚手架、垂直运输等工程。根据上述施工进度指标可知，车站桩基础部分施工约需1~2个月，承台施工约需1个月，墩台施工约需1个月，车站梁部施工约需15周；车站主体结构施工约需3~4个月；车站房屋及附属工程施工约需2~4个月。

人工和机械是定额的构成要素，也是施工组织中资源配置的重要内容。高架车站钢筋混凝土结构组织施工时，配置2台旋挖钻机和1台吊车，用于桩基础作业；配置1台打桩机（钢板桩围护施工）、3台挖掘机、9台自卸汽车，用于土石方工程作业；配置2台塔式起重机和2台汽车式起重机，用于垂直运输和吊装。承台及基础梁施工班组安排30人；车站主体上部混凝土结构施工班组配置模板工34人、架子工16人、钢筋工24人、混凝土工10人；其他相关工程配置预应力班组6人、防水班组8人、砌筑班组15人。

承台、基础梁施工一般使用钢模板或胶合板，拆模后养护28d达到设计强度才能进行土方回填。在赶工情况下可使用砖模，砖模无须拆模，混凝土养护7d后即可进行回填。使用砖模缩短工期，但工程费用比钢模板和胶合板高近一倍。承台土方回填有两种施工方式，一种是所有承台全部完工后进行土方回填，一种是每个承台达到回填要求后立即回填。第二种方式能够有效缩短工期，但是压路机和羊足碾进场时间较长，导致工程费用增加。

高架车站工作面较小，一般采用流水施工。赶工情况下采用平行施工，增加劳动力投入，但因工作面限制和混凝土龄期等制约因素，效果受限。解决混凝土龄期制约因素有两种方式，一种是混凝土未达到设计强度时，不拆模继续进行上部结构施工，这种方式模板摊销量增大，工程费用增加；另一种是缩短混凝土龄期，如添加早强剂、提高混凝土标号等，这种方式减少了模板摊销量，但总工程费用仍然增加。

高架车站钢筋混凝土工程施工组织与定额对应关系如表4-1-6所示。

高架车站混凝土结构施工组织与定额对应关系表 表4-1-6

编号	工序名称	定额子目	工作内容
A	基础工程	公共定额第一章 G1-226/227/314/315 公共定额第三章 G3-100/108/141/152/61 建筑定额第二章 A2-84	泥浆池建造、泥浆运输;护筒埋设及拆除,旋挖钻机成孔,造浆及清孔;钢筋笼制作及吊放;浇筑钻孔灌注桩混凝土;凿除混凝土并外运石渣
		建筑定额第二章 A2-1/16/64/70 建筑定额第十六章 A16-65 市政定额第三章 D3-2-6、D3-2-8	承台及基础梁钢筋绑扎、模板支设、混凝土浇筑及养护。
B	钢筋混凝土结构(柱、梁、板、楼梯、墙等构件)	建筑定额第二章 A2-11/30/24/46/54/56	混凝土捣固、养护
		建筑定额第十六章 A16-50/58/101/125/130/84	模板制作、安装、拆除以及超高时增加钢支撑
		建筑定额第二章 A2-64/70/116/131	钢筋制作、绑扎、安装以及钢筋机械接驳
		建筑定额第二章 A2-104、A2-54	制作、编束、穿筋、张拉、孔道灌浆,混凝土封锚等
C	防水层	建筑定额第六章 A6-95/62/64/186/185	刷防水涂料、铺设卷材
D	砌筑工程	建筑定额第一章 A1-34	砌筑砌块
		建筑定额第二章 A2-12/19/64/70 建筑定额第十六章 A16-52/71	附属工程:圈梁、构造柱的钢筋混凝土结构
E	措施工程	建筑定额第十七章 A17-41/42/30/38	脚手架安装、拆除
		建筑定额第十八章 A18-5	塔式起重机使用

4.1.3 概预算标准化设计

编制高架车站钢筋混凝土概预算时采用湖北建筑定额(2018)、湖北公共定额(2018),下述定额子目及相关分析均以湖北建筑定额(2018)、湖北公共定额(2018)为准。

4.1.3.1 概预算标准模板

高架车站人行天桥、附属用房开项参考车站主体。高架车站主体结构概预算标准模板如表4-1-7所示。

高架车站主体结构概预算标准模板 表4-1-7

序号	定额编号	工作项目或费用名称	单位	数量	单价(元)	合价(元)
		1. 车站主体				34563393.02
		1.1 土石方及大型机械				2269887.8
1	G1-79	反铲挖掘机挖一般土方 不装车(斗容量 $1m^3$) 三类土	$1000m^3$	9.25	4258.34	39389.65
2	G1-3 R×1.5	人工挖一般土方(基深) 三类土 ≤2m 机械挖土方中需人工辅助开挖(包括切边、修正底边) 人工×1.5	$10m^3$	48.69	557.17	27128.61

续上表

序号	定额编号	工作项目或费用名称	单位	数量	单价(元)	合价(元)
3	G1-330	回填土　夯填土　机械　地坪	$10m^3$	738.65	128.04	94576.75
4	PH9－1	灰土2:8	m^3	7386.5	96.13	710064.25
5	G1-212换	自卸汽车运土方(载重8t以内)　运距1km以内　实际运距(km)(1km＜s≤30km):20	$1000m^3$	17.12	55564.51	951264.41
6	补子目1	渣土消纳费	m^3	9737	33	321321
7	G5-16	常用大型机械场外运输费用(25km以内)　履带式挖掘机$1m^3$以内	台次	3	1552.97	4658.91
8	G5-18	常用大型机械场外运输费用(25km以内)　履带式推土机90kW以内	台次	3	1557.02	4671.06
9	G5-25	常用大型机械场外运输费用(25km以内)　履带式柴油打桩机　锤重2.5t	台次	1	8094.7	8094.7
10	G5-4	常用大型机械每安装和拆卸一次费用　履带式柴油打桩机　冲击部分质量3t	台次	1	6054.58	6054.58
11	G5-34	常用大型机械场外运输费用(25km以内)　工程钻机ϕ1500以内	台次	2	3835.03	7670.06
12	G5-14	常用大型机械每安装和拆卸一次费用　工程钻机ϕ1500以内	台次	2	5652.68	11305.36
13	G5-28	常用大型机械场外运输费用(25km以内)　自升式塔式起重机　起重力矩2000kN·m以内	台次	2	16122.74	32245.48
14	G5-9	常用大型机械每安装和拆卸一次费用　自升式塔式起重机　起重力矩2000kN·m	台次	2	25721.5	51443
		1.2 钢板桩				2278608.2
1	G2-143	陆上挖掘机打拔槽型钢板桩　打6m以内槽型钢板桩	10t	92.09	2899.82	267044.42
2	G2-144	陆上挖掘机打拔槽型钢板桩　拔6m以内槽型钢板桩	10t	92.09	2044.53	188280.77
3	补子目2	钢板桩租赁费	t×月	5525.1	330	1823283
		1.3 钻孔桩				11144469.04
1	G3-100	旋挖钻机钻桩孔　桩径≤1500mm　土层	$10m^3$	556.44	3758.25	2091240.6
2	G3-108	旋挖钻机钻桩孔　桩径≤1500mm　入岩增加	$10m^3$	27.14	13380.47	363145.96
3	G3-141	泥浆池建造和拆除	$10m^3$	556.44	87.13	48482.62
4	G1-226换	泥浆运输　运距5km以内　实际运距(km):20	$10m^3$	556.44	2576.46	1433645.4

续上表

序号	定额编号	工作项目或费用名称	单位	数量	单价(元)	合价(元)
5	补子目1	渣土消纳费	m^3	5564.4	33	183625.2
6	G3-152	机械成孔桩灌注混凝土 旋挖钻孔	$10m^3$	556.44	6768.64	3766342
7	A2-84	混凝土灌注桩钢筋笼 带肋钢筋 HRB400	t	542.87	5947.04	3228469.6
8	G3-61	凿桩头 灌注混凝土桩	$10m^3$	6.79	3290.56	22342.9
9	G1-314换	自卸汽车(载重8t以内)(运距30km以内) 混凝土、沥青混凝土破块 1km以内 实际运距(km):20	$1000m^3$	0.07	70504.46	4935.31
10	补子目1	渣土消纳费	m^3	67.86	33	2239.38
		1.4 承台及基础梁				2559897.1
1	A2-1	现浇混凝土 垫层 C15	$10m^3$	12.45	5091.48	63388.93
2	借D3-2-6换	现浇混凝土构件 承台 混凝土 C40	$10m^3$	219	6275.41	1374314.7
3	借D3-2-8	现浇混凝土构件 承台 模板(有底模)	$10m^2$	131.4	1276.35	167712.39
4	A2-16换	现浇混凝土 基础梁 换为【预拌混凝土 C40】	$10m^3$	3.6	5730.7	20630.52
5	A16-65	基础梁 胶合板模板 钢支撑	$100m^2$	2.52	7650.46	19279.16
6	A2-64	现浇构件圆钢筋 HPB300 直径≤10mm	t	27.19	6457.33	175574.8
7	A2-70	现浇构件带肋钢筋 HRB400以内 直径≤25mm	t	154.06	4796.81	738996.55
		1.5 主体结构				15148419.68
1	A2-11	现浇混凝土 矩形柱 预拌混凝土 C45	$10m^3$	125.2	6904.04	864385.81
2	A16-50	矩形柱 胶合板模板 钢支撑3.6m以内	$100m^2$	37.56	8663.45	325399.18
3	A16-58	柱支撑 高度超过3.6m,每增加1m钢支撑	$100m^2$	13.83	811.81	11227.33
4	A2-30换	现浇混凝土 有梁板 换为【预拌混凝土 C40】	$10m^3$	492.1	5864.77	2886053.3
5	A16-101	有梁板胶合板模板3.6m以内钢支撑	$100m^2$	204.26	8488.95	1733952.9
6	A16-125	板支撑高度超过3.6m,每增加1m钢支撑	$100m^2$	204.26	847.78	173167.54
7	A2-46	现浇混凝土 楼梯 直形 预拌混凝土 C35	$10m^2$	71.81	1835.94	131838.85
8	A16-130	楼梯 直形 胶合板模板钢支撑	$100m^2$	7.18	22451.42	161201.2
9	A2-24换	现浇混凝土 直形墙 混凝土 换为【预拌混凝土 C40】	$10m^3$	9.25	5968.91	55212.42
10	A16-84	直形墙 胶合板模板 3.6m以内钢支撑	$100m^2$	9.71	7953.88	77232.17
11	A2-56	现浇混凝土 后浇带板 预拌混凝土 C45	$10m^3$	2.1	6932.37	14557.98
12	A2-64	现浇构件圆钢筋 HPB300 直径≤10mm	t	147.11	6457.33	949937.82
13	A2-70	现浇构件带肋钢筋 HRB400以内 直径≤25mm	t	1323.96	4796.81	6350784.6

续上表

序号	定额编号	工作项目或费用名称	单位	数量	单价(元)	合价(元)
14	A2-116	直螺纹钢筋接头　钢筋直径≤25mm	10 个	1176.86	118.48	139434.37
15	A2-131	铁件制作、安装	t	7.5	10279.54	77096.55
16	A2-104	后张法预应力钢绞线　有黏结	t	3.3	6101.12	20133.7
17	A2-54	预应力封锚混凝土　C50	$10m^3$	0.73	9481.55	6921.53
18	A6-95	聚氨酯防水涂膜　2mm 厚　平面	$100m^2$	14.85	4054.46	60208.73
19	A6-62	高聚物改性沥青自粘卷材　自粘法一层平面	$100m^2$	14.85	5942.63	88248.06
20	A6-64	高聚物改性沥青自粘卷材　自粘法每增一层平面	$100m^2$	14.85	5471.3	81248.81
21	A6-186	钢板止水带	100m	1.32	7978.23	10531.26
22	A6-185	橡胶止水带	100m	1.2	8974.49	10769.39
23	A17-41 + A17-42	满堂脚手架　基本层(3.6～5.2m)　实际高度(m):6	$100m^2$	78.52	2887.34	226713.94
24	A17-38	里脚手架	$100m^2$	162.76	898.08	146171.5
25	A17-30	外脚手架 15m 以内　单排	$100m^2$	81.38	3037.41	247184.43
26	A18-5	檐高 20m 以内　塔式起重机施工	$100m^2$	78.52	3805.48	298806.29
		1.6 砌体及附属混凝土				1162111.2
1	A1-34	蒸压砂加气混凝土精确砌块墙　墙厚 > 150mm 黏结剂	$10m^3$	87.3	6925.47	604593.53
2	A2-12 换	现浇混凝土　构造柱　换为【预拌混凝土 C25】	$10m^3$	13.23	7030.35	93011.53
3	A16-52	构造柱　胶合板模板　钢支撑 3.6m 以内	$100m^2$	14.56	6688.88	97390.09
4	A2-19 换	现浇混凝土　圈梁　换为【预拌混凝土 C25】	$10m^3$	16.45	6733.32	110763.11
5	A16-71	圈梁　直形　胶合板模板　3.6m 以内钢支撑	$100m^2$	12.33	8844.43	109051.82
6	A2-64	现浇构件圆钢筋　HPB300　直径≤10mm	t	2.97	6457.33	19178.27
7	A2-70	现浇构件带肋钢筋　HRB400 以内　直径≤25mm	t	26.71	4796.81	128122.8

4.1.3.2　工程量计算规则

1)混凝土

基础混凝土按图示尺寸以体积计算,不扣除伸入承台基础的桩头所占体积;柱体积按图示断面尺寸乘以柱高以体积计算;单梁体积按图示断面尺寸乘以梁长以体积计算;板体积按图示面积乘以板厚以体积计算;有梁板系指梁与板构成一体,其工程量应按梁、板体积总和计算。

2)钢筋

设计图示及规范未注明钢筋搭接(接头)数量的,按以下规定计算:①ϕ10 以内的长钢筋按每 12m 计算一个钢筋搭接(接头);②ϕ10 以上的长钢筋按每 9m 计算一个搭接(接头)。各类钢筋机械连接接头不分钢筋规格以个为单位计算,且不再计算该处的钢筋搭接长度。

3)模板

梁、板、柱、墙的支模高度在3.6m 以内时,套用“支模高度3.6m 以内”相应子目;支模高度超过3.6m 时,先按全部工程量套用“支模高度3.6m 以内”相应子目,再按超过部分工程量乘以超高米数套用“高度超过3.6m,每增加1m”子目。支模高度超过8m、12m 时,按照同样的方式套用相应子目;支模高度超过30m 时,按施工方案另行确定。支模高度超高米数不足1m 的按1m 考虑。

4)屋面防水

屋面防水按设计图示尺寸以面积计算(斜屋面按斜面面积计算),不扣除房上烟囱、风帽底座、风道、屋面小气窗和斜沟所占的面积。

5)砌筑工程

计算墙体时,按设计图示尺寸以体积计算,工程量需区分不同墙厚分别计算。

6)脚手架工程

满堂脚手架按室内净面积计算,其高度在3.6～5.2m 之间时计算基本层;5.2m 以外,每增加1.2m 计算一个增加层,达到0.6m 按一个增加层计算,不足0.6m 按一个增加层乘以系数0.5 计算。

7)垂直运输

檐高3.6m 以内的单层建筑,不计算垂直运输机械台班。定额层高按照3.6m 考虑,超过3.6m 者,应另计层高超高垂直运输增加费,每超过1m,其超高部分按相应套用定额增加10%,超高不足1m 按1m 计算。

4.1.3.3 标准模板使用注意事项

1)土石方、支撑及降水工程

高架车站土石方施工一般采用放坡开挖,当有地下室或周围场地条件限制时,应先做好基坑支护,再进行开挖,必要时配合降水施工措施。

2)试桩

试桩费用应作为建安工程费计列,单独打试桩应按相应定额的打桩人工及机械乘以系数1.5。

3)场坪处理

当郊区高架线路行经山坡或者池塘等施工条件较差的路段时,施工会增加场地平整、加固处理和边坡防护等工程;市区线路一般情况下不会出现该部分工程。

4)混凝土

概预算编制时应选用商品混凝土,其单价为“入模价”,包括商品混凝土的制作、运输、泵送。实际使用的混凝土强度等级与定额子目设置的强度等级不同时,应予以换算。

5)钢筋

钢筋工程按钢筋的不同品种和规格以现浇构件、预应力构件、箍筋分别列项。除定额规定单独列项计算以外，各类钢筋和铁件的制作成型、绑扎、安装、接头、固定等所用人工、材料、机械消耗均已综合在相应项目内；设计另有规定的，按设计要求计算。

6）防水工程

（1）防水卷材的附加层、接缝、收头、找平层嵌缝、冷底子油等人工、材料均已计入定额内，不另计算。

（2）改性沥青防水卷材定额取定卷材厚度3mm，聚氯乙烯防水卷材定额取定卷材厚度1.2mm，卷材的层数定额均按一层编制。设计卷材厚度不同时，卷材价格按价差处理。设计卷材层数为两层时，主材按相应定额子目乘以系数2.0，人工、辅材乘以系数1.8计算。

（3）砂浆找平层、水泥砂浆及细石混凝土保护层均按装饰装修楼地面工程中相应定额子目执行。

7）垂直运输

垂直运输主要采用塔式起重机，辅以汽车式起重机。因车站檐口仅为20m左右，不需要为其另设施工电梯，工人通过脚手架到达楼面施工点。

建筑物垂直运输定额中的垂直运输机械，不包括大型机械的场外运输、安拆费以及路基铺垫、基础等费用，发生时另按相应定额计算。一般情况下，现场道路承载力可满足汽车式起重机施工，塔式起重机基础可采用既有建筑基础，不需要另计费用。

8）桩基检测

目前桩基检测一般由建设单位委托给具有相应资质的检测机构进行检测，费用注意不要漏记。

4.1.4 工程量计算规则及定额对比分析

钢筋混凝土模块一般采用各地房屋建筑定额。本节主要对比分析混凝土、钢筋及模板定额的差异。

4.1.4.1 工程量计算规则差异

以钢筋搭接、接头数量为例，四地的工程量计算规则差异如下。

湖北建筑定额规定，钢筋的搭接（接头）数量应按设计图示及规范要求计算。设计图示及规范要求未标明的，按以下规定计算：①ϕ10以内的长钢筋按每12m计算一个钢筋搭接（接头）；②ϕ10以上的长钢筋按每9m计算一个搭接（接头）。

江苏规定，钢筋搭接长度及接头数量应按设计图示及规范要求计算。设计图示及规范要求未标明的，当梁、板（包括整板基础）ϕ8以上的通筋未设计搭接位置时，预算书暂按9m一个双面电焊接头考虑，结算时应按钢筋实际定尺长度调整搭接个数，搭接方式按已审定的施工组织设计确定。

深圳规定，钢筋搭接长度及接头数量应按设计图示及规范要求计算，其搭接长度计入钢筋制作、安装的工程量。设计图示及规范要求未标明的，不另计算。

浙江规定，钢筋的搭接长度及数量应按设计图示、标准图集和规范要求计算。遇设计图示、标准图集和规范要求不明确时，钢筋的搭接长度及数量可按以下规则计算：①建筑物柱、墙构件竖向钢筋搭接按自然层计算；②钢筋单根长度超过8m时计算一个因超出定尺长度引起的搭接，搭接长度为35d（d为钢筋直径）；③当钢筋接头设计要求采用机械连接、焊接时，应按实际采用接头种类和个数列项计算,计算该接头后不再计算该处的钢筋搭接长度。

4.1.4.2 重点定额对比

1)混凝土

(1)泵送费

湖北建筑定额规定,定额按预拌混凝土编制,采用现场搅拌时,执行预拌项目,再执行调整费项目。预拌混凝土是指在混凝土厂集中搅拌,含运输、泵送到现场并入模的混凝土,即预拌混凝土单价需计列泵送费,定额子目不含泵送费。

江苏定额,分为自拌混凝土构件、预拌泵送混凝土、预拌非泵送混凝土。对于预拌泵送混凝土,泵送费含在定额子目中的“混凝土输送泵车”的机械台班费当中,混凝土单价不再另计泵送费。

深圳定额,现浇结构采用预拌商品混凝土,分为泵送和非泵送两种。泵送混凝土,又分为混凝土泵、混凝土输送泵车两种方式。泵送费包含在泵或泵车机械台班费中,混凝土单价不再另计泵送费。

浙江定额,商品泵送混凝土的添加剂、搅拌、运输及泵送等费用均应列入混凝土单价内。

(2)子目

以泵送混凝土板为例,湖北、江苏分为有梁板、无梁板、平板、拱板等子目;深圳仅综合为“板”定额,但按“混凝土输送泵”和“混凝土输送泵车”分2条子目;浙江仅分为“板”和“拱板”2条子目。其他结构基本与板定额类似。

(3)材料消耗量差异

“预拌(泵送)混凝土板”定额中混凝土消耗量,各地略有差别,如表4-1-8所示。

混凝土消耗量对比(定额单位:m^3) 表4-1-8

定额		预拌泵送混凝土 板(有梁板)			
地区		湖北	江苏	深圳	浙江
混凝土	消耗量(m^3)	1.01	1.02	1.01	1.015

此外,湖北、江苏现浇墙、柱定额中包括了底部铺垫水泥砂浆的用量,深圳、浙江不含水泥砂浆,如表4-1-9所示。

混凝土及水泥砂浆消耗量对比(定额单位:m^3) 表4-1-9

定额		预拌泵送混凝土墙			
地区		湖北	江苏	深圳	浙江
混凝土	消耗量(m^3)	0.9825	0.992	1.01	1.015
水泥砂浆	消耗量(m^3)	0.0275	0.029	—	—
总计	m^3	1.01	1.021	1.01	1.015

2)现浇普通钢筋

(1)子目

湖北建筑定额钢筋子目分为现浇圆钢筋、带肋钢筋、箍筋及其他三大类。现浇圆钢筋即HPB300,按直径(mm)10以内、18以内、25以内、32以内分4条子目;带肋钢筋分HRB400以内和 HRB400 以外两类,每类按直径(mm)10 以内、18 以内、25 以内、40 以内分 4 条子目。箍筋及其他不再详述。

江苏按钢筋综合考虑,只按直径(mm)12 以内、25 以内、25 以外分 3 条子目。

深圳定额现浇普通钢筋按制作和安装分别编制,分为现浇圆钢筋、带肋钢筋、箍筋等三大类。现浇圆钢筋、带肋钢筋按直径(mm)分 10 以内、25 以内、25 以外 3 类。

浙江仅包括“现浇构件 圆钢”和“现浇构件 螺纹钢”2 条子目。

(2)材料消耗量

湖北现浇 $\phi10$ 以内钢筋定额钢筋消耗量为 1.02t/t,其他直径为 1.025t/t。

江苏现浇钢筋消耗量均为 1.02t/t。

深圳现浇 $\phi10$ 以内消耗量 1.025t/t,$\phi25$ 以内 1.04t/t,$\phi25$ 以外 1.05t/t。

浙江现浇圆钢、螺纹钢主材消耗量均为 1.02t/t。

3)模板

(1)子目

湖北分组合钢模板、胶合板模板、木模板、大钢模板、铝合金模板等。

江苏、深圳、浙江按钢模板和木模板分别编制。

(2)模板超高增加费

关于模板超高的规定,各地有所差异。

①湖北

梁、板、柱、墙的支撑高度 3.6m 内时,套用支模高度 3.6m 内相应子目。支模高度超过 3.6m时超过部分按相应的每增加 1m 以内子目计算。支模高度达到 8m 时,套用支模高度 8m 相应子目;支模高度超过 8m 时,超过部分按相应的每增加 1m 以内子目计算,以此类推。超高不足 1m 时按 1m 考虑。

②江苏

现浇钢筋混凝土柱、梁、墙、板的支模高度以净高在 3.6m 以内为准,净高超过 3.6m 的构件,其钢支撑、零星卡具及模板人工分别乘以表 4-1-10 中的系数。根据施工规范要求属于高大支模的,其费用另行计算。

江苏定额支模超过 3.6m 增加系数表 表 4-1-10

增 加 内 容	净 高 范 围	
	5m 以内	8m 以内
独立柱、梁、板钢支撑及零星卡具	1.10	1.30
框架柱(墙)、梁、板钢支撑及零星卡具	1.07	1.15
模板人工(不分框架和独立柱梁板)	1.30	1.60

③深圳

现浇钢筋混凝土柱、梁、墙、板的模板子目是按支模高度 4m 编制的。柱、墙的支模高度超过 4m 时,人工费和周转材料的消耗量乘以系数 1.2;超过 6m 时,乘以系数 1.3。梁、板的支模高度超过 4m 时,按照“顶架工程”中梁板的顶架超高增加费子目计算顶架增加费用,不扣除模板子目中人工费和材料消耗量。

④浙江

模板支模高度超过3.6m时,增加系数按表4-1-11执行。

浙江定额支模超过3.6m增加系数表 表4-1-11

增加内容	净高范围(m)			
	3.6~8	8~12	12~16	>16
钢支撑及零星卡具	1.3	2.5	3.6	4.8
模板人工	1.15	1.2	1.25	1.35

4.2 高架车站钢结构和屋面板

4.2.1 施工组织

高架车站主体和天桥的钢结构雨棚由钢结构和屋面板两个部分组成,如图4-2-1所示。在高架车站钢筋混凝土结构完成后,先进行钢结构施工,后进行屋面板施工。

图4-2-1 高架车站钢结构

4.2.1.1 施工工序

1)钢结构

钢结构工程是以钢铁为基材,经过机械加工组装而成的结构,具有强度高、结构轻、施工周期短和精度高等特点。

高架车站的钢结构主要由钢柱、钢梁、柱间支撑、檩条及拉杆等组成,通过柱脚螺栓与基础或混凝土结构进行连接,其施工顺序如图4-2-2所示。

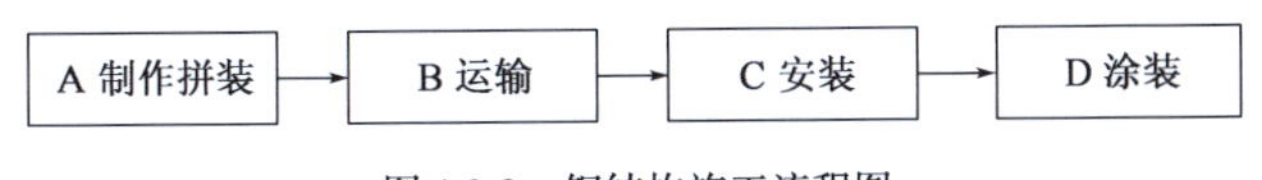

图4-2-2 钢结构施工流程图

A 制作拼装

高架车站钢结构的尺寸吨位较小,一般在工厂完成制作拼装工作。工厂进行的制作流程:划线→号料→切割→拼装、校正→焊接成型→除锈→刷防锈底漆→堆放,如图4-2-3所示。

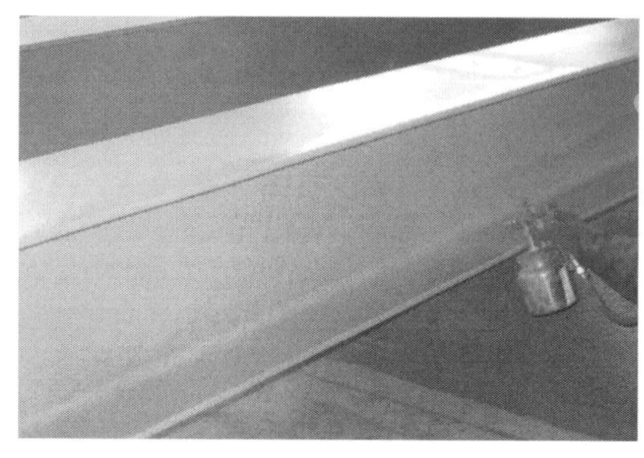

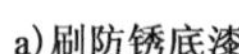
a)刷防锈底漆

b)堆放

图 4-2-3　钢结构制作示意图

B 运输

高架车站的钢柱、钢梁、柱间支撑属于较长构件,采用相应吨位和长度的汽车运输。钢梁整榀长度超过 20m,一般情况下分节段在工厂加工,运输至现场后,再拼装成整体。

C 安装

在进行钢筋混凝土工程时,预埋地脚螺栓后再浇筑混凝土。

吊装钢柱、钢梁和檩条是流水作业,依照先中间后四周、先下后上、先柱后梁、先主后次的顺序进行。吊装至指定位置后临时加固,进行校正复验,位置无误后采用焊接或螺栓连接方式进行固定,及时形成稳定的框架体系如图 4-2-4 所示。相邻两门架稳定后即可进行相应区域屋面檩条系杆的安装。

a)地脚螺栓

b)钢结构吊装

图 4-2-4　钢结构安装示意图

D 涂装

经过吊装后,钢结构底漆会有部分损伤,应在涂装前除锈、补漆。

工人使用喷涂机,依次涂装中间漆(如环氧云铁漆)、面漆(如氟碳漆)、防火涂料。

2)屋面板

屋面板具有防水、保温的特性。高架车站常见的金属屋面做法是铝镁锰金属屋面,车辆基地生产用房常见的做法是镀铝锌压型钢板屋面。其施工流程大体相同，区别主要在于顶板材料选择的不同。图 4-2-5 为屋面板施工流程图，图 4-2-6 为屋面板施工示意图。

A基础面测量 → B底板安装 → C隔气膜铺设 → D铝合金支架安装 → E保温层铺设 → F顶板安装 → G附属工程

图 4-2-5　屋面板施工流程图

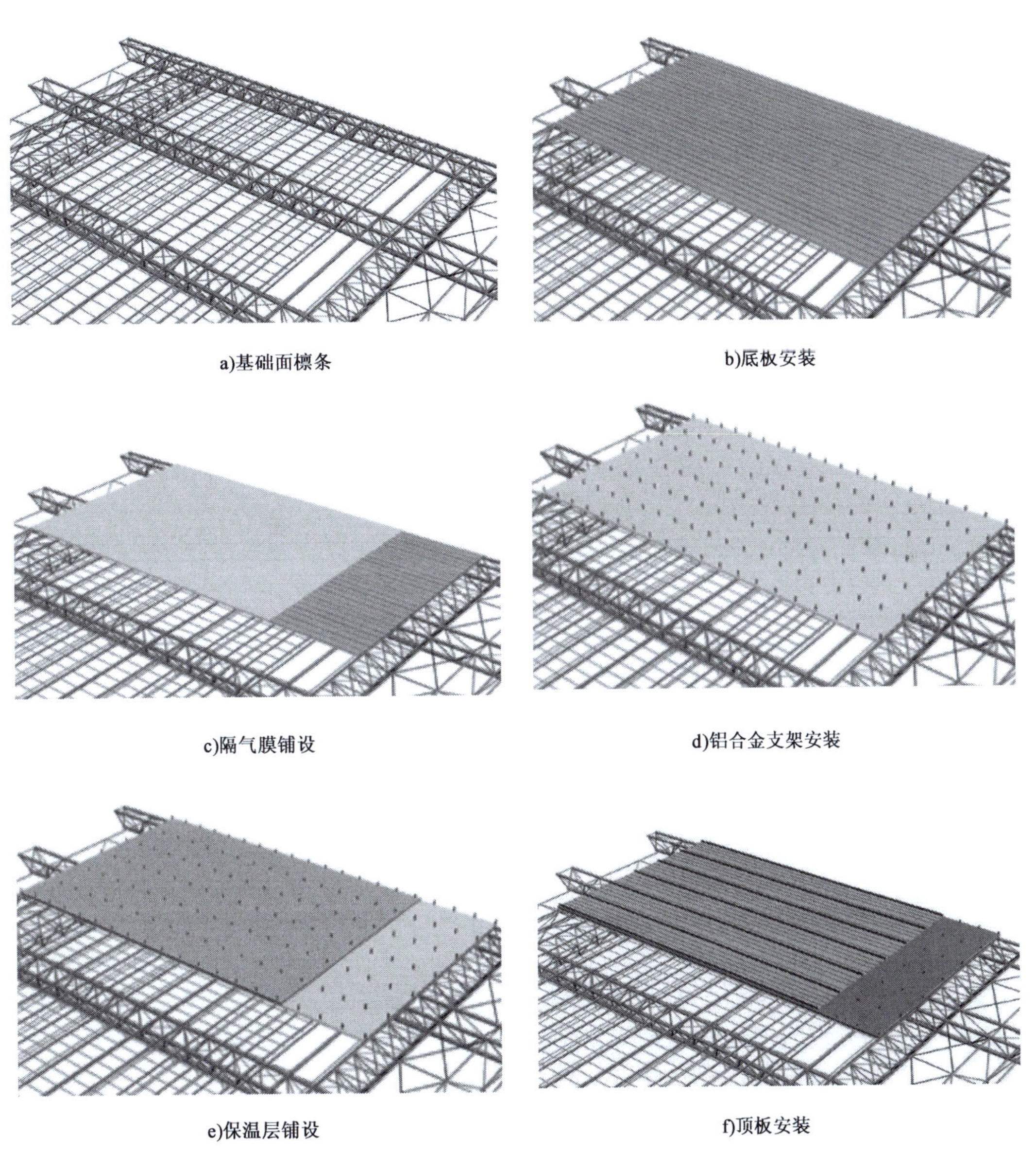

a)基础面檩条　b)底板安装

c)隔气膜铺设　d)铝合金支架安装

e)保温层铺设　f)顶板安装

图 4-2-6　屋面板施工示意图

屋面工程材料经汽车式起重机垂直运输至屋面，依次铺装底板、保温层、隔气层、顶板，直到完成屋面板工程。

A 基础面测量

对屋面钢结构主檩条进行复检、测量，根据结构放样结果确定底板的长度和用量，加工制作。

B 底板安装

底板在施工现场采用现场塔式起重机吊至屋面工作平台之上，部分不能用塔式起重机直接吊运就位的板采取人工搬运的方式抬至屋面施工作业面。

根据屋面底板排板设计要求铺装底板，并用自攻螺丝将钢底板固定在屋面主钢结构上。

C 隔气膜铺设

在屋面施工时，沿着屋面的顺水方向铺设隔气膜。相邻隔气膜间纵向搭接，再用丁基胶条密封。隔气膜用铆钉固定在底板上，固定处也用丁基胶条密封。

D 铝合金支架安装

铝合金支架采用自攻螺丝与底板檩条连接。铝合金支架穿过隔气膜时，交接处用丁基胶条环绕一圈进行密封。

E 保温层铺设

带贴面的一面朝下，张紧保温棉铺设，相邻两块棉的接口处用铝箔胶带粘牢，并用订书机订好。支架与保温相接处应用玻璃棉填平，做到无缝隙、无渗漏。

F 顶板安装

依屋面排板设计，将屋面顶板铺设在保温层之上，使用专用锁边机将板咬合在一起。屋面板采取台阶式进行纵向搭接，顺水流方向进行上下搭接，搭接处加设屋脊堵头。安装完毕后，检查其咬合质量，及时焊接修补完好。最后安装泛水板、封檐板，使其形成良好的防水体系。

G 附属工程

天沟、檐口、天窗等附属安装工程，配合屋面板相应部位同步实施。

4.2.1.2 施工进度、机械及劳动力配置

1)施工进度指标

根据《城市轨道交通工程项目建设标准》(建标 104—2008)，高架车站施工工期约为10～12个月/站。其中，钢结构施工工期约为90d/站，屋面板施工工期约为60d/站。

2)施工机械及劳动力配置

以路中高架三层侧式站为例，钢结构工程共计511.9t，屋面板面积4295.3 m^2。

现场主要施工机械设备如表4-2-1所示。

主要施工机械设备配置表 表4-2-1

序号	名　称	单位	数量	备　注
1	25t汽车式起重机	台	1	钢结构
2	50t汽车式起重机	台	1	
3	焊机	台	2	
4	喷涂机	台	2	
5	汽车式起重机	台	1	屋面板

现场配置钢结构班组、屋面板班组，施工人员配置如表4-2-2所示。

施工人员配置表

表 4-2-2

序号	班 组	岗位名称	人 数
1	钢结构班组	钢柱安装工	6
2		钢梁安装工	20
3		焊接铆接工	18
4		涂装工	6
5		测量及其他工	4
6	屋面板班组	安装工	24
7		测量工	6
8		铺设工	12
9		普工	8

4.2.2 施工组织与定额对应关系

钢结构施工包括制作拼装、运输、吊装、涂装等工序，屋面板施工则包括底板安装、隔气膜铺设、支架安装、保温层铺设及顶板安装等主要工序。根据上述施工进度指标可知，钢结构施工进度约为 5.7t/d，屋面板施工进度约为 72 m^2/d。

人工和机械是定额的构成要素，也是施工组织中资源配置的重要内容。钢结构工程组织施工时配置 1 台 25t 汽车式起重机，1 台 50t 汽车式起重机，2 台焊机和 2 台喷涂机，钢结构施工班组包括钢柱安装工 6 人，钢梁安装工 20 人，焊接铆接工 18 人，涂装工 6 人，测量工 4 人。屋面板组织施工需配置 1 台汽车式起重机，屋面板施工班组包括安装工 24 人，测量工 6 人，铺设工 12 人，普工 8 人。

目前高架车站钢结构的油漆喷涂有两种做法，一种是在工厂完成底漆、中间漆和防火漆的喷涂工作，现场吊装后再喷涂面漆；另一种是在工厂仅喷涂底漆，钢结构吊装完成后再喷涂中间漆、防火漆和面漆，与前一种做法相比，现场施工工序增加，施工人员投入增大，使工程费用相对提高。

高架车站钢结构和屋面板工程施工组织与定额对应关系如表 4-2-3 所示。

高架车站钢结构和屋面板施工组织与定额对应关系表

表 4-2-3

编号	工序名称	定额子目	工作内容
A	钢结构	建筑定额第三章 A3-24/29/40	钢柱、钢梁、檩条等钢构件安装
		安装定额第十二章 C12-492 建筑定额第十三章 A13-177/178/184	中间漆、防火涂料、面漆的涂装
B	屋面板	建筑定额第六章 A6-111/31/62/64	顶板、底板的安装，防水膜、隔气膜铺设
		建筑定额第七章 A7-30	保温板、吸音棉铺设

4.2.3 概预算标准化设计

武汉《城轨定额》不含高架车站钢结构和屋面板相关的定额子目，编制高架车站钢结构和屋面板概预算时需借用湖北《建筑定额》，下述定额子目及相关分析均以湖北《建筑定额》为准。

4.2.3.1 概预算标准模板

人行天桥钢结构和屋面板开项参考高架车站主体。概预算模板如表 4-2-4 所示。

高架车站钢结构和屋面板概预算标准模板 表 4-2-4

序号	定额编号	工作项目或费用名称	单位	数量	单价(元)	合价(元)
		1. 车站主体				8627264.3
		1.1 钢结构				5602033.9
1	A3-24	厂(库)房钢结构 钢柱 质量≤3t	t	51.19	7991.57	409088.47
2	A3-29	厂(库)房钢结构 钢梁 质量≤3t	t	204.76	8916.83	1825810.1
3	A3-40	厂(库)房钢结构 钢支撑钢檩条	t	255.95	8069.16	2065301.5
4	借 C12-492 换	无机富锌漆 设备 底漆 两遍	$10m^2$	767.85	294.64	226239.32
5	A13-178 换	金属面 环氧富锌防锈漆 一遍 当设计要求金属面刷二遍防锈漆时 人工×1.74,材料×1.9	$100m^2$	76.79	1204.17	92468.21
6	A13-184	金属面 薄型防火涂料(耐火时间、涂层厚度):1h、5.5mm	$100m^2$	76.79	4219.31	324000.81
7	A13-177	金属面 氟碳漆	$100m^2$	76.79	8324.51	639239.12
8	A2-131	铁件制作、安装	t	1.83	10279.54	18811.56
9	A3-73	零星钢构件	t	0.1	10747.99	1074.8
		1.2 屋面板				2940369.5
1	A6-111	1mm 直立锁边铝镁锰合金自防水板	$100m^2$	42.95	27071.76	1162732.1
2	A6-62 换	0.5mm 加强型聚丙烯防水透气膜	$100m^2$	42.95	4504.3	193459.69
3	A7-30	屋面 干铺岩棉板 150mm	$100m^2$	42.95	8236.59	353761.54
4	A6-62 + A6-64	高聚物改性沥青自粘卷材 自粘法一层 平面 实际层数(层):2	$100m^2$	42.95	11413.94	490228.72
5	A7-30 换	屋面保温 50mm 玻璃纤维吸音棉	$100m^2$	42.95	5084.57	218382.28
6	A6-31	单层彩钢板 0.6mm 穿孔彩钢板底板	$100m^2$	42.95	10330.63	443700.56
7	A3-68	围护体系安装 天沟 不锈钢	10m	44.67	1748.48	78104.6
		1.3 屋面排水系统				84860.89
1	A6-154	虹吸式排水 HDPE 水落管 $\phi250$	100m	0.71	10359.8	7355.46
2	A6-154	虹吸式排水 HDPE 水落管 $\phi200$	100m	1.47	7463.32	10971.08
3	A6-154	虹吸式排水 HDPE 水落管 $\phi160$	100m	1.73	6764.1	11701.89
4	A6-154	虹吸式排水 HDPE 水落管 $\phi125$	100m	1.02	6263.98	6389.26
5	A6-154	虹吸式排水 HDPE 水落管 $\phi110$	100m	0.59	5664.32	3341.95
6	A6-154	虹吸式排水 HDPE 水落管 $\phi90$	100m	0.92	5664.32	5211.17
7	A6-153	虹吸式排水 不锈钢虹吸雨水斗	10 个	2	2436.64	4873.28
8	借 C10-11-1	管道支架制作 单件重量(kg 以内):5	100kg	14	1645.59	23038.26

续上表

序号	定额编号	工作项目或费用名称	单位	数量	单价(元)	合价(元)
	主材	型钢	kg	1470	4.32	6350.4
9	借 C10-11-6	管道支架安装　单件重量(kg 以内):5	100kg	14	720.18	10082.52
10	借 C12-2-49 换	金属结构刷油　一般钢结构　红丹防锈漆　第一遍　实际遍数(遍):2	100kg	14	78.86	1104.04
11	借 C12-2-58 换	金属结构刷油　一般钢结构　调和漆　第一遍　实际遍数(遍):2	100kg	14	56.57	791.98

4.2.3.2 工程量计算规则

1)钢结构

构件安装工程量按成品构件的设计图示尺寸以质量计算。不扣除单个面积 0.3m^2 以内孔洞的质量,焊条、铆钉、螺栓等不另增加质量。

2)涂装

高架车站钢结构涂装工程以“10m^2”为计量单位,钢管、方钢只计算外侧面积,H 型钢应计算钢板内外两侧的面积。

3)屋面板

屋面板按屋面的水平投影面积乘以屋面坡度系数以面积计算。采光天窗等大面积屋面装饰应另行计算,屋面板面积对其应予以扣除。

4.2.3.3 标准模板使用注意事项

1)钢结构安装

套用钢结构安装定额时,根据钢构件类型(钢柱、钢梁、钢屋架)和每根构件重量,选择对应的定额子目。高架车站的钢结构为成品构件,成品构件的主材费用包含在安装定额中,需根据市场行情调整成品构件主材单价。钢结构成品价已包含了工厂的制作拼装费用,一般在现场不需要进行二次拼装,不再套用拼装定额,若施工组织要求进行二次拼装,可另外计列。

2)场内外运输

场内外运输工程一般参照“金属结构构件分类表(表 4-2-5)”和运距,选择相对应的定额套用。因湖北定额成品构件为到场价,不需套用此定额。

金属结构构件分类表　　表 4-2-5

类别	项　目
一	钢柱、屋架、托架、桁架、吊车梁、网架、钢桥架
二	钢梁、檩条、支撑、拉条、栏杆、钢平台、钢走道、钢楼梯、零星构件
三	墙架、挡风架、天窗架、轻钢屋架、其他构件

3)刷漆

定额中所含油漆,仅指构件安装时节点焊接或因切割引起补漆。成品钢构件的除锈、油漆的费用应包含在成品价格内。若成品价格未包含除锈、油漆费用的,需另行计列。

4)钢结构成品价格组成

钢结构的成品价组成包括:出厂价、运输费、钢结构加工费。其中,钢结构加工是通过切割、焊接、折弯、钻孔等手段使钢材加工为成品。一般门式结构的直型钢材加工费为1500~2000元/t(已考虑加工过程中材料损耗8%),弧形钢结构的加工费为2500元/t以上,确定钢结构到场价可参考上述费用进行计算。

4.2.4 定额对比分析

本模块使用各地现行建筑定额,其中深圳地区执行《装配式建筑工程消耗量定额》(2016)。

4.2.4.1 重点定额对比

以钢柱制作安装定额为例,介绍钢结构定额对比。

1)钢柱制作安装

(1)子目

湖北钢柱安装定额按质量(3t以内、8t以内、15t以内、25t以内)分为4条子目,无制作定额。

江苏钢柱制作定额按质量(1t以内、3t以内、5t以内、7t以内、7t以外)分5条子目,安装按质量(4t以内、10t以内、20t以内)分3条子目。

深圳钢柱安装定额按质量(10t以内、20t以内、20t以外)分为3条子目,无制作定额。

浙江制作定额分实腹钢柱(1.5t以内、3t以内、5t以内、7t以内、7t以上)和空腹钢柱(3t以内、5t以内、7t以内、7t以上),分别分为5条、4条子目;安装定额不区分实腹钢柱和空腹钢柱,按钢柱质量(3t以内、5t以内、7t以内、7t以上)分4条子目。

湖北建筑定额已包括了施工企业按照质量验收规范要求,针对安装工作自检所发生的磁粉探伤、超声波探伤等常规检测费用。

浙江定额金属构件制作、安装定额均已包括焊缝无损探伤及被检构件的退磁费用。如构件需做第三方检测,相应费用另行计算。

江苏定额各子目均未包括焊缝无损探伤(如X光透视、超声波探伤、磁粉探伤、着色探伤等),亦未包括探伤固定支架制作和被检工件的退磁。

深圳定额中不包括相关检测费用。

(2)场内运输费

场内运费包括水平运输费和垂直运输费。场内必要的转运费用(水平运输)一般已包括在定额中。

湖北规定,厂(库)房钢结构安装的垂直运输已包括在相应定额内,不另行计算。住宅钢结构安装垂直运输按相应子目执行。高架车站钢结构一般按厂库房计算。

江苏构件安装场内运输按下列规定执行:

①现场预制构件已包括了机械回转半径15m以内的翻身就位。如受现场条件限制,混凝土构件不能就位预制,运距在150m以内,每立方米构件另加场内运输人工0.12工日,材料4.10元,机械29.35元。

②加工厂预制构件安装,定额中已考虑运距在500m以内的场内运输。

③金属构件安装定额工作内容中未包括场内运输费的,如发生,单件在 0.5t 以内、运距在 150m 以内的,每吨构件另加场内运输人工 0.08 工日,材料 8.56 元,机械 14.72 元;单件在0.5t 以上的金属构件按定额的相应项目执行。

④场内运距如超过以上规定时,应扣去上列费用,另按 1km 以内的构件运输定额执行。

深圳定额钢结构构件安装子目消耗量已考虑构件在施工现场的必要倒运过程、配合塔式起重机吊装所消耗的起重设备。钢结构构件的垂直运输费、超高增加费应按《深圳市建筑工程消耗量定额》的相关规定另行计算。

浙江构件安装高度均按檐高 20m 以内考虑。如檐高在 20m 以内,而构件安装高度超过 20m 时,除塔式起重机施工以外,相应安装定额子目的人工、机械乘以系数 1.2。檐高超过 20m 时,有关费用按定额相应章节另行计算。

(3)防锈底漆

湖北钢结构成品价应包括基本的除锈、油漆费用。若未包括,另行套用相关子目。钢结构安装定额中所含油漆,仅指构件安装时节点焊接或切割引起补漆。

江苏钢结构制作定额中包括刷一遍防锈漆。

深圳防锈底漆一般不包括在构件成品价中,另行套用相关子目。

浙江钢结构制作定额已包括刷一遍红丹防锈漆的工料。如设计要求刷其他防锈漆,应扣除定额内红丹防锈漆、油漆溶剂油含量及人工 1.2 工日/t,其他防锈漆另行套用油漆工程定额。

(4)防锈底漆材料差异

仅比较江苏、浙江定额中防锈底漆的消耗量及单价。以 7t 以上(实腹)钢柱制作定额为例,浙江消耗量高,单价略低,如表 4-2-6 所示。

防锈底漆材料差异(定额单位:t)　　表 4-2-6

定额		(实腹)钢柱制作 7t 以上			
地区		湖北	江苏	深圳	浙江
防锈底漆	型号	—	防锈漆	—	红丹防锈漆
	消耗量(kg)	—	2.93	—	5.12
	单价(元)	—	15	—	12.8

2)彩钢夹芯板屋面

(1)子目

湖北建筑定额含 1 条子目,按板厚 100mm 编制,材料不同可替换。

江苏按板厚(50mm、75mm、100mm)分 3 条子目。

深圳含"钢板屋面"1 条子目,材料不同可替换。实际不需制作安装钢檩条时去掉子目中"钢檩条"材料,人工费和机械费乘以系数 0.6。定额按平面矩形屋面编制,如设计为异形时,人工费乘以系数 1.1。

浙江按板厚 75mm 编制,1 条子目,材料不同可替换。

(2)人工及材料差异

分析各地消耗量差异,江苏以板厚 100mm 子目为例,如表 4-2-7 所示。

彩钢夹芯板定额人工及材料差异(定额单位:100m²)　表 4-2-7

定额		彩钢夹芯板屋面			
地区		湖北	江苏	深圳	浙江
人工	名称	普工+技工	二类人工	普工+技工人工费	三类人工
	消耗量(工日)	9.92	16.2	1255.34	17
彩钢夹芯板	型号	100mm	100mm	—	75mm
	消耗量(m^2)	105	104	112.36	104
	单价(元)	76.15	83	30	98.4

深圳定额人工为人工费形式。江苏、浙江人工消耗量差别不大,约为湖北的 1.7 倍。

主材为彩钢夹芯板,消耗量略有差别,深圳较高。单价差别较大,深圳最低,浙江最高,湖北、江苏大致相当。

4.2.4.2　其他定额对比

钢结构场外运输定额对比如下。

湖北不含钢结构场外运输定额,钢结构场外运输费包含在成品价中。

江苏定额,分Ⅰ类、Ⅱ类、Ⅲ类构件运输,每一类按距离 1km 以内、5km 以内、10km 以内、15 km 以内、20 km 以内、超过 20 km 每增加 1km 分 6 条子目。超过 45km 时,不适用,按市场价格协商确定。钢柱、钢梁运输属于Ⅰ类构件。

深圳分场外运输、二次运输两类。场外运输分距离 10km 以内、每增 10km 两条子目。二次运输分 500m 以内、每增 100m 两条子目。

浙江分一类、二类、三类构件运输,每一类分运距 5km 以内、每增 1km 两条子目。钢柱属于一类,钢梁、檩条等属二类。

4.3　高架车站外立面装修

4.3.1　施工组织

车站装修是为保护轨道交通工程的主体结构、完善使用功能和美化轨道交通建筑物,采用装饰装修材料或饰物,对建筑物的内外表面及空间进行的各种处理过程。高架车站装修按照装修区域分为车站内部装修和车站外立面装修。

车站外立面装修形式以幕墙和涂料两种形式为主,其中幕墙工程主要有玻璃幕墙、干挂石材幕墙、铝单板幕墙三种。

玻璃幕墙的中空玻璃板材无须铺设保温层,干挂石材幕墙和铝单板幕墙在墙基上需铺设保温层。

4.3.1.1　施工工序

1)外墙保温

外墙保温是外墙装饰的基础工程,常见材料有岩棉板、发泡陶瓷板、保温砂浆,如图 4-3-1 所示。

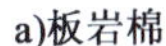
a)板岩棉

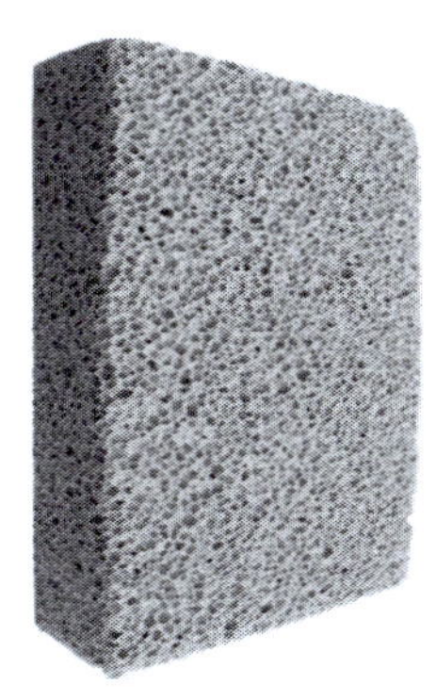
b)发泡陶瓷板

c)保温砂浆

图 4-3-1 常见外墙保温材料

幕墙工程常采用岩棉板、发泡陶瓷板等保温材料。铺贴前在墙基层上做好防水层(如抗裂砂浆+涂膜防水)以保证外墙防水性能,然后安装幕墙工程的埋件和连墙龙骨,再将保温板涂抹黏结剂,铺贴后钻孔,打钉锚固。完成后,进行下一道幕墙工序。图 4-3-2 为外墙保温施工示意图。

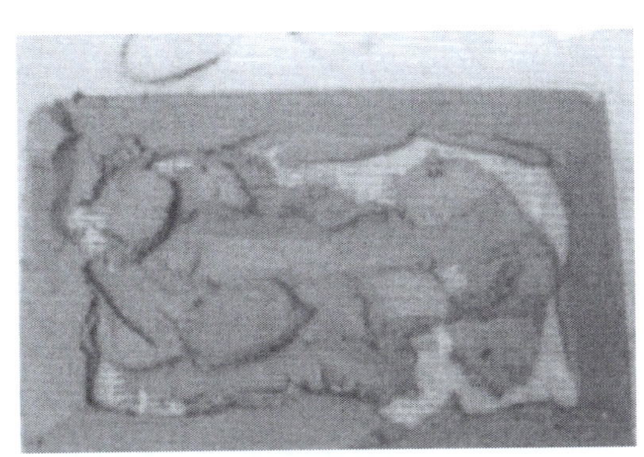
a)涂抹黏结剂

b)铺贴

c)钻孔

d)打钉锚固

图 4-3-2

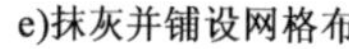

e)抹灰并铺设网格布

f)保温剖面图

图 4-3-2　外墙保温施工示意图(外墙涂料)

外墙涂料、面砖常采用保温砂浆、发泡陶瓷板等材料。保温砂浆因厚度较大,涂刷后需铺设网格布防止开裂。发泡陶瓷板施工流程同幕墙工程相似,但最外层有所区别,需抹灰并铺设网格布防止开裂。

2)玻璃幕墙

玻璃幕墙施工主要由测量放线、安装埋件、安装骨架、安装板材、耐候胶嵌缝、保护和清洗等施工工序组成。图 4-3-3 为幕墙施工流程图,图 4-3-4 为玻璃幕墙示意图。

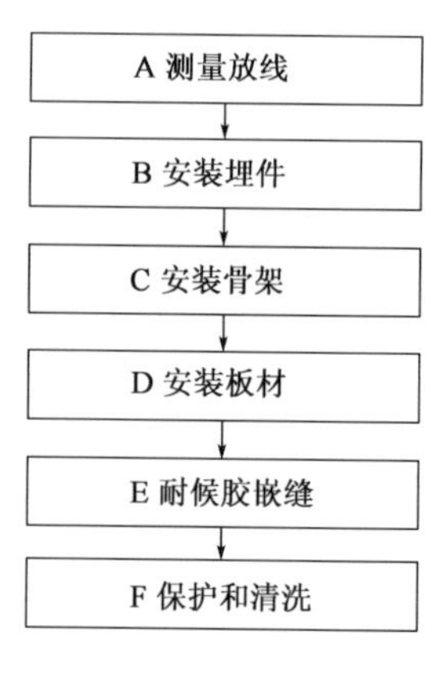

图 4-3-3　幕墙施工流程图

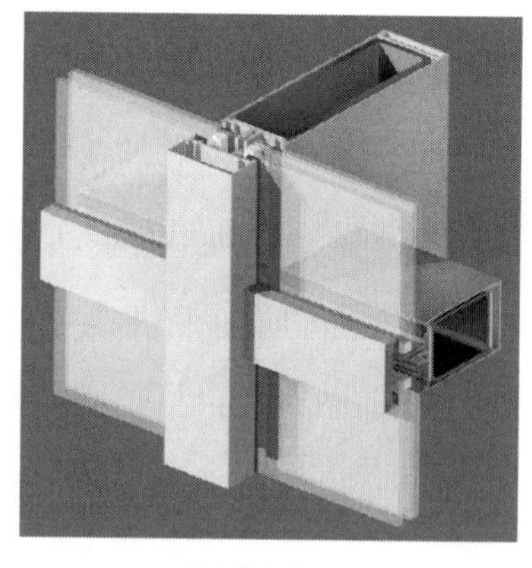

a)明框玻璃幕墙

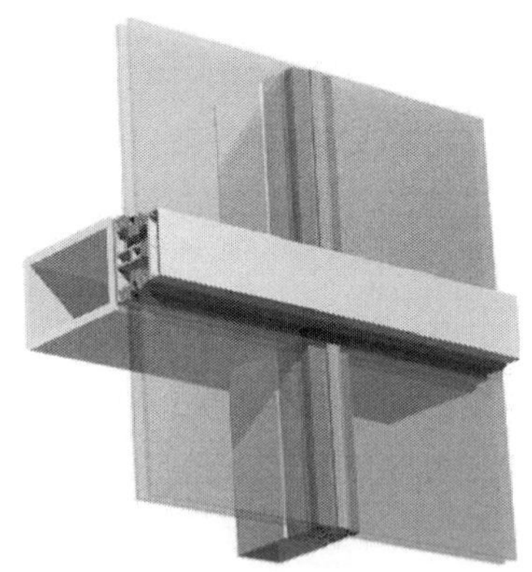

b)半隐框玻璃幕墙

图 4-3-4　常见玻璃幕墙示意图

A 测量放线

以建筑物轴线为准,依据设计要求将骨架的位置线弹到主体结构上,根据测量结果安排材料生产加工。

B 安装埋件

埋件根据安装时间可分为先置埋件和后置埋件。先置埋件在结构钢筋工程施工时同步埋设,一起浇筑。后置埋件在主体结构完工后,打孔埋设。

C 安装骨架

先安装立柱骨架,后安装横梁骨架。

玻璃幕墙若采用钢骨架,则需喷涂防锈漆和氟碳漆;若采用铝合金骨架则为成品带漆骨架,不用涂装。

D 安装板材

高架车站玻璃幕墙常见有明框和半隐框两种形式,玻璃板材需要在骨架上先安装型材连接件,将玻璃卡入后再用型材盖板封口。

E 耐候胶嵌缝

清洁玻璃表面,贴好美纹纸后施注耐候胶,施工完毕后撕落美纹纸。

F 保护和清洗

施工完毕后及时进行保护和清洗。

3)干挂石材幕墙和铝单板幕墙

干挂石材幕墙和铝单板幕墙(图4-3-5)同玻璃幕墙施工流程基本相同,但工序略有区别。

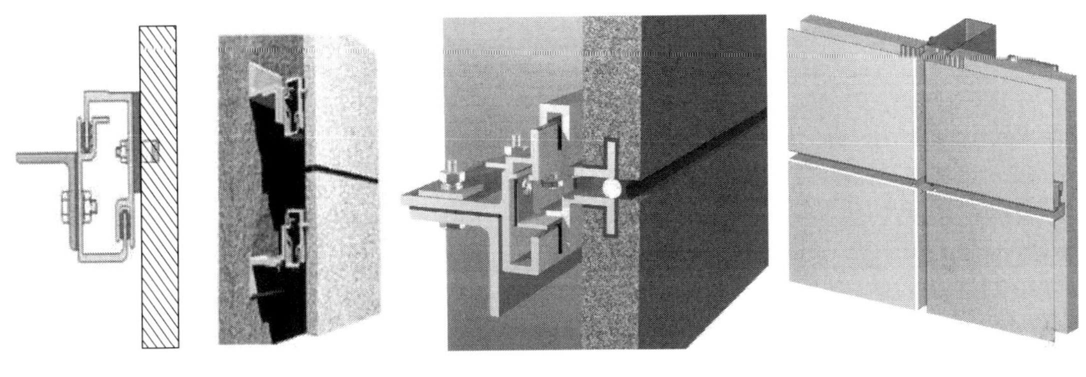

a)背栓式石材幕墙　b)开槽式石材幕墙　c)铝单板幕墙

图4-3-5　石材和铝单板幕墙

安装骨架工序:因骨架最后被板材隐蔽,故仅需喷涂防锈漆即可,不必喷涂氟碳漆面漆。在安装完连墙骨架后,需铺设保温层。

安装板材工序:石材板材有背栓式和开槽式两种常见连接方式,背栓式通过石材背部连接件与骨架连接,开槽式通过石材侧面沟槽卡入骨架连接件。铝单板幕墙采用螺栓将铝单板上的角铝固定在骨架上即可。

4)外墙涂料

外墙涂料做法丰富,现以真石漆为例进行介绍。

真石漆施工流程主要由基层处理、喷涂底漆、粘贴分格条、喷涂真石漆、去除分格条、涂罩面漆等施工工序组成,其施工流程如图4-3-6所示,施工示意图如图4-3-7所示。

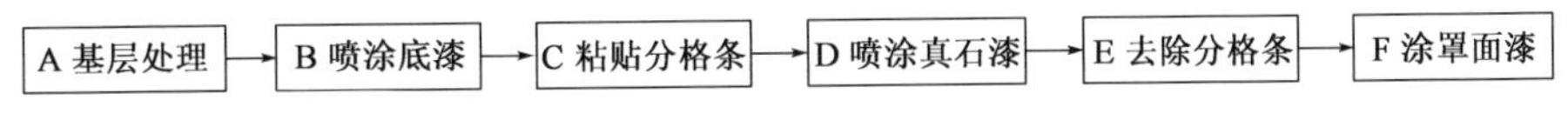

图4-3-6　真石漆施工流程图

A 基层处理

基层平整度、垂直度应符合一般抹灰工程质量标准要求。采用外墙外保温时应做好保温和抗裂网格布砂浆层。

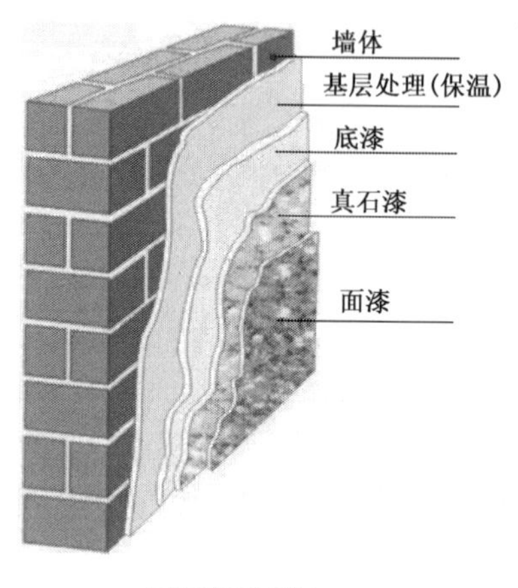

a)真石漆剖面图

b)真石漆分格条

图 4-3-7　真石漆示意图

B 喷涂底漆

底层采用喷涂或辊涂,先横后竖,喷涂要均匀。第二次底漆喷涂应在第一层干燥后进行。

C 粘贴分格条

测量弹出控制线,在墙面上画出面砖分格线。用美纹纸在墙面上粘贴真石漆分格。

D 喷涂真石漆

真石漆主要由合成树脂乳液和磨细的花岗岩石粉组成,用搅拌器搅拌均匀后使用。一般分两遍喷涂,第一遍应快速薄喷一层,表干后开始第二遍喷漆,适当调大喷嘴与气嘴的距离,以得到凹凸感较强的涂层。

E 去除分格条

第二遍真石漆喷完后,在真石漆硬化前去除分格条。在真石漆完全干燥后,修整磨平。

F 涂罩面漆

用滚筒或毛刷辊涂罩面漆,罩面漆为无色透明液体,可使墙面光亮美观。

4.3.1.2　施工进度、机械及劳动力配置

1)施工进度指标

根据《城市轨道交通工程项目建设标准》(建标 104—2008),高架车站施工工期约为 10 ~ 12 个月/站。其中,外立面装修施工工期约为 90d/站。

根据调查分析,外墙保温施工进度约为 22m²/d,基层抗裂砂浆施工进度约为 30m²/d,涂料施工进度约为 50m²/d。

2)施工机械及劳动力配置

以路中高架三层侧式站为例,外立面装修一般配置 1 ~ 2 台 25t 汽车式起重机,1 ~ 2 台云梯车。垂直运输以汽车式起重机为主,人工搬运为辅;云梯车替代脚手架工程,为工人提供作业平台。每个作业面配备主要机械设备如表 4-3-1 所示。

主要施工机械设备配置表 表 4-3-1

序号	名 称	单 位	数 量
1	吊车	台	1
2	叉车	台	1

现场配置每个作业面配置一个施工班组,施工人员配置如表 4-3-2 所示。

施工人员配置表 表 4-3-2

序号	班 组	岗位名称	人 数
1	外立面装修班组	泥水工	8
2		安装工	12
3		架子工	5
4		搬运及杂工	5

4.3.2 施工组织与定额对应关系

外立面装修主要形式是幕墙和涂料。根据上述施工进度指标可知,幕墙保温层施工进度约为 $22m^2/d$,基层抗裂砂浆施工进度约为 $30m^2/d$,涂料施工进度约为 $50m^2/d$。

人工和机械是定额的构成要素,也是施工组织中资源配置的重要内容。外立面装修一般配置 1 ~2 台 25t 汽车式起重机,1 ~2 台云梯车,每个作业面配置泥水工 8 人,安装工 12 人,架子工 5 人,杂工 5 人。

幕墙工程的埋件有两种形式。一种是后置埋件,在主体施工完毕后,由幕墙施工单位测量放线进行埋置,其施工管理简便,但埋件材料成本较高,安装费用高。另一种是先置预埋,在主体钢筋工程施工时同步完成,其材料成本低,安装费用低,节约后期幕墙防雷工程费用,但设计变更和结构施工偏差都会降低先置预埋的利用率,对施工和管理的水平要求高。

高架车站外立面装修工程包含外墙保温、玻璃幕墙、铝板幕墙、石材幕墙、涂料 5 项工程,其施工组织与定额对应关系见表 4-3-3。

高架车站外立面装修施工组织与定额对应关系表 表 4-3-3

编号	工序名称	定 额 子 目	工 作 内 容
A	外墙保温	建筑定额 A10-2、A6-100/102、A7-95	清理基层,抹灰,涂刷防水层,铺贴保温板
B	玻璃幕墙	建筑定额 A11-25/37、A13-177	龙骨安装,玻璃安装、校正,注胶清理
C	铝板幕墙	建筑定额 A11-27、A21-6	龙骨安装,玻璃安装、校正,注胶清理
D	石材幕墙	建筑定额 A10-90/54、A21-8	龙骨安装,石材安装,打胶,清洁面层
E	涂料	建筑定额 A6-117、A13-191	清理基层,抹水泥砂浆,放线分格,喷涂真石主骨料,滚涂配套罩面漆

4.3.3 概预算标准化设计

编制高架车站外立面装修概预算时采用湖北建筑定额(2018),下述定额子目及相关分析均以湖北建筑定额(2018)为准。

4.3.3.1 概预算标准模板

概预算标准模板见表4-3-4。

高架车站外立面装饰概预算标准模板 表4-3-4

序号	定额编号	工作项目或费用名称	单位	数量	单价(元)	合价(元)
		1.外墙保温				1244651.8
1	A10-2	墙面一般抹灰 外墙(14+6)mm	$100m^2$	54.21	4352.11	235927.88
2	A6-100换	聚合物水泥防水涂料 1.0mm厚 立面 实际厚度(mm):2	$100m^2$	54.21	6741.67	365465.93
3	A7-95	墙、柱面 干挂岩棉板 厚度50mm	$100m^2$	54.21	11866.04	643258.03
		2.玻璃幕墙				1599298.7
1	A11-25	框支玻璃幕墙 隐框、半隐框 镀锌钢骨架	$100m^2$	15.02	80823.08	1213962.7
2	A11-37	幕墙附属项目 幕墙铝合金装饰线条	100m	30	9509.18	285275.4
3	A13-177	金属面 氟碳漆	$100m^2$	12.02	8324.51	100060.61
		3.铝板幕墙				1018067.4
1	A11-27	铝板幕墙 铝单板 铝合金龙骨	$100m^2$	21.62	46573.05	1006909.3
2	A21-6	成品保护 铝合金幕墙	$100m^2$	21.62	516.1	11158.08
		4.石材幕墙				1624664.3
1	A10-90	墙面块料面层 干挂钢骨架	t	67.24	9571.63	643596.4
2	A10-54	石材墙面 挂钩式干挂石材 $1.5m^2$ 以下(3~5cm厚)	$100m^2$	33.62	29015.43	975498.76
3	A21-8	成品保护 大理石、花岗岩、木质墙面	$100m^2$	33.62	165.65	5569.15
		5.真石漆涂料				69521.15
1	A6-117	防水砂浆 掺防水粉 20mm厚	$100m^2$	5	3735.8	18679
2	A13-191	真石漆 墙面	$100m^2$	5	10168.43	50842.15
		6.室外工程				874562.9
		6.1门窗				496578.07
1	A5-22	钢质防火门安装 甲级	$100m^2$	0.9	59778.83	53800.95
2	A5-22	钢质防火门安装 乙级	$100m^2$	0.13	55175.12	7172.77
3	A5-22	钢质防火门安装 丙级	$100m^2$	0.13	50572.47	6574.42
4	A5-28	卷帘(闸) 铝合金	$100m^2$	0.97	49284.52	47805.98
5	A5-50	全钢板大门 推拉式 门扇制作	$100m^2$	0.97	40083.19	38880.69
6	A5-51	全钢板大门 推拉式 门扇安装	$100m^2$	0.97	18231.87	17684.91
7	A5-82	隔热断桥铝合金 普通窗安装 平开	$100m^2$	4.19	56997.24	238818.44
8	A5-88	铝合金 百叶窗安装	$100m^2$	1.96	43795.87	85839.91

续上表

序号	定额编号	工作项目或费用名称	单位	数量	单价(元)	合价(元)
		6.2 栏杆				166355.97
1	A14-122	10mm 全玻有机玻璃栏板　不锈钢栏杆	100m	5.22	31868.96	166355.97
		6.3 点式玻璃雨篷				93625.76
1	A11-38	钢龙骨　隐框　夹胶钢化玻璃雨篷	$100m^2$	1.2	78021.47	93625.76
		6.4 散水				4769.4
1	A1-80	垫层　碎石　灌浆	$10m^3$	0.59	4060.2	2395.52
2	A9-4 换	细石混凝土地面找平层 30mm　实际厚度(mm):60	$100m^2$	0.4	5098.49	2039.4
3	A9-9	整体面层　干混砂浆楼地面　加浆抹光随捣随抹 5mm	$100m^2$	0.4	836.21	334.48
		6.5 台阶				97666.6
1	A1-80	垫层　碎石　灌浆	$10m^3$	6.11	4060.2	24807.82
2	A2-1	现浇混凝土　垫层	$10m^3$	1.22	5091.48	6211.61
3	A9-135	台阶装饰　石材　砂浆	$100m^2$	2.04	32341.02	65975.68
4	A10-25	墙面装饰抹灰　素水泥浆界面剂	$100m^2$	2.04	329.16	671.49
		6.6 钢筋混凝土屋面				15567.1
1	A9-1	平面砂浆找平层　混凝土或硬基层上 20mm	$100m^2$	0.53	2460.77	1304.21
2	A6-95	聚氨酯防水涂膜　2mm 厚　平面	$100m^2$	0.53	4054.46	2148.86
3	A2-1	现浇混凝土　垫层	$10m^3$	0.16	5091.48	814.64
4	A7-9 换	屋面　干铺珍珠岩　厚度 100mm　实际厚度(mm):150	$100m^2$	0.53	2073.54	1098.98
5	A9-1	平面砂浆找平层　混凝土或硬基层上 20mm	$100m^2$	0.53	2460.77	1304.21
6	A6-62 + A6-64	高聚物改性沥青自粘卷材　自粘法一层　平面　实际层数(层):2	$100m^2$	0.53	11413.95	6049.39
7	A9-4 换	细石混凝土地面找平层 30mm　实际厚度(mm):40	$100m^2$	0.53	3665.63	1942.78
8	A2-64	现浇构件圆钢筋　HPB300　直径≤10mm	t	0.14	6457.33	904.03
		7. 措施工程				638663.89
1	A17-32	外脚手架 20m 以内　双排	$100m^2$	80	4248.22	339857.6
2	A18-5	檐高 20m 以内　塔式起重机施工	$100m^2$	78.52	3805.48	298806.29

4.3.3.2 工程量计算规则

1)外墙保温

墙面保温隔热层工程量按设计图示尺寸以面积计算。扣除门窗洞口及面积 >0.3m² 的梁、孔洞所占面积;门窗洞口侧壁以及与墙相连的柱,并入保温墙体工程量内。墙体及混凝土板下铺贴隔热层不扣除木框架及木龙骨的体积。其中,外墙按隔热层中心线长度计算,内墙按隔热层净长度计算。

2)玻璃幕墙

(1)框支承玻璃幕墙,按设计图示尺寸以框外围展开面积计算。与幕墙同种材质的窗所占面积不扣除。

(2)点支承玻璃幕墙,按设计图示尺寸以四周框外围展开面积计算。肋玻结构点式幕墙玻璃肋工程量不另计算,作为材料项进行含量调整。点支承玻璃幕墙索结构辅助钢桁架制作安装,按质量计算。

(3)全玻璃幕墙,按设计图示尺寸以面积计算。带肋全玻璃幕墙,按设计图示尺寸以展开面积计算,玻璃肋按玻璃边缘尺寸以展开面积计算并入幕墙工程量内。

3)铝板幕墙和石材幕墙

铝板幕墙和石材幕墙,按设计图示尺寸以外围面积计算。凹或凸出的铝板折边不另计算,计入金属板材料单价中。

4.3.3.3 标准模板使用注意事项

(1)保温层的保温材料配合比、材质、厚度与设计不同时,可以换算调整;各类保温隔热涂料,如实际与定额取定厚度不同时,材料含量可以调整,人工不变。

(2)由于涂料品种繁多,如采用涂料种类与定额材料不同时,定额材料可以换算,人工、机械消耗量不变。

4.3.4 工程量计算规则及定额对比分析

本模块使用各地现行建筑装饰定额。本节主要对比分析幕墙定额差异。

4.3.4.1 工程量计算规则差异

湖北:玻璃幕墙设计带有平、推拉窗时,并入幕墙面积计算,窗的型材用量应予以调整,窗的五金用量应增加,五金施工损耗按2%计算。

江苏:幕墙上下设计有窗者,计算幕墙面积时,窗面积不扣除,但每 10m² 窗面积另增加5个工日,增加的窗料及五金按实计算(幕墙上铝合金窗不再另外计算)。

深圳:玻璃幕墙设计带有平、推拉窗时,并入幕墙面积计算,窗的型材、五金用量应增加,其他不变。

浙江:玻璃幕墙设计有窗时,仍执行幕墙定额,窗五金相应增加,其他不变。

4.3.4.2 重点定额对比

1)幕墙

(1)子目

湖北定额包括点支承玻璃幕墙、全玻璃幕墙、单元式幕墙、框支承玻璃幕墙、金属板幕墙等。

江苏定额包括全玻璃幕墙、单元式幕墙、框支承玻璃幕墙、金属板幕墙等。

深圳定额包括全玻璃幕墙、框支承玻璃幕墙、铝塑板幕墙、石板材幕墙等。

浙江定额包括全玻璃幕墙、带骨架幕墙(明框、隐框、半隐框、铝单板、铝塑板、大理石、花岗岩等)。弧形幕墙套幕墙定额,面板单价调整,人工乘以系数1.15,骨架弯弧费另计。

(2)骨架等型钢含量调整

湖北、江苏定额中幕墙定额均已包含一定的型材骨架消耗量,可据实调整型材含量。深圳含铝骨架、钢骨架等含量调整子目,套用即可。浙江定额的幕墙和型材骨架分别开列子目,分别套用即可。

(3)人工及材料差异

以"铝单板幕墙　铝合金龙骨"定额为例,对比分析四地区差异如表4-3-5。其中浙江只包括"带骨架铝单板幕墙面层",不包括"幕墙铝合金龙骨"定额,因此只比较浙江定额中的铝单板消耗量及单价。湖北、江苏人工消耗量差别不大,约为深圳的40%。铝合金型材的消耗量及单价略有差异。铝单板消耗量略有差异,但单价差别较大。

人工及材料差异(定额单位:100m²)　表4-3-5

定额		铝单板幕墙 铝合金龙骨			
地区		湖北	江苏	深圳	浙江
人工	名称	普工+技工+高级技工	一类工	装修工日	—
	消耗量(工日)	79.652	71.4	195.8	—
铝合金型材	消耗量(kg)	628.523	630.8	553.85	—
	材料单价(元)	23.56	21.5	23.5	—
铝单板	型号	铝单板	2mm厚铝板	氟碳喷涂铝单板厚2.5mm	纯铝板
	消耗量(m²)	116.76	102	103	106
	材料单价(元)	59.36	150	340	300

2)钢龙骨干挂石材墙面

(1)子目

①钢龙骨

湖北、深圳、浙江钢龙骨安装定额包括型钢主材费,江苏不含。

②石材

湖北按石材面积、干挂方式(背栓式、挂钩式)、缝(密缝、嵌缝)分8条子目;江苏分密缝、嵌缝两种形式;深圳按内外墙、密缝嵌缝分类;浙江分大理石板、花岗岩板、薄型石材三类。

(2)人工及材料差异

以"干挂石材　大理石　密缝　1m²以下"所采用的定额为例,各地人工消耗量差别较大,如表4-3-6所示。江苏、深圳水平相当,为湖北的2倍多,为浙江的1.5倍多。此外,石材的基价也有差异,江苏约为其他地区的2倍。

人工及材料差异(定额单位:100m²) 表 4-3-6

定额		干挂石材 大理石 密缝 1m² 以下			
地区		湖北	江苏	深圳	浙江
人工	名称	普工+技工+高级技工	一类工	装修工日	三类人工
	消耗量(工日)	38.031	86.2	89.22	53.52
石材	规格	石材 800mm×800mm	石材块料面板	大理石板	大理石板
	消耗量(m^2)	102	102	102	102
	材料单价(元)	136.9	250	134	120

第 5 章　盾构法区间

5.1　施工组织

盾构法是一种全机械化施工方法,盾构机械(图 5-1-1)在地中推进,通过盾构外壳和管片支撑四周围岩防止隧道坍塌,同时在开挖面前方用切削装置进行土体开挖,通过出土机械运出洞外,靠千斤顶在后部加压顶进,并拼装预制混凝土管片,形成隧道结构的一种机械化施工方法。

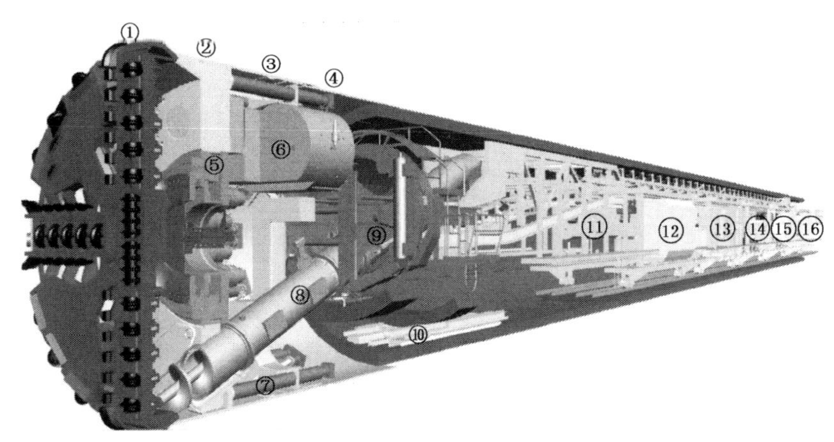

图 5-1-1　盾构机示意图

①-刀盘;②-前盾;③-中盾;④-尾盾;⑤-主驱动;⑥-人员舱;⑦-推进油缸;⑧-螺旋输送机;⑨-管片安装机;⑩-管片小车;⑪-设备桥;⑫-一号拖车;⑬-二号拖车;⑭-三号拖车;⑮-四号拖车;⑯-五号拖车

目前,国内城市轨道交通常用的盾构机有泥水平衡式盾构和土压平衡式盾构两种类型,两者选型比较如表 5-1-1 所示。

盾构机选型比较　　表 5-1-1

序号	项 目 名 称	泥水平衡式盾构机	土压平衡式盾构机
1	地层适应性	适合淤泥质黏土、粉土、粉细砂等各类软土地层	通过调节添加材料的浓度和用量适应不同地层
2	开挖面稳定能力	好	较好
3	施工场地	需泥浆处理场,施工场地较大	施工场地较小
4	地面沉降控制	压力控制精度高,对地面沉降控制精度高,更适用于大直径的盾构掘进机	压力控制精度相对较低,对地面沉降控制精度相对较低,更适用于中小直径的盾构掘进机

续上表

序号	项 目 名 称	泥水平衡式盾构机	土压平衡式盾构机
5	泥土输送方式	泥水管道输送,可连续输送,输送速度快而均匀	螺旋机出土,土箱运输,输送间断不连续,施工速度慢
6	对周围环境影响	泥浆处理设备噪声、振动及渣土运输对环境产生影响较大	渣土运输对环境产生一定影响
7	施工存在问题	水土不易分离,泥浆处理困难	地表沉降控制与施工人员的施工经验关系密切,需经验丰富的盾构操作手

从上表比较可知,泥水平衡式盾构需泥浆处理场,需较大施工场地,对周边环境影响较大,且泥浆处理费用昂贵;土压平衡式盾构不需泥浆处理场,施工占地少,对环境的影响相对较小。

泥水平衡式盾构在高水压饱和粉细砂地层中对控制开挖工作面稳定性、地表沉降方面明显优于土压平衡盾构,且更能保证施工安全。土压平衡式盾构机适用范围较广,可用于黏土、砂土、砂砾、卵石等土层及这些土层的互层,近年来成为盾构机应用的主流机型,在软土质隧道工程中被广泛应用。因此一般盾构区间段选用土压平衡式盾构机,高水压或水下选用泥水平衡式盾构机。

5.1.1 施工工序

盾构法区间施工主要由盾构机安拆、管片预制及运输、盾构掘进(含管片拼装)、端头加固、盾构机场外运输等施工工序组成,其施工流程如图 5-1-2 所示。

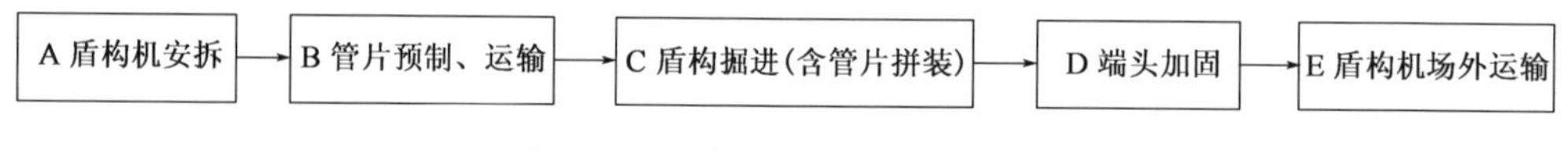

图 5-1-2 盾构区间施工流程图

A 盾构机安拆

A1 盾构基座(图 5-1-3)制作安装:盾构基座安置在工作井或接收井内的底板上,用作安装及稳妥地搁置盾构,更重要的是通过设在基座上的导轨,使盾构在进出洞时有正确的导向。

A2 盾构机安装:盾构机(图 5-1-4)安装包括起吊机械设备、盾构载运车就位,盾构吊入井底基座,盾构安装和调试。盾构调试包括空载调试和负载调试。

A3 车架安装:车架(图 5-1-5)吊入井底,井下组装就位与盾构连接。

B 管片预制、运输

管片预制(图 5-1-6)包括钢筋制作、钢模准备、混凝土浇筑、脱模、养护、储存。管片存储在预制厂内,按生产日期和类型分三层堆放,以便查找,中间用方木垫隔,以免破损;吊装时用一台门式起重机和一台叉车将管片吊在平板车上,运输至工地,工地设有临时管片存储场。

C 盾构掘进(含管片拼装)

C1 盾构始发:盾构始发是在盾构机组装完成后,放置在符合设计轴线的基座上,具备掘进、管片安装、背衬注浆条件下,利用负环管片、反力架等承受反作用力的设备,将盾构机贯入洞口进入地层沿所定线路向前推进,直至盾构机完全进入隧道,拆除洞口负环管片、反力架等辅助设施。

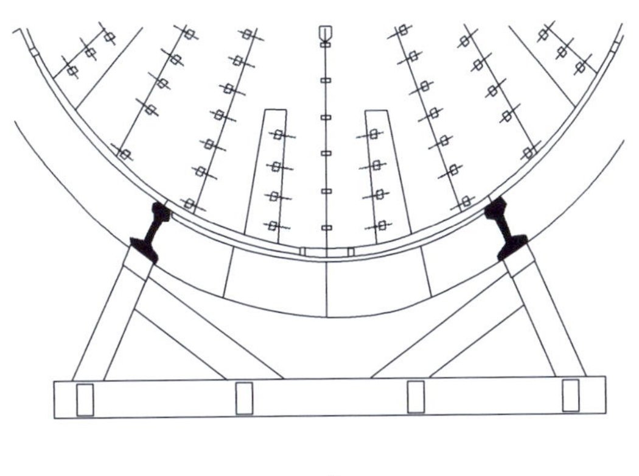

a)

b)

图 5-1-3　盾构基座

图 5-1-4　盾构机安装

图 5-1-5　车架安装

a)

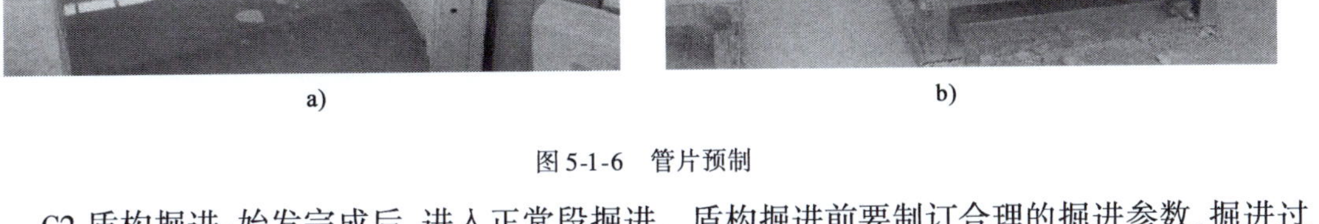

b)

图 5-1-6　管片预制

C2 盾构掘进：始发完成后，进入正常段掘进。盾构掘进前要制订合理的掘进参数，掘进过程中要根据盾构机姿态、开挖面前方监测数据等动态调整掘进参数。

C3 管片拼装：管片安装头必须拧紧，为避免管片旋转过程中安装头单独承受管片重量，应将四条压板均匀地接触管片，避免拼装过程中吊装头被拔出而破坏管片引起安全隐患。图 5-1-7为管片拼装示意图。

图 5-1-7 管片拼装

C4 负环管片拆除：当周边地层对管片的摩擦力足以提供盾构推力千斤顶反力时，可对负环进行拆除。在实际施工过程中，一般取盾构机掘进 100m 后，拆除负环，使得工作井井口具备下料条件。

C5 注浆：

①同步注浆：在盾构掘进过程中，向脱出盾尾的管片背后同步注入足量的浆液材料充填盾尾环形建筑空隙，采用盾尾内置的注浆管进行同步注浆。盾构推进中的同步注浆是充填土体与管片圆环间的建筑间隙，能够防止地基变形、提高隧道的防水性能、确保管片衬砌的早期稳定性。

②二次注浆：一般在管片与围岩间的空隙充填密实性差或管片衬砌出现渗漏的情况下，通过管片注浆孔向管片背后二次注浆（图 5-1-8）。

C6 盾构到达接收：盾构到达是盾构机从接收井外沿着设计轴线推进到接收井洞壁，然后从预先凿除的洞口将盾构推进，到接收井内预先设置的钢制接收台上的作业。盾构到达前先对到达井内衬前 3 ~ 10m 范围内进行加固，以防止盾构推进对结构产生破坏，同时保证在洞门凿除后土体稳定、不渗水，按设计姿态到达；到达加固区附近时，严格监测盾构姿态和洞门位置复测，确保进洞安全。

C7 洞门处理：

①始发洞门凿除：洞门凿除（图 5-1-9）是指凿除盾构井围护结构。盾构组装调试、洞门探孔完成之后，开始凿除洞门，洞门凿除过程中各项工序紧密衔接，防止掌子面暴露时间过长引发险情。

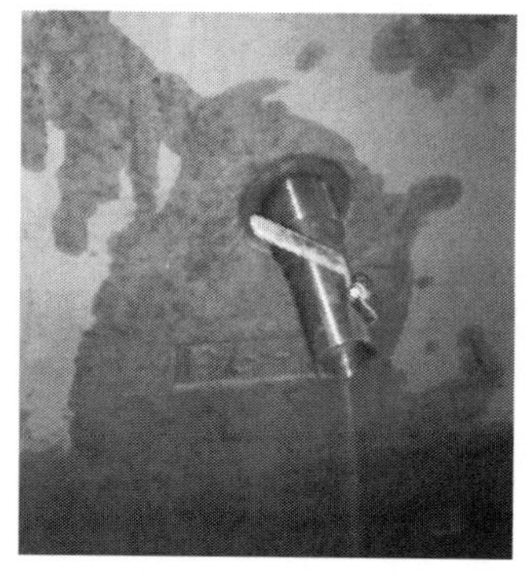

图 5-1-8 注浆

图 5-1-9 洞门凿除

②施工洞门及防水：在车站端墙与盾构隧道衔接位置，设置洞门。隧道洞门主要指盾构区间隧道与车站连接部位及区间盾构隧道与联络通道的连接部位。洞门施工包括洞门环拆除、洞门防水施工、绑扎钢筋、洞门混凝土结构施工。图5-1-10为施工洞门及防水示意图。

a)

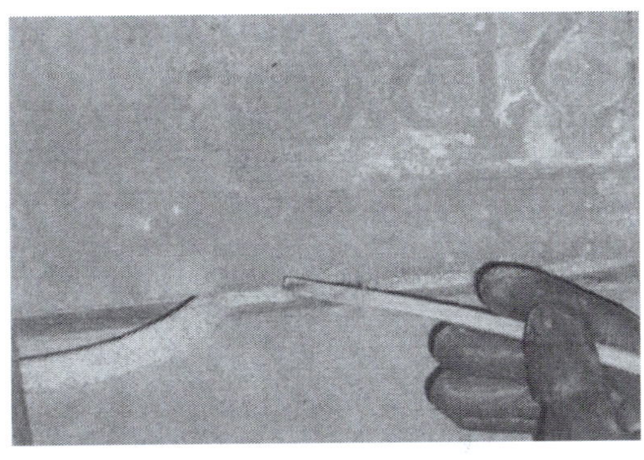

b)

图5-1-10　施工洞门及防水

C8 降水井施工：盾构始发到达区域降水井不少于6口，观测井（观测孔）不少于2个。

C9 联络通道施工：联络通道（图5-1-11）是设置在两个隧道之间的一条通道，若一条隧道出现问题，行人可通过连接通道转移到另外一条隧道，因此有“逃生通道”之称，最低点联络通道一般兼作废水泵房。

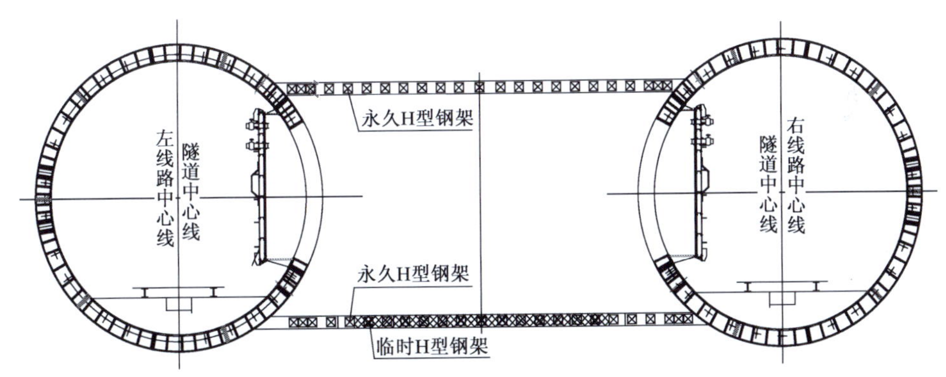

图5-1-11　联络通道施工

联络通道开挖前，钢管片开孔处安装应急门，以保证开挖构筑期间，帷幕发生涌水涌砂情况下隧道的安全。冻结达到强度要求，开挖通道土层，及时施工初支H型钢架，做到“短进尺、少扰动、早闭合、勤量测”。待集水井二衬达到强度后，拆除临时混凝土支撑，施做泵房中板及开孔，整个结构完成后，后续跟进融沉注浆。

D 端头加固

端头加固是盾构进、出洞中相当重要的一个组成部分，是指天然地层土不能满足工程施工需要而必须采取改良的一种加固措施，其目的是利用各种工艺方法来提高地基的抗剪切强度，降低地基的压缩性，改善地基的透水特性，改善地基的动力特性和改善特殊土的不良地基特性。特别是在松软土地铁隧道施工中，选择加固的工艺和加固质量的好坏直接关系着盾构进、出洞的安全。常用的加固形式有:高压旋喷加固(图 5-1-12)、搅拌桩加固、注浆加固、冻结加固(图 5-1-13)、素混凝土墙等。

图 5-1-12　旋喷加固

图 5-1-13　冻结加固

E 盾构机运输

盾构过站是指盾构从区间掘进到车站一端后,将盾构从车站一端拖至车站的另一端,包括盾构主机过站、台车过站及盾构的检修等任务。

盾构调头是指从一条区间隧道掘进到接收工作井后,将盾构平移、旋转 180°,调转到另一条线位上,再做反方向掘进准备的过程。

盾构转场是指盾构到达接收井后将盾构解体,用大型起重机械将解体后的盾构部件吊出地面,用大型运输设备运到另一个工作井旁,然后再吊放井下,将盾构部件重新组装调试的过程。

盾构机场外运输是指使用大型运输设备,将盾构机从提货点运输至施工场地的过程。

5.1.2　施工进度、机械及劳动力配置

1)施工进度指标

盾构法施工,工作效率高,施工安全、质量高。根据调查结果,盾构区间施工进度约为 150 ~ 250m/月,单洞单线推进约 7 ~ 10m/d。

盾构施工推进进度与地质条件密切相关。在地质条件较好的地区,盾构施工进度可达 240 ~ 250m/月,如苏州、武汉地区;在地质条件较差的地区,盾构进度稍慢,如盾构过江段综合施工进度慢,约为 150m/月。

根据调查结果,盾构区间施工进度指标如表 5-1-2 所示。

盾构区间施工进度指标表　　表 5-1-2

序号	项　目	施工进度时间
1	盾构掘进	单洞单线 7 ~ 10m/d
2	盾构安装调试	1 ~ 1.5 个月
3	盾构调头	1 个月
4	盾构转场	1.5 个月
5	盾构拆卸	1 个月
6	盾构井施工	6 个月/座(两层)

2)施工机械及劳动力配置

以直径6.20m级土压平衡盾构区间为例,管片外径6.2m、内径5.5m、厚度350mm,区间长度1315.25双线延米。盾构区间采用主要施工机械设备如表5-1-3所示。

主要施工机械设备配置表 表5-1-3

序号	名　称	单位	数量	备　注
1	土压平衡盾构机	台	2	盾构掘进
2	门式起重机	台	4	
3	电瓶机车	台	4	
4	通风机	台	2	
5	直流充电机	台	4	
6	渣土车	台	6	出渣
7	运渣车	台	6	
8	自卸汽车	台	6	
9	始发反力架	台	6	盾构始发
10	砂浆搅拌机	台	2	注浆
11	运浆车	台	4	
12	浆液搅拌系统	套	2	
13	潜水泵	台	5	
14	卷扬机	台	6	
15	电焊机	台	6	

现场配置盾构班组、管片班组、机电班组,施工人员配置如表5-1-4所示。

施工人员配置表 表5-1-4

序号	班　组	岗位名称	人　数
1	盾构班组	盾构司机	2
2		电瓶车司机	4
3		门式起重机指挥及司机	4
4		起重工	2
5		注浆工	6
6		渣土车司机	6
7		普通工人	6
8	管片班组	管片安装工	4
9		防水工	2
10	机电班组	电工	3
11		电焊工	3
12		机修工	2

5.2 施工组织与定额对应关系

盾构区间的施工工序主要有盾构机安拆、管片预制与运输、盾构掘进、盾构到达接收等部分。根据上述施工进度指标可知，一般情况下，盾构法区间的单洞单线施工进度约为 150 ~ 250m/月，在地质较软的地区月进度可达 240 ~ 250m/月。

人工和机械是定额的构成要素，也是施工组织中资源配置的重要内容。以直径 6.20m 级土压平衡盾构区间为例，组织施工时配置 2 台土压平衡盾构机，现场配置有盾构班组(30 人)，管片班组(6 人)和机电班组(8 人)。

盾构区间一般常选用土压平衡式盾构机，在高水压或水下可选用泥水平衡式盾构机。泥水平衡式盾构机需采用泥水处理系统处理掘进产生的泥浆，增加了泥水处理系统和泥浆处理班组(每班组泥水处理工人约 16 ~ 20 人)，导致工程费用增加。

盾构区间常设专门的管片生产场，在施工组织安排上，一般需要将管片生产较盾构掘进提前 4 个月左右进行，以满足工程进度的需要。否则，扩大生产规模，将在一定时期内增加管片生产机械台班和人工消耗量，导致工程费用增加。

盾构区间施工组织与定额对应关系如表 5-2-1 所示。

盾构区间施工组织与定额对应关系表　　表 5-2-1

编号	工序名称	定额子目	工作内容
A	盾构机安拆	城轨定额第三章　WG3-098/99	盾构机安装与拆除
		城轨定额第三章　WG3-100/104	盾构车架安装与拆除
		城轨定额第三章　WG3-145	盾构基座制作
B	管片预制运输	城轨定额第三章　WG3-122/123/126/124	管片制作和管片试拼装
C	盾构掘进(含管片拼装)	城轨定额第三章　WG3-106 ~ 109、WG3-142/146/143 城轨定额第三章　WG1-077 ~ 078	盾构掘进(负环段、始发段、正常段、到达段)及渣土外运
		城轨定额第三章　WG3-131	同步注浆和二次注浆
		城轨定额第三章　WG3-127/129/083	管片嵌缝、密封条、止水条等
		城轨定额第三章　WG3-136/138/083/141/2-209/1-223/1-079	洞门施工、防水
D	盾构到达接收	盾构机进出场费用补充独立费	

5.3 概预算标准化设计

5.3.1 概预算标准模板

盾构区间端头加固及建筑物保护开项参考“地基加固模块”，联络通道开项参考“矿山区间模块”。盾构区间概预算标准模板如表 5-3-1 ~ 表 5-3-3 所示。

掘进及出渣概预算标准模板

表 5-3-1

序号	定额编号	工作项目或费用名称	单位	数量	单价(元)	合价(元)
		(1)盾构机安拆				2163316.02
1	WG3-098	隧道工程 盾构机安装、拆除及掘进 盾构机安装、拆除 盾构吊装 $\phi \leq 7000$	台·次	2	451567.58	903135.16
2	WG3-099	隧道工程 盾构机安装、拆除及掘进 盾构机安装、拆除 盾构吊拆 $\phi \leq 7000$	台·次	2	349687.87	699375.74
3	WG3-100	隧道工程 盾构机安装、拆除及掘进 车架安装、拆除 车架安装 整体始发 30t 以内	节	12	12964.44	155573.28
4	WG3-104	隧道工程 盾构机安装、拆除及掘进 车架安装、拆除 车架拆除 30t 以内	节	12	10194.62	122335.44
5	WG3-145	隧道工程 盾构其他工程 盾构基座及手孔封堵 盾构基座制作	t	30	9429.88	282896.4
		小计				2163316.02
		(2)掘进及出渣				39153064.12
6	WG3-106	隧道工程 盾构机安装、拆除及掘进 $\phi \leq 7000$ 土压平衡式盾构掘进 负环段 掘进	m	24	36719.86	881276.64
7	WG3-107	隧道工程 盾构机安装、拆除及掘进 $\phi \leq 7000$ 土压平衡式盾构掘进 始发段 掘进	m	200	13420.17	2684034
8	WG3-108 换	隧道工程 盾构机安装、拆除及掘进 $\phi \leq 7000$ 土压平衡式盾构掘进 正常段 掘进	m	2110.5	11976.28	25275938.94
9	WG3-109	隧道工程 盾构机安装、拆除及掘进 $\phi \leq 7000$ 土压平衡式盾构掘进 到达段 掘进	m	100	12971.15	1297115
10	WG3-142	隧道工程 盾构其他工程 负环管片拆除 $\phi \leq 7000$	m	24	7033.33	168799.92
11	WG3-146	隧道工程 盾构其他工程 盾构基座及手孔封堵 手孔封堵	100 个	247.94	2272.26	563384.14
12	WG3-143	隧道工程 盾构其他工程 土压平衡隧道内管线拆除 $\phi \leq 7000$	100m	24.11	27895.65	672564.12
13	WG1-077 换	挖掘机装 自卸汽车运土方 运距 1km 以内 实际运距(km):20	$1000m^3$	87.33	54138.39	4727905.6
14	补子目 001	渣土消纳费	m^3	87334.7	33	2882045.76
		小计				39153064.12
		(3)同步注浆及二次注浆				12669181.89
15	WG3-131	隧道工程 盾构其他工程 衬砌壁后压浆 水泥砂浆	m^3	12469.6	887.4	11065514.17
16	WG3-131 换	隧道工程 盾构其他工程 衬砌壁后压浆 水泥浆	m^3	1870.45	857.37	1603667.72
		小计				12669181.89

续上表

序号	定额编号	工作项目或费用名称	单位	数量	单价(元)	合价(元)
		(4)管片防水				8449934.24
17	WG3-127	隧道工程　管片设置密封条　管片设置三元乙丙　φ≤7000	环	1771	3350.03	5932903.13
18	WG3-129	隧道工程　管片嵌缝(管片 φ≤7000)　环氧聚氨酯嵌缝膏	环	1771	1396.47	2473148.37
19	WG3-083	隧道工程　防水、回填、拆除工程　防水工程　遇水膨胀止水条	10m	91.13	481.54	43882.74
		小计				8449934.24
		(5)洞门处理				547464.84
20	WG3-134	隧道工程　盾构其他工程　柔性接缝环　临时防水环板	t	8	11529.85	92238.8
21	WG3-136	隧道工程　盾构其他工程　柔性接缝环　拆除临时钢环板	t	8	3216.32	25730.56
22	WG3-138	隧道工程　盾构其他工程　柔性接缝环　安装钢环板	t	8	13799.04	110392.32
23	WG3-083	隧道工程　防水、回填、拆除工程　防水工程　遇水膨胀止水条	10m	33.28	481.54	16025.65
24	WG3-141 换	隧道工程　盾构其他工程　洞口钢筋混凝土环圈 C40　P10　泵送	m^3	49.99	4662.71	233088.87
25	WG1-223	路基、围护结构及地基处理工程　拆除工程　拆除混凝土结构　机械拆除　有筋	m^3	141	385.98	54423.18
26	WG1-079 换	挖掘机装自卸汽车运松散石方　运距 1km 以内　实际运距(km):20	$1000m^3$	0.14	77946.13	10912.46
27	补子目 001	渣土消纳费	m^3	141	33	4653
		小计				547464.84

管片预制、运输概预算标准模板　　表 5-3-2

序号	定额编号	工作项目或费用名称	单位	数量	单价(元)	合价(元)
1	WG3-122 换	管片　预制钢筋混凝土管片制作　预制钢筋混凝土管片制作　φ≤7000	m^3	17087.74	1552.53	26529228.98
2	WG3-123 换	管片　预制钢筋混凝土管片制作　管片钢筋	t	3075.79	8675.87	26685154.19
3	WG3-126	隧道工程　钢管片制作	t	40	17668.62	706744.8
4	WG3-124	隧道工程　预制钢筋混凝土管片制作　预制钢筋混凝土管片成环水平试拼装　φ≤7000	环	51	2548.45	129970.95
5	借 A5-84 换	一类金属结构构件运输　运距 10km 以内	10t	4	2091.43	8365.72
6	借 A3－313 换	二类预制混凝土构件　运距 10km 以内	$10m^3$	1708.774	2314.7	3955299.18
		小计				58014763.82

盾构区间按独立费计取的开项　　表5-3-3

序号	定额编号	工作项目或费用名称	单位	数量	单价(元)	合价(元)
1	独立费1	疏散平台	m^2	2410.5	1400	3374700
2	独立费2	钢套筒接收	单洞	2	1500000	3000000
3	独立费3	施工监测	正线公里	1.32	600000	792000
4	独立费4	盾构机进出场费	台次	2	1200000	2400000
5	独立费5	盾构机转场	台次	2	300000	600000
6	独立费6	盾构机调头费	台次		200000	
7	独立费7	联络通道防火门	扇	4	20000	80000
		小计				10246700

5.3.2　工程量计算规则

(1)盾构机安拆、吊装、进出场、转场、调头、过站、平移等台次数量,根据全线盾构工筹统一计算。

(2)管片试拼装环数按每100环试拼装3环计算。

(3)区间风井:风井地面建筑按座计算;地面设备及管理用房按房建根据面积及数量计算。

(4)同步注浆:按盾构机最大开挖断面与管片外侧之间空隙计算,计算公式为(盾构开挖断面面积 - 管片外轮廓断面面积) × 区间长度 × 填充率,填充率需根据地层和风险源情况结合规范要求确定,一般区间填充率取值范围150% ~200%。

(5)特殊钢管片:每环重量 ×4 × 联络通道个数。

5.3.3　标准模板使用注意事项

(1)盾构机进出场费按120万元/台次计,转场费按30万元/台次计,盾构机调头费按20万元/台次计。

(2)盾构区间施工监测一般按指标60万元/正线公里计列。

(3)疏散平台一般设置在行车前进方向的左侧,常用材料为钢筋混凝土、钢结构或水泥基复合材料,宽度不小于600mm。外径6.2m的盾构区间疏散平台规格一般为800mm宽,按1400元/m^2计列。

(4)端头加固常用的形式有旋喷桩、搅拌桩,也有素钻孔灌注桩、素连续墙、素咬合桩等形式,根据实际施工工法选用相应定额。

(5)钢套筒接收费用单独开项,按150万元/单洞计列。

(6)冻结法加固一般按2000元/m^3计列,数量按冻结加固土体体积计算。采用冻结法加固不需要降水。

(7)联络通道一般600m设置一处,分为带泵房、不带泵房两种类型,其费用主要受加固方式和线间距影响。每个联络通道一般设置4扇防火门,武汉地区防火门单价按2万元/扇计列。

(8)盾构机穿越密集建筑群、古文物建筑及堤防江河、重要管线的基础、桩群,且对地表沉降有特殊要求者,其措施费用另行计算。

(9)盾构洞口钢筋混凝土环圈定额消耗量已含钢筋,应根据设计含钢量调整钢筋消耗量,无须额外套用钢筋定额。

(10)盾构掘进穿越软硬不均、上软下硬地层时,可参照《广东省城市轨道交通工程综合定额》(2018)有关规定执行。

5.4 工程量计算规则及定额对比分析

本模块使用各地现行城轨定额。本节主要对比盾构掘进、盾构安拆、管片钢筋、密封条等定额。

5.4.1 工程量计算规则差异

1)盾构空推

深圳定额中,盾构机空推管片,工料机消耗量按正常段消耗量乘以系数 0.5 进行调整。其他地区无相关规定。

2)负环段

武汉、江苏、深圳:按拼装临时管片起至刀盘进入加固体止。

杭州:从拼装后靠管片起至盾尾离开出洞井内壁止。负环管片拆除适用于工作井上方能直接吊拆的施工条件。如井口已封闭,而必须在井内拆卸时,人工及机械费应乘以系数 2.0 计算。

3)始发段

武汉、江苏、深圳:按盾尾离开工作井内壁起至设计图示盾构始发掘进长度。

杭州:从盾尾离开出洞井内壁起至盾尾离开出洞井内壁 40m 止。

4)到达段

武汉、江苏、深圳:按设计图示的盾构到达掘进长度计算。

杭州:按盾构切口距进洞井外壁 5 倍盾构直径的长度计算。

5)盾构机台班单价

武汉:定额中盾构掘进机均按进口机械考虑,盾构掘进机台班单价中不包括折旧费和燃料动力费。燃料动力(包括水、电、油)的消耗量含在盾构掘进定额子目中,掘进过程中照明、通讯费,在其他材料费中考虑。

江苏、杭州:盾构掘进定额中各类型盾构机的台班费用是根据目前国内地铁工程施工使用机械综合考虑的,未包括盾构机有关需摊销费用,发生时该费用另计,并可在措施项目中计列。

深圳定额无盾构台班单价的相关说明。

5.4.2 重点定额对比

盾构掘进定额对比如下。

(1)子目

武汉、江苏、深圳定额的盾构掘进定额分为 $\phi \leq 7000$ 土压平衡式盾构、$\phi \leq 7000$ 泥水平衡式盾构、$\phi \leqslant 7000$ 复合式土压平衡盾构、$\phi \leqslant 7000$ 复合式泥水平衡盾构 4 种；杭州定额分为 $\phi \leqslant 7000$ 刀盘式土压平衡盾构、$\phi \leqslant 7000$ 刀盘式泥水平衡盾构 2 种。

(2) 机械类型及台班

以土压平衡盾构正常掘进定额为例，对比四地区定额差异，表 5-4-1 为机械台班对比情况。

机械台班对比（定额单位：m） 表 5-4-1

地区	武汉	江苏	深圳	杭州
机械名称	土压平衡式盾构机	土压平衡式盾构机	刀盘式干出土土压平衡式盾构机	刀盘式干出土土压平衡式盾构机
消耗量（台班/m）	0.359	0.525	0.525	0.445
单价（元/台班）	8064	13753.62	13511.05	6399.59

武汉盾构机台班单价约为江苏、深圳单价的 60%，杭州台班单价约为江苏、深圳的 50%。武汉、杭州的盾构机台班消耗量也明显低于江苏、深圳。

5.4.3 其他定额对比

1) 盾构安拆

武汉、江苏、杭州定额中“盾构及车架安装定额”不包括盾构机及车架场外运输费用。相应的深圳定额包括车架场外运输费用，但不包括盾构场外运输费。

2) 管片钢筋

管片钢筋制作安装定额中，主材钢筋型号及消耗量略有差异。表 5-4-2 为主材消耗量对比表。

主材消耗量对比（定额单位：t/t） 表 5-4-2

地区	武汉、深圳		江苏		杭州	
主材（钢筋）(t)	ϕ10 以外	0.86	螺纹钢	1.07	螺纹钢Ⅱ级（综合）	0.815
	ϕ10 以内	0.21			圆钢（综合）	0.21
消耗量合计(t)	1.07		1.07		1.025	

3) 管片密封条 ϕ7000 以内（三元乙丙）

各地三元乙丙单价差异较大。武汉、深圳主材单价明显高于江苏和杭州。表 5-4-3 为三元乙丙消耗量及单价对比表。

三元乙丙消耗量及单价对比（定额单位：环） 表 5-4-3

定额		三元乙丙密封条			
地区		武汉	江苏	深圳	杭州
三元乙丙	消耗量(m)	56	56	56	56
	单价（元）	35	4.62	50	1.3

4) 衬砌壁后压浆

各地子目均按材料分为水泥粉煤灰、水泥砂浆、水泥水玻璃、惰性浆 4 条子目。一般常用的水泥砂浆定额，武汉、江苏、深圳主材为水泥(32.5)和中（粗）砂。杭州主材为水泥砂浆 1:2.5。

第6章　矿山法区间

6.1　施工组织

矿山法施工简单、灵活，可以根据不同地层条件，结合监控量测及时修正、变更施工参数。它能充分利用围岩的自稳能力，而在软弱地层中则用超前支护加强围岩的自稳能力，在围岩失稳之前及时施作初期支护。图6-1-1为矿山法区间效果图。

图6-1-1　矿山法区间效果图

6.1.1　施工工序

矿山法区间施工包括竖井、区间主体、联络通道、区间风井、施工监测等内容。竖井分为临时竖井和永久性竖井两种，临时竖井是为方便区间隧道施工设置的，隧道区间施工完成后要进行回填；永久性竖井一般兼做区间风井，需要施作顶板、底板、侧墙等内部结构。本节主要介绍临时竖井、区间主体结构的施工，横通道、联络通道施工可参阅区间主体结构，区间风井施工可参阅明挖车站。

1）竖井施工工序

临时竖井有明挖法和矿山法两种施工工法。明挖法施工竖井采用全断面开挖，矿山法施工（图6-1-2）是边开挖边施作支护的施工，初期支护工法与矿山区间相同。

明挖法竖井施工与明挖车站的施工工序类似，先施作钻孔灌注桩、旋喷桩、冠梁等围护结构，再进行土方开挖并施作支撑，一般不施工内部结构，具体施工步骤可参阅明挖车站章节。矿山法竖井施工主要由土方开挖、竖井支护、二次衬砌及防水、回填等施工工序组成，其施工流程如图6-1-2所示。

A 土方开挖

土方开挖采用反铲挖掘机施工，按照半断面或 1/4 断面对角开挖的顺序由上往下分幅进行，防止土体及初衬结构整体下沉。竖井开挖至横通道拱顶位置时，以下部分竖井角部加设工字钢角撑。图 6-1-3 为土方开挖顺序示意图。

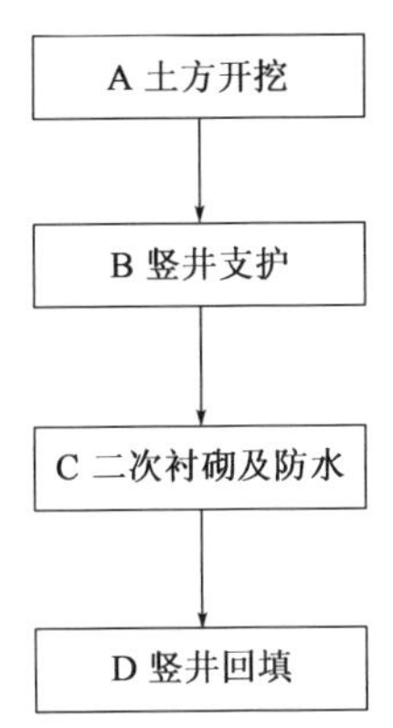

图 6-1-2 矿山法竖井施工流程

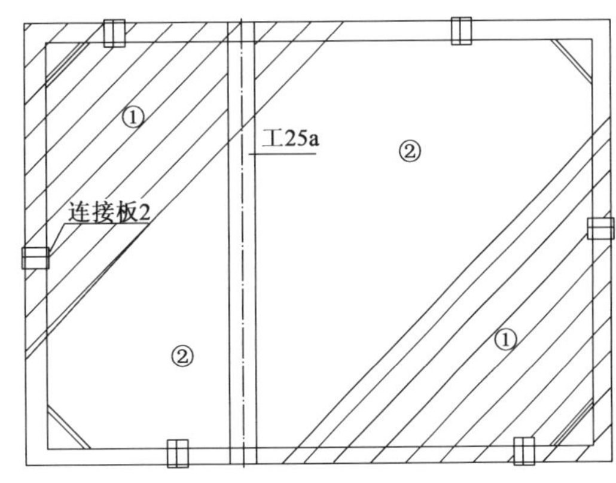

图 6-1-3 土方开挖顺序示意图

B 竖井支护

竖井支护多采用“格栅钢架 + 注浆锚管 + 钢筋网 + 喷混凝土”联合支护，具体施工工艺可参阅矿山区间主体结构部分。

C 二次衬砌及防水

绑扎钢筋后支设模板，模板背面加设钢管背扛，采用钢管脚手架对称支撑。混凝土浇筑时由混凝土输送泵泵送入模，分层对称浇筑，使用插入式振动棒捣固密实。

防水施工具体参阅隧道主体。

D 竖井回填

竖井为临时施工竖井，在区间及横通道二次衬砌施工完后均需要回填处理至现状，回填材料包括回填土、回填混凝土、回填片石混凝土。

2）区间主体结构施工工序

矿山法区间一般采用单洞单线马蹄形断面，采用台阶法施工（表 6-1-1）。开挖前按围岩类别先沿初衬拱圈施打超前小导管，注浆加固地层，然后环行开挖上台阶土体，初喷混凝土，架钢架，施打径向锚杆，挂网喷混凝土。为防止拱脚下沉，拱脚可放置钢板并设置锁脚锚杆。上台阶开挖 3 ~ 5m 时（短台阶法上台阶开挖不大于 3m 时），开挖下台阶。为减小掌子面台阶高度，留一梯形槽，至此完成一个循环。施工应遵循“管超前、严注浆、短开挖、快封闭、勤量测”的原则。

矿山法区间主体结构施工主要由超前支护、隧道开挖、初期支护、仰拱施工、防水施工、二次衬砌、辅助措施等施工工序组成，其施工流程如图 6-1-4 所示。

图 6-1-4 矿山区间主体结构施工工艺流程

台阶法施工工法　　表 6-1-1

序号	图　示	施工步骤及措施
1		一、上台阶开挖支护 1. 施作小导管超前支护； 2. 开挖上台阶土体； 3. 初喷 3 ~ 5cm 混凝土； 4. 架立格栅钢架；设置锚杆； 5. 挂网喷射混凝土
2		二、下台阶开挖支护 1. 开挖下台阶土体(包括仰拱部分)； 2. 施作边墙锚杆； 3. 架立钢筋钢架或型钢钢架； 4. 挂网喷射混凝土
3		三、施作仰拱衬砌 1. 基面处理； 3. 设置垫层； 4. 绑扎钢筋； 5. 浇筑底板混凝土
4		四、施作边墙及拱部衬砌 1. 边墙及拱部基面处理； 2. 施作边墙和拱部无纺布及防水板，埋置纵向及环向盲管； 3. 绑扎边墙及拱部钢筋； 4. 浇筑边墙及拱部混凝土

A 超前支护

A1 超前小导管

(1)小导管一端预先在地面做成锥尖型，其中锥尖长 10cm，管壁以 15cm 间距梅花形开钻 10mm 的出浆孔，末端 1m 不钻孔。

(2)导管孔采用气腿式风钻钻孔，导管管端置于钢格栅外侧，并与钢格栅点焊连接。

(3)全部小导管安装完毕后进行注浆，注浆结束后用棉纱封堵小导管端头，防止水泥浆液流出。

超前小导管及其布置范围如图 6-1-5、图 6-1-6 所示。

A2 大管棚

大管棚(图 6-1-7)是在进洞口地质条件非常差(砂土、破碎严重的岩石、黄土等)的情况下使用，大管棚为壁厚 4.5mm，直径 108mm 的钢管，一般长度在 20 ~ 30m 左右，当洞内地质条件非常差的时候也可以使用大管棚支护。

图 6-1-5　超前小导管

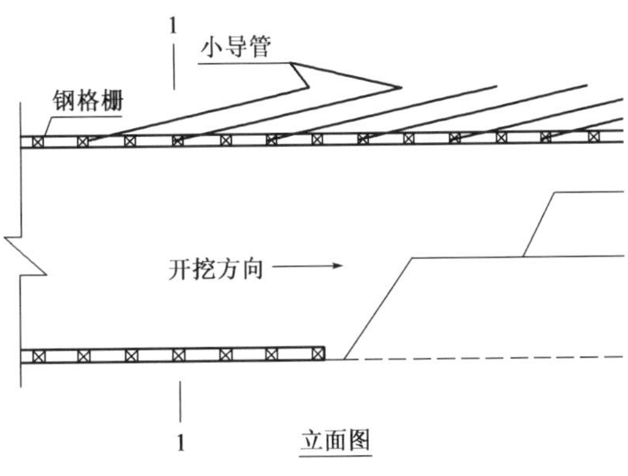

图 6-1-6　超前小导管布置范围

B 隧道开挖

B1 爆破开挖

采用松动控制爆破开挖，掏槽眼将采用分段装药，控制单段装药量，减轻振动，周边眼按设计间距布置，尽量少装药量，降低对前一段初衬混凝土的影响，在实际施工过程中，根据爆破振动监测信息反馈，随时调整爆破参数，爆破作业遵循浅孔密布的原则，少装药，短进尺，多循环。掏槽区炮眼深度控制在 1.2m 左右，每炮循环进尺控制在 1.0m 左右。

图 6-1-7　超前大管棚

B2 出渣

隧道采用挖掘机装渣，用运输车辆运送至门式起重机吊斗内，门式起重机起吊出井口再由自卸汽车运到临时堆土场。

C 初期支护

C1 初喷混凝土

初喷混凝土紧跟工作面，当土方开挖结束后，立即喷射 5cm 厚混凝土封闭围岩，喷射混凝土要分层、分段、分片自下而上进行喷射。喷射前用高压风对围岩表面进行清理，清除浮灰和松动土块。

C2 钢筋网制作安装

钢筋网提前在洞外加工，运入洞内进行安装，将外层钢筋网焊接在锚杆上，紧贴岩面铺设，钢筋网的混凝土保护层不小于 20mm；将内层钢筋网焊接在格栅内层连接筋上。钢筋网片堆放和运输时不得损伤和变形，安装前应除锈。

C3 格栅拱架制作安装

钢格栅拱架（图 6-1-8）在洞外分片加工，采用冷弯加工方式，避免降低拱架强度及刚度。将加工好的格栅拱架运至洞内进行安装，安装时要定位准确，使段与段之间的连接板结合紧密，不留有空隙，并且使拱架与隧道轴线垂直，最后焊接连接杆，使拱架成为一个整体。为保证拱架整体受力，应在格栅拱架内外两层设置纵向连接钢筋，与拱架的连接点焊接牢固。

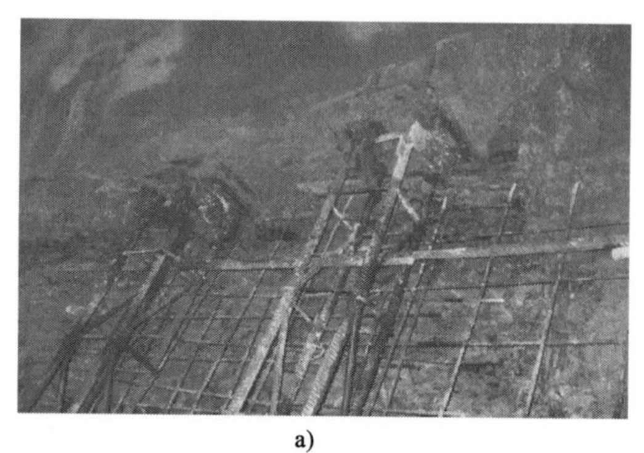
a)

b)

图 6-1-8 钢格栅架立

在初期支护形成“闭合”结构前，为减少初支下沉量，每榀拱架安装时，均在其底部设一块“托块”，以增大受力面积，减少下沉量。

C4 系统锚杆施工

隧道初期支护系统砂浆锚杆，一般采用 ϕ22mm 钢筋，长度 $l=2500$mm，锚杆按设计要求提前加工。根据设计要求规定的环、纵向要求布眼，采用锚杆钻机钻孔，使锚杆错开布置于边墙及拱部。成孔后，用高压水将钻孔内石粉冲洗干净，安装时孔内灌注砂浆饱满，安装后锚杆外露长度不宜大于 10cm，锚杆应进行抗拔试验。

C5 锁脚锚杆施工

每榀拱架安装好后，在其拱脚处设置两根锁脚锚杆，以限制初支下沉和防止初支向隧道内收敛变形，锁脚锚杆采用钢筋或钢管，其尾部与拱架焊接牢固。

C6 复喷混凝土

施工工法与初喷混凝土相似。

C7 拱顶背后注浆

初期支护注浆管与格栅钢架焊接在一起。喷射混凝土时，外露端用棉纱封堵加以保护。

注浆必须连续作业，不得任意停泵，以防浆液沉淀，堵塞管路，影响注浆效果。注浆应由高处向低处，由无水处向有水处依次压注，以利于充填密实，避免浆液被水稀释离析。当注浆压力稳定上升，达到设计压力并持续稳定 10min，不进浆或进浆量很少时，即可停止注浆，进行封孔作业。停浆后，立即关闭孔口阀门，然后拆除和清洗管路，待浆液初凝后，再拆卸注浆管。

D 仰拱施工

仰拱喷锚施工结束后开始仰拱施工，做好地下水的封堵引排，仰拱及基础部位的浮渣、垃圾、积水等清除干净，防水板分段铺设，绑扎钢筋时环向筋须错开外露，混凝土灌筑采用泵送施工。

E 防水施工

E1 防水层施工

隧道初衬与二次衬砌之间的防水层一般为“无纺布 + 防水板”。先将无纺布用射钉固定在混凝土基面上，然后用热合方法将防水板粘贴在固定圆垫片上，即采用无钉铺设方法，对防水板无机械损伤。防水层做好后，及时灌注防水混凝土。

E2 施工缝防水

边墙、仰拱纵向施工缝中设置止水带或者止水条进行防水。

钢边橡胶止水带中间与施工缝重合，止水带固定在挡头模板上，先安装一端，浇筑混凝土时另一端用箱形模板保护，固定时只能在止水带的允许的部位上穿孔打洞，不得损坏止水带本体部分。

背贴式止水带采用手工焊接工艺热熔粘贴在防水层表面，所有焊接部位均要密实不透水，为保证焊接质量，止水带两侧焊接部位的厚度尽量与防水板厚度相同。

F 二次衬砌

完成喷锚支护及防水层施工后，进行二次衬砌施工，先施工二次衬砌仰拱，然后施工洞身二次衬砌，最后注浆及其他附属。

F1 钢筋工程

钢筋(图6-1-9)在地面加工，隧道洞内搭架绑扎。钢筋搭接采用闪光对焊或搭接焊。在绑扎双层钢筋网时，钢筋骨架以梅花状点焊，并设足够数量及强度的限位筋，保证钢筋位置准确。钢筋网片成形后不得在其上放置重物。

F2 模板台车

采用模板台车(图6-1-10)浇筑二次衬砌，台车安装完成后行走至衬砌浇筑位置。操纵液压换向阀手柄，使水平油缸平移，使台车模板中心线与衬砌中心线一致；操作竖向油缸上升，使台车模板达到预定高度；然后侧向支撑千斤顶丝杠，调整侧向支撑千斤顶丝杠，使台车侧向模板达到浇注状态；最后装好撑地千斤顶丝杠，安装固定端头模板。

图6-1-9 衬砌钢筋

图6-1-10 模板台车

F3 混凝土工程

混凝土采用泵送下料，施工前，用同强度等级的水泥砂浆润管，混凝土泵送入模时，左右对称灌注，沿隧道高度分层进行，每一循环应连续灌注，以减少接缝造成的渗漏现象。衬砌模架按灌注孔先下后上，由后向前有序进行，防止发生混凝土砂浆与集料分离。

混凝土采用插入式捣固棒振捣，振捣时间为10~30s，并以泛浆和不冒气泡为准。混凝土振捣过程中严格按工艺操作，快插慢拔，布点均匀，防止漏振。

G 辅助措施

G1 超前地质预报

为保证隧道开挖施工安全，在开挖至地质异常体前时，施作20~50m的超前水平钻孔，以查明地质异常体是否真正存在，其确切位置、破碎程度以及是否有瓦斯和涌水，以指导制订相关施工技术措施。

G2 施工监测

施工监测的内容包括地表沉降、建筑物倾斜、洞内净空水平收敛、拱顶下沉、周边建筑物沉降等。施工监测用到的仪器有全站仪、收敛计、频率接收仪、钢弦应变计、精密水准仪、拾振仪等。

G3 洞内临时工程

为保证洞内正常施工及作业人员安全,需在隧道内布置临时设施,包括洞内高压电缆、照明线路、高压风水管路、通风管路、洞内轨道等。

6.1.2 施工进度、机械及劳动力配置

1)施工进度指标

根据《城市轨道交通工程项目建设标准》(建标104—2008),矿山法施工进度单洞单线约为40~50m/月/工作面,单洞双线约为15~20m/月/工作面。

矿山法区间施工进度受制于围岩情况和断面大小。在一般围岩情况下,单洞单线隧道进行隧道开挖和初期支护施工进度指标约为40m/月,二次衬砌进度约为144m/月;单洞双线隧道进行隧道开挖和初期支护施工进度指标约为20m/月,二次衬砌进度约为120m/月。

根据调查结果,矿山法区间施工进度指标如表6-1-2所示。

矿山法区间施工进度指标 表6-1-2

序号	项目名称		施工进度(m/月/工作面)
1	单洞单线隧道	开挖和初期支护	约40
2		二次衬砌	约144
3		综合进度约40~50	
4	单洞双线隧道	开挖和初期支护	约20
5		二次衬砌	约120
6		综合进度约15~20	

2)施工机械及劳动力配置

以隧道长度742.05双线延米、采用单洞单线开挖,开挖断面面积为39.7m^2的矿山区间为例,由中间竖井向区间两端同时组织施工,有4个施工工作面。

配置的主要施工机械设备如表6-1-3所示。

矿山法区间施工机械设备配置 表6-1-3

序号	设备名称	数量	用途
1	空压机	4	通风设备
2	通风机	4	
3	注浆机	4	注浆设备
4	搅拌机	4	
5	风镐	16	开挖设备
6	气腿式风钻	8	
7	混凝土喷射机	8	喷射混凝土

续上表

序号	设备名称	数量	用途
8	衬砌台车	4	衬砌混凝土施工
9	附着式振动器	12	
10	振捣棒	6	
11	门式起重机	2	出土运输设备
12	挖掘机	4	
13	自卸汽车	8	
14	热和机	4	防水板焊接
15	射钉枪	4	

现场配置开挖班组、支护班组、衬砌班组、混凝土班组、注浆班组、出渣班组、电工班组、综合班组共8个施工班组,施工人员配置如表6-1-4所示。

施工人员配置 表6-1-4

序号	班组	人数	工作内容
1	开挖班组	60	隧道开挖,隧道锁脚、锚杆及超前施工
2	支护班组	45	钢架、网片、连接筋安装,喷射混凝土施工
3	衬砌班组	45	施作防水及模板安装
4	混凝土班组	18	混凝土浇筑及养护
5	注浆班组	24	洞内及地表注浆
6	出渣班组	24	隧道弃渣运输
7	电工班组	6	现场用电保障及维护、维修
8	综合班组	30	配合主要工种的工作

6.2 施工组织与定额对应关系

矿山法区间主体施工包括超前支护、隧道开挖、初期支护、仰拱施工、防水施工、二次衬砌6道主要工序。根据上述施工进度指标可知,在一般围岩情况下,单洞单线隧道每个工作面综合进度指标约为40~50m/月,其中,开挖和初支施工进度约为40m/月,二次衬砌施工进度约为144m/月;单洞双线隧道每个工作面综合进度指标约为15~20m/月,其中,开挖和初支施工进度约为20m/月,二次衬砌施工进度约为120m/月。

人工和机械是定额的构成要素,也是施工组织中资源配置的重要内容。单洞单线隧道组织施工时,按4个工作面组织施工,则配置的主要机械有门式起重机2台、混凝土喷射机8台、挖掘机4台、自卸汽车8辆、衬砌台车4台等。配置8个施工班组:开挖班组(60人),支护班组(45人),衬砌班组(45人),混凝土班组(18人),注浆班组(24人),出渣班组(24人),电工班组(6人),综合班组(30人)。

当矿山法区间两端的车站无法提供工作面时,为了满足施工工期要求,就必须通过设置施工竖井的方式,增加工作面,加快施工作业进度。采用竖井进行辅助施工的方式与由两端车站提供工作面的方式相比，增加了施工竖井的工程费用。

矿山法区间施工组织与定额对应关系如表 6-2-1 所示。

矿山法区间施工组织与定额对应关系　　表 6-2-1

编号	工序名称	定额子目	工作内容
A	超前支护	城轨定额第三章　WG3-027/043	超前小导管制作及洞内运输、钻孔并安放就位
B	隧道开挖	城轨定额第三章　WG3-004； 城轨定额第一章　WG1-079/080	钻孔、装药、爆破，土石方洞内运输及垂直提升；土石方运输
C	初期支护	城轨定额第三章 WG3-017/018/024/025/020/033/043/096/097	喷射混凝土、钢筋网片制作安装、格栅拱架制作安装、锚杆制作安装、拱顶背后注浆
D	仰拱施工	城轨定额第三章　WG3-094	混凝土泵送、浇筑、振捣及养护
E	防水施工	城轨定额第三章　WG3-077/080/082； 城轨定额第四章　WG4-258/262	防水卷材铺设、细石混凝土保护层施工、止水带安装、不锈钢接水盒安装
F	二次衬砌	城轨定额第三章 WG3-048/050/052/148/043	衬砌钢筋制作安装及洞内运输； 使用模板台车；凝土浇筑、振捣、养护；衬砌背后预留孔注浆

6.3　概预算标准化设计

6.3.1　概预算标准模板

矿山法区间明挖竖井开项参考明挖地下车站模块，横通道及联络通道开项参考“矿山区间主体”。矿山法区间概预算标准模板如表 6-3-1 ~ 表 6-3-5 所示。

区间主体土石方概预算标准模板　　表 6-3-1

序号	定额编号	工作项目或费用名称	单位	数量	单价(元)	合价(元)
1	WG3-004	隧道工程　矿山法隧道开挖　单线隧道开挖　机械施工　次坚石	m^3	94294.24	242.51	22867296.14
2	WG1-079 换	路基、围护结构及地基处理工程　土石方运输　挖掘机装自卸汽车运松散石方　运距 1km 以内　实际运距(km):20	$1000m^3$	94.29	78987.84	7447763.43
3	补子目 001	渣土消纳费	m^3	94294.24	33	3111709.92
		小计				33426769.49

区间主体初期支护概预算标准模板　　表 6-3-2

序号	定额编号	工作项目或费用名称	单位	数量	单价(元)	合价(元)
		1. 超前支护				6310154.22
		1.1　超前管棚				
1	WG3-029	隧道工程　矿山法隧道初期支护　管棚 $\phi108$	m		256.34	

续上表

序号	定额编号	工作项目或费用名称	单位	数量	单价(元)	合价(元)
2	WG3-043	隧道工程 矿山法隧道初期支护 水泥浆预留孔注浆	m^3		655.39	
		小计				
		1.2 超前小导管				6310154.22
3	WG3-027	隧道工程 矿山法隧道初期支护 超前小导管 $\phi42$	m	74641.42	51.77	3864186.31
4	WG3-043	隧道工程 矿山法隧道初期支护 水泥浆预留孔注浆	m^3	3732.08	655.39	2445967.91
		小计				6310154.22
		2. 初期支护				72169632.77
5	WG3-015 换	隧道工程 矿山法隧道初期支护 隧道喷射混凝土 弧形隧道 喷射混凝土(超挖回填)	m^3	5292.7	1845.81	9769318.59
6	WG3-015 换	隧道工程 矿山法隧道初期支护 隧道喷射混凝土 弧形隧道 喷射混凝土	m^3	14971.6	1845.81	27634729
7	WG3-025	隧道工程 矿山法隧道初期支护钢格栅、钢筋网片 钢筋网片	t	558.68	6852.69	3828460.85
8	WG3-018	隧道工程 矿山法隧道初期支护 钢格栅、钢筋网片 钢格栅(圆钢) $\phi10$ 以内	t	284.36	8365.7	2378870.45
9	WG3-020	隧道工程 矿山法隧道初期支护 钢格栅、钢筋网片 钢格栅(螺纹钢) $\phi25$ 以内	t	2742.76	7492.96	20551390.97
10	WG3-033	隧道工程 矿山法隧道初期支护 砂浆锚杆 5m 以内	100m	787.41	4714.23	3712031.84
11	WG3-033 换	隧道工程 矿山法隧道初期支护 砂浆锚杆 5m 以内(锁脚锚杆)	100m	699.01	4651.86	3251696.66
12	WG3-043	隧道工程 矿山法隧道初期支护 水泥浆预留孔注浆	m^3	1442.74	655.39	945557.37
13	补子目 001	袖阀管	m	2404.56	40.58	97577.04
		小计				72169632.77
		3. 临时支护				18516116.56
14	WG3-017	隧道工程 矿山法隧道初期支护 隧道喷射混凝土 临时支护 喷射混凝土	m^3	7189.14	1647.17	11841735.73
15	WG3-025	隧道工程 矿山法隧道初期支护 钢格栅、钢筋网片 钢筋网片	t	63.1	6852.69	432404.74
16	WG3-022	隧道工程 矿山法隧道初期支护钢格栅、钢筋网片 钢格栅 小型金属构件(接头板)	t		14126.52	

续上表

序号	定额编号	工作项目或费用名称	单位	数量	单价(元)	合价(元)
17	WG3-024	隧道工程　矿山法隧道初期支护　钢格栅、钢筋网片　临时钢格栅　型钢	t	668.6	3536.41	2364443.73
18	WG3-097	隧道工程　防水、回填、拆除工程　拆除工程　拆除钢构件	t	668.6	632.94	423183.68
19	WG3-096	隧道工程　防水、回填、拆除工程　拆除工程　拆除洞内临时支护混凝土	$10m^3$	718.91	3695.42	2656674.39
20	WG1-079 换	路基、围护结构及地基处理工程　土石方运输　挖掘机装自卸汽车运松散石方　运距 1km 以内　实际运距(km):20	$1000m^3$	7.19	77946.13	560432.67
21	补子目 001	渣土消纳费	m^3	7189.14	33	237241.62
		小计				18516116.56
		4. 临时工程				266874.07
22	WG3-160 + WG3-161	隧道工程　措施项目　洞内临时工程　洞内通风　一季度以内　实际季度(季度):2	100m	9.7	14208.95	137826.82
23	WG3-162 + WG3-163	隧道工程　措施项目　洞内临时工程　洞内压风管、水管 $\phi50$　一季度以内　实际季度(季度):2	100m	11	2402.51	26427.61
24	WG3-166 + WG3-167	隧道工程　措施项目　洞内临时工程　洞内动力　一季度以内　实际季度(季度):2	100m	10.5	3267.68	34310.64
25	WG3-170 + WG3-171	隧道工程　措施项目　洞内临时工程　洞内照明　一季度以内　实际季度(季度):2	100m	10	6830.9	68309
		小计				266874.07

区间主体二衬及防水概预算标准模板　　表 6-3-3

序号	定额编号	工作项目或费用名称	单位	数量	单价(元)	合价(元)
		(1)二次衬砌				37355272.32
1	WG3-094 换	隧道工程　防水、回填、拆除工程　洞内回填混凝土　C30(仰拱回填)	m^3	2435.06	631.81	1538495.26
2	WG3-048 换	隧道工程　矿山法隧道衬砌　隧道衬砌混凝土　弧形　预拌混凝土(泵送)　C40	m^3	15748.32	716.06	11276742.02
3	WG3-050	隧道工程　矿山法隧道衬砌　衬砌钢筋　圆钢　$\phi10$ 以内	t	472.44	7429.92	3510191.4
4	WG3-052	隧道工程　矿山法隧道衬砌　衬砌钢筋　螺纹钢　$\phi25$ 以内	t	2362.24	7062.35	16682965.66
5	WG3-148	隧道工程　措施项目　模板工程　弧形隧道模板台车	$10m^2$	4785.066	710.82	3401320.61

续上表

序号	定额编号	工作项目或费用名称	单位	数量	单价(元)	合价(元)
6	WG3-043	隧道工程　矿山法隧道初期支护　水泥浆预留孔注浆(衬砌背后注浆)	m^3	1442.74	655.39	945557.37
		小计				37355272.32
		(2)防水工程				7801687.64
7	WG3-078	隧道工程　防水、回填、拆除工程　防水工程防水卷材　无纺布	$10m^2$	4785.066	361.53	1729944.91
8	WG3-077 换	隧道工程　防水、回填、拆除工程　防水工程防水卷材　PVC 防水板	$10m^2$	4785.066	851.29	4073478.84
9	WG3-082	隧道工程　防水、回填、拆除工程　防水工程背贴式止水带	10m	531.674	547.36	291017.08
10	WG3-081	隧道工程　防水、回填、拆除工程　防水工程钢边橡胶止水带	10m	3.98	734.67	2923.99
11	WG4-262	地下结构工程　盖挖、暗挖车站防水工程中埋式钢边橡胶止水带	m	10125.86	78.4	793867.42
12	WG3-080	隧道工程　防水、回填、拆除工程　防水工程细石混凝土保护层	m^3	1082.06	836.78	905446.17
13	WG4-258	地下结构工程　盖挖、暗挖车站防水工程不锈钢板接水盒	m	39.8	125.86	5009.23
		小计				7801687.64

矿山法竖井概预算标准模板　　表 6-3-4

序号	定额编号	工作项目或费用名称	单位	数量	单价(元)	合价(元)
		(1)土石方				266198.97
1	WG3-058	隧道工程　竖井工程　竖井开挖　机械开挖深度 20m 以内　次坚石	m^3	1058.75	85.28	90290.2
2	WG1-079 换	路基、围护结构及地基处理工程　土石方运输　挖掘机装自卸汽车运松散石方　运距 1km 以内　实际运距(km):20	$1000m^3$	1.06	77946.13	82622.9
3	补子目 001	渣土消纳费	m^3	1058.75	33	34938.75
4	WG3-088	隧道工程　防水、回填、拆除工程　竖井回填　土	m^3	820.32	17.01	13953.64
5	WG1-077 换	路基、围护结构及地基处理工程　土石方运输　机械装车自卸汽车运土方　挖掘机装自卸汽车运土方　运距 1km 以内　实际运距(km):20	$1000m^3$	0.82	54138.39	44393.48
		小计				266198.97

续上表

序号	定额编号	工作项目或费用名称	单位	数量	单价(元)	合价(元)
		(2)初期支护				807742.73
6	WG3-069	隧道工程　竖井工程　竖井支护及衬砌　喷射混凝土(超挖回填)	m^3	63.82	1295.77	82696.04
7	WG3-069	隧道工程　竖井工程　竖井支护及衬砌　喷射混凝土	m^3	211.38	1295.77	273899.86
8	WG3-025	隧道工程　矿山法隧道初期支护钢格栅、钢筋网片　钢筋网片	t	5.87	6852.69	40225.29
9	WG3-018	隧道工程　矿山法隧道初期支护　钢格栅、钢筋网片　钢格栅(圆钢)　$\phi10$ 以内	t	3.22	8365.7	26937.55
10	WG3-020	隧道工程　矿山法隧道初期支护　钢格栅、钢筋网片　钢格栅(螺纹钢)　$\phi25$ 以内	t	31.13	7492.96	233255.84
11	WG3-074 换	隧道工程　竖井工程　竖井钢筋制作、安装　螺纹钢　$\phi25$ 以内(纵向连接筋)	t	3.8	12412.07	47165.87
12	WG3-033	隧道工程　矿山法隧道初期支护　砂浆锚杆　5m 以内	100m	19.8	4714.23	93341.75
13	WG3-043	隧道工程　矿山法隧道初期支护　水泥浆预留孔注浆(初支背后注浆)	m^3	13.06	655.39	8559.39
14	WG3-157	隧道工程　措施项目　脚手架工程　竖井脚手架搭拆　深 20m 以内	座	1	1661.14	1661.14
		小计				807742.73
		(3)二衬及防水				412329.98
15	WG3-070	隧道工程　竖井工程　竖井支护及衬砌　竖井衬砌混凝土(泵送)	m^3	90.8	678.3	61589.64
16	WG3-151	隧道工程　措施项目　模板工程竖式衬砌钢模板	$10m^2$	27.24	940.98	25632.3
17	WG3-072	隧道工程　竖井工程　竖井钢筋制作、安装　圆钢　$\phi10$ 以内	t	2.72	41494.79	112865.83
18	WG3-074	隧道工程　竖井工程　竖井钢筋制作、安装　螺纹钢　$\phi25$ 以内	t	13.62	12534.87	170724.93
19	WG3-078	隧道工程　防水、回填、拆除工程　防水工程　防水卷材　无纺布	$10m^2$	16.11	361.53	5824.25
20	WG3-077 换	隧道工程　防水、回填、拆除工程　防水工程　防水卷材　PVC 防水板	$10m^2$	16.11	851.29	13714.28
21	WG3-080	隧道工程　防水、回填、拆除工程　防水工程　细石混凝土保护层	m^3	23.6	836.78	19748.01

续上表

序号	定额编号	工作项目或费用名称	单位	数量	单价(元)	合价(元)
22	WG3-081	隧道工程　防水、回填、拆除工程　防水工程 钢边橡胶止水带	10m	1.74	734.67	1278.33
23	WG3-082	隧道工程　防水、回填、拆除工程　防水工程 背贴式止水带	10m	1.74	547.36	952.41
		小计				412329.98

矿山区间按独立费计取的开项　　表6-3-5

序号	定额编号	工作项目或费用名称	单位	数量	单价(元)	合价(元)
1	独立费1	超前水平钻探	m	120	600	72000
2	独立费2	全断面地质素描	m	1000	100	100000
3	独立费3	疏散平台	m^2	2410.5	1400	3374700
4	独立费4	施工监测	正线公里	1.32	600000	792000
		小计				4338700

6.3.2　工程量计算规则

(1)隧道开挖:按设计图示断面面积乘以设计开挖长度加按规范要求允许超挖量以“m^3”为单位计算。

(2)超挖回填:超挖回填工程量需单独计列。

(3)混凝土工程:喷射混凝土按设计断面面积乘以设计长度以“m^3”为单位计算;模筑衬砌的工程数量,按设计厚度乘以面积计算。

(4)竖井:竖井挖土(石)方按设计结构外围水平投影面积乘以高度以“m^3”为单位计算,竖井高度指实际自然地面高程至竖井垫层底高程之差。

(5)洞内临时工程量

洞内临时工程按季度摊销量计算,不足一季度按一季度计算,超过一季度按“每增一季度”定额增加,其工程量计算规则如下:

①洞内通风按每洞口隧道施工长度减30m计算。

②洞内高压风管、水管长度按隧道的施工长度加100m计算。

③洞内照明线路长度按隧道的施工长度以“100m”为单位计算,如施工组织设计规定需要安双排照明时,应按实际双线部分增加。

④洞内动力线路按隧道的施工长度加50m计算。

6.3.3　标准模板使用注意事项

1)土石方开挖与运输

(1)土石方开挖

土石方开挖定额区分单线隧道和双线隧道,每一类型隧道又按土层、松石、次坚石、普坚石、特坚石分类,编制概算时应根据隧道形式和土石方类型选取相应定额。三线或三线以上大断面矿山法施工,隧道土石方开挖套用双线隧道土石方开挖相应定额子目。超挖回填采用喷射混凝土,套用喷射混凝土定额。

矿山法施工隧道开挖的土层按一~四类土综合考虑,不得因土层类别不同而调整。开挖石方按岩石类别的相应子目分别套用,石方开挖子目按普通爆破与光面爆破综合编制,采用光面爆破发生的机械与材料消耗变化不得另行调整。编制概预算时,应注意土方与石方的比例以及石方的类型。

(2)土石方水平运距:定额中土石方水平运距是按最远开挖点距工作井800m以内考虑的。若最远开挖点距工作井在800~1200m以内,超过800m部分土石方,水平运输机械消耗量乘以系数1.15;若最远开挖点距工作井距离在1200m以外,超出1200m部分土石方水平运输机械消耗量乘以系数1.25。

(3)土石方清理:土石方清理子目仅适用于洞内抢险等特殊情况,正常开挖中不应套用。土石方清理按坍塌土石方虚方体积以“m^3”为单位计算。

(4)材料运输:材料垂直运输及洞内水平运输已包含在定额子目中,不得另计。

2)超前支护

超前小导管及管棚子目中不含注浆,发生时应根据设计图纸注明的浆液材料执行预留孔注浆子目。超前小导管套用定额时注意直径换算。

3)初期支护

(1)喷射混凝土:喷射混凝土不分结构部位,根据隧道设计结构形式执行相应子目;定额按素喷和网喷综合编制的,并已包括回弹及填平补齐的消耗量。喷射混凝土配合比不同时可按实调整。临时支护喷射混凝土项目仅适用于施工过程中喷掌子面及临时中隔壁混凝土等支护项目。

(2)砂浆锚杆:砂浆锚杆按$\phi25$的螺纹钢编制,设计锚杆直径不同时,可调整钢筋用量。

(3)钢格栅:钢格栅按螺纹钢、接头板、型钢划分子目,执行时应根据设计图示种类分别计算。临时钢格栅子目适用于临时型钢支撑及中隔壁等临时支护格栅钢架。

(4)注浆及压浆:钻孔压浆、预留孔压浆指隧道开挖工作面围岩加固压浆或初衬背后压浆,衬砌背后压浆指隧道初衬及模筑衬砌之间压实注浆,当设计浆液不同时,可按实调整。注浆管材有钢花管和袖阀管两类,根据设计调整或补充相应材料。

4)防水工程

喷射混凝土时已将隧道表面喷射平整,可直接施作防水,不需再施工找平层。

5)洞内拆除

拆除洞内临时支护混凝土及拆除钢构件是按隧道内施工因素考虑的,定额中包含了废料水平运输及垂直运输,废料地面运弃应另行计算。

6)竖井部分

(1)明挖竖井的定额套用参考明挖车站。

(2)暗挖竖井开挖土石方定额按深度划分,执行时应区分深度套用相应子目。开挖土石方的深度为自然地面至设计底板底(或垫层底)面的高度。

(3)竖井回填土方中不含购土及取土费用,发生时按施工当地情况另行计算。

(4)竖井脚手架定额系数应根据周长进行调整。

7)超前地质预报

超前地质预报的实施主体若为施工单位,则应在概算文件中增加相应开项,计列该项费用;若该项费用已包含在勘察设计费当中,则概算文件中不应再计列该费用。

8)定额子目借用

当其他章节的有关子目用于洞内工程时,人工应乘以1.15的系数。

6.4　工程量计算规则及定额对比分析

本模块使用各地区城轨定额。本节主要对比隧道土石方开挖、初期支护、衬砌、竖井等定额。

6.4.1　工程量计算规则差异

1)超挖

武汉、江苏定额中,隧道开挖工程量是按设计图示断面面积乘以设计开挖长度加按规范要求允许超挖量计算,超挖回填工程量需单独计列。

杭州、深圳定额规定,开挖定额中已考虑超挖因素,不得将超挖数量计入工程量;初衬定额中已综合考虑超挖回填因素,不得另计超挖量。

2)其他

当其他章节的有关子目用于洞内工程时,武汉地区人工应乘以1.15的系数,杭州地区人工和机械应乘以1.2的系数。其他两地区无此规定。

6.4.2　重点定额对比

1)初期支护定额

(1)管棚定额

武汉、江苏按管径分为ϕ108、ϕ159、ϕ203、ϕ377四类;深圳则分为ϕ80、ϕ108、ϕ127、ϕ159、ϕ203、ϕ377六类;杭州只有ϕ108一种规格。

(2)超前小导管

武汉、江苏、深圳定额按管径分为ϕ32、ϕ42、ϕ50三类,杭州定额只有ϕ42一种规格。

(3)锚杆

武汉定额分为砂浆锚杆、自进式锚杆(两者按锚杆长度分为5m以内、10m以内、15m以内、15m以外4条子目)、早强砂浆锚杆(5m以内)。

江苏定额中不含早强砂浆锚杆,其他与武汉相同。

深圳定额分为砂浆锚杆、药卷锚杆、中空注浆锚杆(三者均按锚杆长度分为5m以内、10m以内、15m以内、15m以外4条子目)。

杭州定额不考虑锚杆长度,分为砂浆锚杆、中空注浆锚杆、自进式锚杆三类。

(4)钢格栅

武汉、江苏、深圳定额分为圆钢(ϕ10 以内、ϕ10 以外)、螺纹钢(ϕ25 以内、ϕ25 以外)、型钢钢格栅(小型金属构件、型钢)三类。杭州定额分钢筋和型钢两类,钢筋钢架是按螺纹钢和圆钢综合编制。

钢格栅(钢筋)定额各子目主材消耗量如表 6-4-1 所示。型钢钢格栅(型钢)定额主材消耗量均为 1.014t/t,型钢钢格栅(小型金属构件)定额主材消耗量均为 1.06t/t。

钢格栅定额材料消耗量对比(单位:t/t)　　表 6-4-1

项　目	型　号	武　汉	江　苏	深　圳	杭　州	
圆钢	ϕ10 以内	1.02	1.02	1.04	圆钢(综合)	0.072
	ϕ10 以外	1.04	1.04	1.04	—	—
螺纹钢	ϕ25 以内	1.04	1.04	1.04	螺纹钢Ⅱ级	0.953
	ϕ25 以外	1.04	1.04	1.04	合计	1.025

(5)喷射混凝土

武汉定额按照隧道断面形状分为弧形隧道喷射钢纤维混凝土、矩形隧道喷射钢纤维混凝土、临时支护喷射混凝土三类;江苏定额与武汉相比,增加了弧形隧道喷射混凝土、矩形隧道喷射混凝土两类定额;深圳定额喷射混凝土按喷射材料分为一般混凝土和钢纤维混凝土,按喷射部位分拱顶和边墙子目。杭州定额则不区分隧道断面形状,分为喷射混凝土、喷射钢纤维混凝土、临时支护喷射混凝土三类。

在定额材料方面,武汉、江苏、深圳的主要定额材料为水泥、中砂、碎石,含量基本相同。杭州定额材料则为“喷射混凝土 1:2.5:2”。

以“矩形隧道喷射钢纤维混凝土”为例,武汉、江苏、深圳三地钢纤维含量均为 88.092kg/m^3,杭州为 43kg/m^3。

2)衬砌定额

(1)子目

①衬砌及模板

武汉、江苏、深圳定额中,衬砌混凝土与模板分别计列,衬砌混凝土按隧道断面形状分为弧形和矩形两条定额子目;弧形隧道对应模板台车、钢模板、零星木模板 3 条模板定额子目,矩形隧道对应钢模板、复合模板两条定额子目。

杭州定额中,将衬砌混凝土与模板合并为一条定额,以 10m^3 为计量单位,并按模板台车、钢模板、复合模板划分定额子目,定额中包含了模板材料消耗量。

②衬砌钢筋

武汉、江苏、深圳定额中,圆钢分为 ϕ10 以内和 ϕ10 以外两种,螺纹钢分为 ϕ25 以内和 ϕ25 以外两种。杭州只有圆钢和螺纹钢两条定额。

深圳定额中有二衬预埋件的定额子目,衬砌施工时用到的预埋铁件和预埋钢管均可套用该定额;其他三地则没有该子目。

(2)材料消耗量差异

①衬砌混凝土

武汉、江苏、深圳衬砌混凝土含量均为 $1.02m^3/m^3$,杭州为 $1.17m^3/m^3$。

②衬砌钢筋

衬砌钢筋各子目钢筋消耗量如表 6-4-2 所示。

衬砌钢筋定额材料消耗量对比(单位:t/t) 表 6-4-2

<table>
<tr><th>项目</th><th>型号</th><th>武汉</th><th>江苏</th><th>深圳</th><th colspan="2">杭州</th></tr>
<tr><td rowspan="2">圆钢</td><td>ϕ10 以内</td><td>1.02</td><td>1.02</td><td>1.04</td><td rowspan="2">圆钢
(综合)</td><td rowspan="2">1.02</td></tr>
<tr><td>ϕ10 以外</td><td>1.04</td><td>1.04</td><td>1.04</td></tr>
<tr><td rowspan="2">螺纹钢</td><td>ϕ25 以内</td><td>1.04</td><td>1.04</td><td>1.04</td><td rowspan="2">螺纹钢
Ⅱ级</td><td rowspan="2">1.02</td></tr>
<tr><td>ϕ25 以外</td><td>1.04</td><td>1.04</td><td>1.04</td></tr>
</table>

6.4.3 其他定额对比

1)土石方开挖定额

武汉、江苏、深圳定额中,机械开挖按照“土壤及岩石(普氏)分类表”分为土层、松石、次坚石、普坚石、特坚石五类;杭州定额则按《公路隧道设计规范》(JTG D70—2004)中“公路隧道围岩分级表”分为土方、Ⅰ级、Ⅱ级、Ⅲ级、Ⅳ级、Ⅴ级、Ⅵ级围岩七类。

2)竖井定额

(1)竖井开挖

四地均分为人工开挖、机械开挖两大类。其中人工开挖仅限土层。

武汉、江苏、深圳人工开挖土层,按竖井深度(20m 以内、30m 以内、30m 以外)分 3 条子目。杭州仅含 1 条子目,不区分竖井深度。

武汉、江苏、深圳机械开挖按深度(20m 以内、30m 以内、30m 以外)、土层、石质(次坚石、普坚石、特坚石)共分 12 条子目。杭州按土层、石质(松石、次坚石、普坚石、特坚石)共分 4 条子目。

(2)竖井钢筋

武汉、江苏、深圳定额中列有竖井钢筋定额子目,杭州定额中则没有该项子目。

(3)竖井回填

武汉、江苏定额中,竖井回填按回填土、砂石、混凝土、片石混凝土划分子目;深圳则比武汉增加了黏土、浆砌片石 2 条子目;杭州竖井回填仅有“人工级配砂石”1 条子目。

第7章 高架区间

7.1 高架区间

7.1.1 施工组织

高架区间(图7-1-1)结构分为下部结构、上部结构和附属工程,以支座上下区分上部结构和下部结构。

图7-1-1 高架区间效果图

下部结构包括桩基础、承台、墩台身、盖梁、支座垫石等。

上部结构一般包括箱梁和桥面系。箱梁根据施工方法可分为支架法现浇箱梁(简支梁或连续梁)、悬浇法连续箱梁、整孔预制箱梁、节段拼装箱梁等。桥面系主要有桥面防水排水、伸缩缝、挡板、护栏等。

附属工程包括地基加固、改沟顺路、河堤改造、上跨公路加固保护、防护棚、防抛网、防撞设施、航标,溶洞处理、沉降监测等内容。

7.1.1.1 施工工序

A 下部结构

A1 桩基础+承台

桩基础参阅钻孔灌注桩章节相关内容,此处不再赘述。

在同一墩号所有灌注桩完成后,进行承台(包括系梁)基坑开挖,开挖以机械为主、人工修整的方法施工。基坑开挖成型后,风镐凿除桩头,桩头预留15cm由人工进行凿除,以避免对桩头造成破坏。最后组立模板、绑扎钢筋,按常规方法进行混凝土浇筑。承台混凝土拆模后紧跟进行基坑回填;回填土分层回填、分层夯实,基坑四周同步进行。图7-1-2为承台示意图。

a)

b)

图 7-1-2 承台

A2 墩台身

待灌注桩和承台经检测、复测平面位置及高程均合格后,进行墩台身施工。施工时,先平整场地,回填承台基坑并分层夯实。用钢管支架搭好工作平台、绑扎钢筋,模板采用钢板加工制作,模板通过风缆,手拉葫芦调整立柱模板垂直度。墩柱混凝土分层、整体连续浇筑,逐层振捣密实。对于模板固定,采用定型钢模板进行安装,模板固定采用钢风缆锚固于地面。

施工支撑脚手架必须安装在有足够承载力的地基上,地面脚手架底座支撑点设置铺垫木或铺砂浆进行处理。混凝土采用混凝土搅拌运输车和混凝土输送泵进行水平和垂直运输,插入式振捣器振捣。混凝土浇筑完毕后,及时覆盖洒水养生,预松模板拉杆透水养生,拆模后喷洒养生剂养生。图 7-1-3、图 7-1-4 分别为门式墩和 Y 形墩示意图。

图 7-1-3 门式墩

图 7-1-4 Y 形墩

A3 盖梁

(1)清基:先将柱顶凿毛,清理干净,并进行柱顶高程检查。

(2)钢筋绑扎:钢筋采用现场加工,现场绑扎,绑扎前先调整好预埋主筋间距,并在盖梁底模上放线定位各钢筋骨架片,进行其他钢筋的安装绑扎,保证骨架片间距;均匀设置混凝土垫块,以保证保护层厚度足够。

(3)模板与支撑:盖梁采用定型钢模板、满堂脚手架支撑。施工时为保证支架的稳定和安全,满堂脚手架和模板必须有足够的强度和刚度,支架搭设完毕后进行预压,并采取有效措施减少支架变形或支架沉降不均匀对结构的影响。盖梁的模板、支撑架设如图 7-1-5 所示。

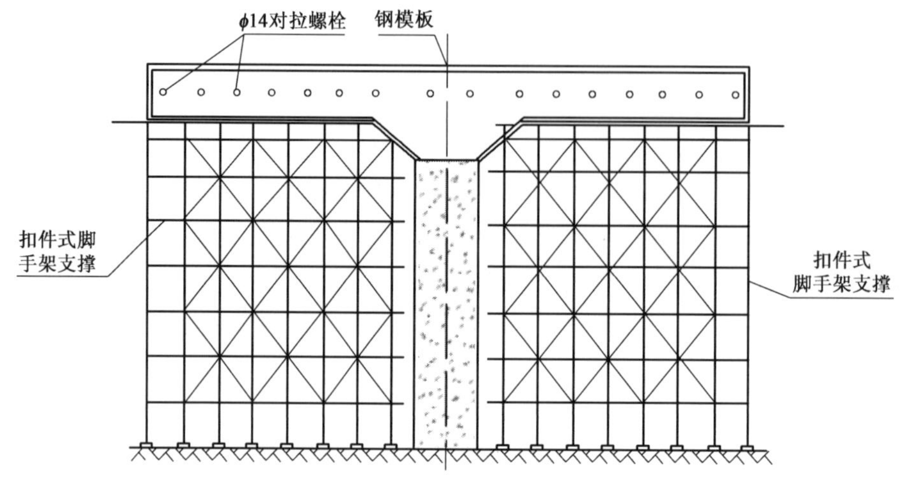

图 7-1-5 盖梁模板及支撑

(4)混凝土浇筑:盖梁一般采用 C50 商品混凝土,混凝土输送泵泵送入模,插入式振捣器振捣。浇筑混凝土前,先浇筑 5cm 厚的砂浆,利于施工缝的结合。混凝土采用搭设支架现浇,纵向浇筑顺序为从盖梁两端同时开始浇筑,从低侧向高侧浇筑,分层厚度不超过 30cm。

(5)拆模、养护:混凝土强度达 2.5MPa 时方可拆除侧端模,混凝土强度达到设计强度 70% 时,方可拆除支承结构和底模。利用干草、麻袋片覆盖、洒水养护。

(6)支座垫石及拆模养护:混凝土强度达到 2.5MPa 时可拆除侧模。混凝土强度达到设计强度 100% 时,方可拆除支承结构和底模。浇筑支座垫石混凝土并对混凝土捣固密实,并确保支座垫石顶面的水平的高程。混凝土浇筑完成后,覆盖麻袋洒水养生。

(7)盖梁预应力张拉:盖梁需进行预应力张拉,预应力张拉的施作必须在混凝土强度达到 100% 以后进行。锚具采用自锚锚具,钢绞线为高强低松弛钢绞线。在横断面上,每批钢束张拉应按左右、上下原则对称进行;钢束均采用两端张拉;预应力采用引伸量与张拉力双控,以张拉吨位为主的施工控制原则。当张拉应力达到控制应力时要持荷 2min 再锚固。

B 上部结构

B1 支架法现浇箱梁

箱梁施工可采用满布支架或移动模架现浇施工,预应力筋张拉可移到梁顶、底板进行,各梁施工相互无影响,可多段同时开工。支架现浇桥梁整体性好,各施工部分可独立进行,较为机动灵活,有利于全线施工组织的合理安排。图 7-1-6 为支架法现浇箱梁整体外观图。

(1)安装支架:支架立柱必须落在有足够承载力的地基上,立柱底端必须放置垫板或混凝土垫块。支架地基严禁被水浸泡,冬期施工必须采取防止冻胀的措施。

(2)架立模板:支架、拱架安装完毕,经检验合格后方可安装模板;安装模板应与钢筋工序配合进行,妨碍绑扎钢筋的模板,应待钢筋工序结束后再安装;模板在安装过程中,必须设置防倾覆设施。

底模安装完毕后,进行钢筋的绑扎和波纹管的埋设,然后进行侧模的安装和加固。模板安装完毕后，应对其平面位置、顶部高程、节点联系及纵横向稳定性进行检查，监理认可后方可浇筑混凝土。

a)

b)

图 7-1-6 支架法现浇箱梁整体外观图

(3)钢筋工程：将柱顶混凝土凿毛清净，用钢丝刷清净墩柱锚固钢筋上的水泥浆。在底模上弹出钢筋位置线。在钢筋加工厂依据图纸将钢筋截断下料弯曲成型，并按图纸要求进行焊接。焊接采用双面搭接焊。钢筋骨架可直接绑扎成型，绑扎好的钢筋骨架用吊车按照设计位置整体吊装就位。

(4)浇注混凝土：混凝土由汽车式起重机提升入模，采用分层法浇筑，且分层厚度不超过30cm，振捣棒分层振捣。浇注混凝土完成后，人工用抹子将顶面抹平压实；混凝土浇筑完毕后，覆盖塑料布保温养护。冬季施工时采用暖棚法养护。图 7-1-7 为箱梁混凝土浇筑示意图。

a)

b)

图 7-1-7 箱梁混凝土浇筑

(5)张拉预应力筋：箱梁预应力按初张拉和终张拉两个阶段进行施工，当梁体混凝土强度达到设计强度时，龄期不少于 5d 时，拆除端模，松开内模，进行初张拉。初张拉完成后，梁体即可承受自重及模架过孔荷载。当梁体混凝土强度及弹性模量均达到设计要求，龄期不少于10d 时进行终张拉、压浆及封锚施工。

(6)模板、支架拆除：先支后拆、后支先拆的原则。支架和拱架应按几个循环卸落，卸落量宜由小渐大。每一循环中，在横向应同时卸落、在纵向应对称均衡卸落。简支梁、连续梁结构的模板应从跨中向支座方向依次循环卸落;悬臂梁结构模板宜从悬臂端开始顺序卸落。

B2 悬浇法连续箱梁

(1)0 号块施工:临时支墩采用壁厚 10mm,外径 100cm 的钢管混凝土,支撑于主墩沿桥纵向两侧的 0 号块梁底,具体布置如图 7-1-8 所示。

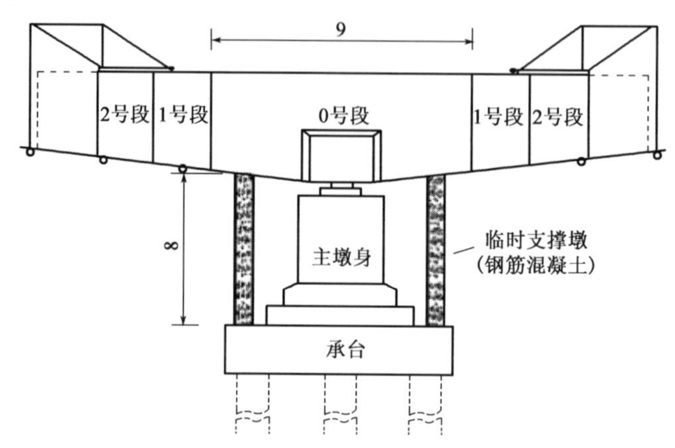

图 7-1-8　0 号块结构(尺寸单位:m)

0 号块施工一般采用支架法。施工工艺与支架法箱梁相同,主要包括支架安装预压、支座安装、模板工程、钢筋工程、混凝土工程、预应力张拉等施工工序。

(2)挂篮悬浇箱梁施工:挂篮包括承力桁架系统、走行系统和模板系统。挂篮主桁架设计为菱形桁架,桁架通过前、后支座支立于梁顶走行轨上,主桁架之间在下弦杆前、后分别通过前后横梁进行联结,同时在桁架顶端设置水平面桁架联结系,以增加挂篮承力系统横向刚度确保稳定性。走行系统同时对挂篮起到支立和下锚作用,走行系统由走行轨、锚轨扁担梁以及内、外模走行梁组成;走行轨由双工字钢焊接横隔板制成,为减小挂篮走形摩阻力在其顶面粘贴一层不锈钢板。挂篮走行系统通过将梁体竖向预应力筋接长来锚固走行轨进行。挂篮模板系统包括外模架、内模架和底模架;由于挂篮施工的特殊性,挂篮各模板皆设计为整体式可移动模板。

挂篮悬浇箱梁施工主要由挂篮制作、挂篮安装、挂篮预压、预应力工程等部分组成。挂篮制作在钢结构工厂完成;0 号块张拉压浆施工完成后,进行挂篮拼装施工;挂篮预压主要对挂篮的主承力桁架进行预压,在挂篮安装完成后,使用吊车等设备将预压设备吊装就位,使用沙袋对挂篮进行实物堆载预压;张拉、压浆完成后,侧模拆除时间根据随梁养护试块强度以及梁体表面与环境温差确定。

(3)挂篮行走:张拉压浆完成底模落架后,进行挂篮走行施工。挂篮走行前须做好以下准备工作:铺设前进轨道,拆落内、外模及底模,安装内外模架走行滚轮并拆除走行梁后吊杆,安装走行牵引倒链。同一套挂篮两侧施工人员必须保持同速走行以避免挂篮扭斜无法走行。挂篮走行到指定位置后,先将挂篮后锚上好,然后从底板预留孔穿入后吊带并将后吊带锚固,再安装侧模走行梁后吊杆。至此完成挂篮走行施工,下部可进行调模施工。图 7-1-9 为挂篮悬浇箱梁示意图。

a)

b)

图 7-1-9　挂篮悬浇箱梁

B3 整孔预制箱梁

(1)预制梁场布置及预制梁制作:整孔预制箱梁的标准箱梁需在预制场预制,预制梁场设置预制台座和存梁台座。箱梁预制工艺流程主要包括模板制作及安装、钢筋制作与绑扎安装、混凝土浇筑与养护、钢绞线制作与张拉、孔道压浆与封锚等。图 7-1-10 为预制箱梁场示意图。

图 7-1-10　预制箱梁场布置鸟瞰图

(2)预制梁运输:预制梁场内运输主要由门式起重机(或提梁机)从制梁台座吊运至存梁台座,从存梁台座吊运至运梁平车;由运梁平车运输至架梁地点,由架桥机架设箱梁,具体过程如图 7-1-11所示。

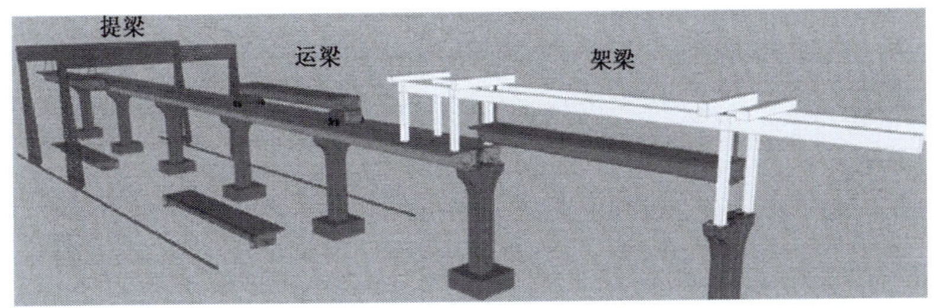

图 7-1-11　架桥机架设整孔箱梁过程

(3)整孔预制梁安装:利用运梁平车将待安装的预制梁由预制场运到架桥机后部主梁内,依次改用起吊天车吊运和安装梁。运梁车在运梁时两车采用相同速度,当前起吊天车起吊箱梁后,起吊天车和运梁平车同速度运行直到后起吊天车起吊梁后,两天车同速运梁,此时喂梁工作完成,两运梁平车返回运梁。图 7-1-12 为整孔预制箱梁施工示意图。

B4 节段拼装预制箱梁

预制梁场布置、箱梁制作、箱梁运输与整孔预制箱梁施工工序基本相同,节段拼装工艺有所差别。在施工现场采用特种大型架桥机设备将高精度制作完成的梁体节段,沿桥纵向循序排列,并连接成整体就位于桥梁墩台上。连接方法有两种:一种为采用专业混凝土黏结剂黏结的干拼法,第二种为预留连接钢筋采用在膺架上浇筑连接混凝土的方法,称为湿拼法。图 7-1-13为架桥机节段预制梁架设示意图。

图 7-1-12 整孔预制箱梁施工

图 7-1-13 架桥机节段预制梁架设

B5 桥面系

(1)挡板施工:挡板采用直线形预制钢筋混凝土挡板,混凝土强度一般为 C30,外立面加以横向坑纹。挡板桥面以上高度 1.6m,分块长度 2.0m,板厚 0.08m(不含坑纹),每块标准挡板设两道肋,肋宽 0.22m、0.36m,肋内预留钢筋,与桥面板预留钢筋连接成整体共同受力。

挡板在预制场预制,待桥梁上部结构施工完毕后,根据现场实际情况合理安排,运输预制挡板至现场,利用小型装载车在桥面板上运输至施工位置,实施安装就位,调整到其准确位置,与桥面板预留钢筋进行连接整体。

(2)伸缩缝安装:伸缩缝形式采用铝合金型材的伸缩缝,在安置伸缩缝位置的桥面上预留钢板,当采用架桥机架梁时,方便架桥机的通过,待运架工作完成后,伸缩通过 L 形螺栓与预埋钢板焊接,并结合桥面上阻水平台一起浇筑。

(3)桥面泄水管安装:泄水管在桥面混凝土施工时安装,管口比桥面混凝土略低。下端应伸出结构物底面 100 ~ 150mm,或按图纸所示将其引入地下排水设施。

(4)桥面铺装:一般采用沥青混凝土或防水混凝土。

C 附属工程

附属工程包括支架地基处理、改沟顺路、上跨公路加固保护、防护棚、防抛网、防撞设施、航标、溶洞处理、沉降监测等。

7.1.1.2 施工进度、机械及劳动力配置

1)施工进度指标

根据《城市轨道交通工程项目建设标准》(建标104—2008),高架区间施工工期约为10~12个月/区间。

高架区间由下向上主要包括桩基础、承台、墩身、预应力盖梁、预应力箱梁及附属工程等。根据调查结果,承台施工时间约需9d/个;墩台施工时间约需8d/个;支架法现浇连续箱梁施工进度约为40d/联(每联3跨),其中,基地处理、搭设支架模板约需10d,支架堆载预压约需5d,浇筑混凝土、绑扎钢筋约需15d,预应力张拉、拆除模板及支架约需10d;支架现浇简支箱梁综合施工进度约为20d/孔;整孔预制箱梁(35m长)架设速度约为0.5d/孔/台架桥机,单孔箱梁生产周期约为114h;节段预制箱梁架设速度约为5.5天/孔/台架桥机,每孔箱梁由12个预制梁段拼装组成,单个梁段生产周期约为24h。高架区间施工进度指标如表7-1-1所示。

高架区间施工进度指标 表7-1-1

序号	项目	施工时间	备注
1	桩基础工程	约1~2个月	与土质条件有关
2	承台	约9d/个	—
3	墩台	约8d/个	—
4	支架法现浇箱梁	约40d/联	连续梁
5	支架法现浇箱梁	约20d/孔	简支梁
6	整孔预制箱梁架设	约0.5d/孔/台架桥机	—
7	节段预制箱梁架设	约5.5d/孔/台架桥机	每孔12个梁段

2)施工机械及劳动力配置

以某高架区间施工为例,区间全长1.415km,采用预应力混凝土箱梁结构,满堂支架现浇。高架区间配置的主要施工机械设备如表7-1-2所示。

主要施工机械设备配置 表7-1-2

序号	工程部位	大型机械	数量	备注
1	桩基础	旋挖钻机	10	
2	承台、扩大基础	挖掘机	4	斗容量0.8m^3
3		起重机	3	25t
4	墩台身、盖梁	起重机	3	25t
5		混凝土输送泵	8	
6	支架现浇	汽车式起重机	2	25t
7		汽车式起重机	2	75t
8		混凝土输送泵	4	

现场施工人员配置如表7-1-3所示。

施工人员配置 表 7-1-3

序号	工 程 部 位	岗 位 名 称	人 数
1	承台、墩台身、盖梁	混凝土工	8
2		钢筋工	8
3		起重工	6
4		木工	4
5		杂工	12
6	支架法现浇箱梁	混凝土工	20
7		钢筋工	30
8		预应力张拉工	10
9		压浆封端工	10
10		模板工	20

7.1.2 施工组织与定额对应关系

一般高架区间由下向上主要包括桩基础、承台、墩身、预应力盖梁、预应力箱梁及附属工程等部分。根据上述施工进度指标可知，承台施工进度约为 9d/个，墩身施工进度约 8d/个，支架现浇连续箱梁的施工进度约为 40d/联，现浇简支箱梁综合施工进度约为 20d/孔，整孔预制箱梁架设速度约为 0.5d/片，节段预制箱梁架设速度约为 5.5d/孔。

人工和机械是定额的构成要素，也是施工组织中资源配置的重要内容。承台、墩身及盖梁等下部结构组织施工时，需配置挖掘机 4 台、起重机 3 台及混凝土泵车 8 辆，所需施工班组有混凝土工 8 人、钢筋工 8 人、起重工 6 人、木工 4 人、普工 12 人；支架法现浇箱梁组织施工时配置模板工 20 人，钢筋工 30 人，混凝土工 20 人，预应力张拉工 10 人，压浆封端工 10 人；整孔预制箱梁组织施工时配置 1 台架桥机和 1 个 20 人的架桥班组；节段预制箱梁组织施工时配置 1 台造桥机和 1 个 40 人的架桥班组。

高架区间下部结构工程费用主要受施工环境影响，陆上作业时，桩基承台则只需钢板桩围护，工期短费用低；水上作业时，则需要施作围堰并抽水，辅以工作平台和栈桥来组织施工，而且挖掘机挖基坑淤泥和湿土，与陆上施工相比，施工难度大、工期长、费用高。

箱梁上部结构工程费用则受到场地条件、工期要求等因素影响。现浇法箱梁通过支架或挂篮支模，直接在现场浇筑箱梁混凝土，若有缩短工期要求，则增加支架、挂篮的投入数量，但会增加人工机械投入，支架、挂篮及模板的摊销费用也会增加。采用支架法施工时，若遇到软弱地层，就需要对支架地基进行加固处理，相应的工程费用则会增加。

预制梁工程可通过自建预制梁场制作箱梁，也可以直接购买商品预制梁，一般需要具体的投资对比分析来确定制梁方式，其中，自建预制梁场方式要综合考虑梁场建设费用，预制梁场数量和位置直接决定预制箱梁的运输费用和梁场的投资。

高架区间概预算编制使用了武汉城轨定额、湖北公共定额以及铁路工程预算定额(2017)及铁路工程基本定额(2017)的相应子目，各分部工程施工组织与定额的对应关系如表 7-1-4 所示。

高架区间施工组织与定额对应关系　　表 7-1-4

编号	工序名称	定额子目	工作内容
A	大型机械进场安拆费	公共定额第五章　G5-3/14/16//19/22/33/34	大型机械场外运输费、安拆一次费用等
B	基坑土石方工程	城轨定额第一章　WG1-024/026/077/078/058 城轨定额第二章　WG2-442	挖土、挖淤泥、渣土运输、回填、抽水
C	钢板桩围护工程	公共定额第二章　G2-143/144 城轨定额第四章　WG4-512/513	打、拔钢板桩； 钢支撑安拆
D	双壁钢围堰	借调铁路定额第二册　QY-54～62	钢围堰拼装、租赁摊销、拆除； 钢围堰浮运、下沉； 钢围堰封底、充填混凝土； 基底清理、抽水
E	栈桥和水上作业平台	借调铁路定额第二册　QY217～219、QY936～938	水上作业平台制作、搭拆； 栈桥制作、安拆
F	钻孔灌注桩基础	参考钻孔灌注桩模块	
G	承台	城轨定额第二章　WG2-236/238/352/210/211	混凝土浇筑，模板支设，钢筋绑扎
H	桥墩	城轨定额第二章　WG2-242/357/395/398/269 WG2-210/211	混凝土浇筑，模板支设，钢筋绑扎，支架安拆及堆载预压，桥墩防水
I	预应力盖梁	城轨定额第二章　WG2-24/360/395/398/269 WG2-210/211/233/234	混凝土浇筑，模板支设，钢筋绑扎； 预应力钢绞线制作安装张拉，压浆管道安装、压浆； 支架安拆及堆载预压； 盖梁防水
J	支架现浇箱梁	城轨定额第二章　WG2-249/364/228/327/395/398 WG2-210/211/233/234	混凝土浇筑，模板支设，钢筋绑扎； 预应力钢绞线制作安装张拉，压浆管道安装、压浆； 支架安拆及堆载预压
K	挂篮悬浇箱梁	城轨定额第二章　WG2-248/363/229/328/258/371 WG2-210/211/233/234/399/401	混凝土浇筑，模板支设，钢筋绑扎； 预应力钢绞线制作安装张拉，压浆管道安装、压浆； 挂篮安拆及挂篮推移
L	整孔预制箱梁预制	城轨定额第二章　WG2-282/380/208/209/229/23/234 铁路工程基本定额　YY-72	混凝土浇筑，模板支设，钢筋绑扎； 预应力钢绞线制作安装张拉，压浆管道安装、压浆； 预制混凝土梁蒸汽养护

续上表

编号	工序名称	定额子目	工作内容
M	整孔预制箱梁运输安装	城轨定额第二章 WG2-213/323/417 借调铁路定额第二册 QY-514/516/525/527	支座安装,箱梁运输,架桥机架梁,接头混凝土、模板
N	节段拼装箱梁预制	城轨定额第二章 WG2-282/380/229/231/234/208/209 铁路工程基本定额 YY-72	混凝土浇筑,模板支设,钢筋绑扎; 预应力钢绞线制作安装张拉,压浆管道安装、压浆; 预制混凝土梁蒸汽养护
O	节段拼装箱梁运输安装	城轨定额第二章 WG2-328/310/258/371/344/345	支座安装,节段箱梁运输,架桥机架梁;接头混凝土、模板

7.1.3 概预算标准化设计

7.1.3.1 概预算标准模板

高架区间土石方工程及钻孔灌注桩基础工程开项分别参考"车站土石方模块"和"钻孔灌注桩模块"。高架区间概算编制以套用武汉城轨定额为主,其中,钢板桩围护借调湖北《公共定额》《市政定额》,双壁钢围堰、栈桥及水上作业平台、整孔预制箱梁架设等需借调《铁路工程预算定额》(2017)。高架区间相应概预算标准模板如表7-1-5~表7-1-19所示。

钢板桩围护概预算标准模板 表7-1-5

序号	定额编号	工作项目或费用名称	单位	数量	单价(元)	合价(元)
		钢板桩围护 陆上				3935632.56
1	借G2-143	陆上打拔槽型钢板桩 打6m以内槽型钢板桩	10t	329.94	2346.67	774260.3
2	借G2-144	陆上打拔槽型钢板桩 拔6m以内槽型钢板桩	10t	329.94	1437.79	474384.43
3	补子目001	钢板桩租赁费	t·月	4949.1	330	1633203
4	WG4-512换	地下结构工程 措施项目 辅助工程 钢支撑(10m以内) 安装	t	538.2	909.57	489530.57
5	WG4-513换	地下结构工程 措施项目 辅助工程 钢支撑(10m以内) 拆除	t	538.2	553.41	297845.26
6	补子目001	钢支撑租赁费	t·月	807.3	330	266409
		小计				3935632.56
		钢板桩围护 水上				8882373.29
7	借D11-1-17	水上柴油打桩机打槽型钢板桩 打8m以内一、二类土	10t	329.94	3202.08	1056494.28
8	借D11-1-11	水上打拔槽型钢板桩 拔8m以内 一、二类土	10t	329.94	2243.96	740372.16

续上表

序号	定额编号	工作项目或费用名称	单位	数量	单价(元)	合价(元)
9	补子目001	钢板桩租赁费	t·月	4949.1	330	1633203
10	WG4-512换	地下结构工程 措施项目 辅助工程 钢支撑(10m以内) 安装	t	538.2	909.57	489530.57
11	WG4-513换	地下结构工程 措施项目 辅助工程 钢支撑(10m以内) 拆除	t	538.2	553.41	297845.26
12	补子目001	钢支撑租赁费	t·月	807.3	330	266409
13	补子目006	沉井水下混凝土封底	$10m^3$	456.5	9635.31	4398519.02
		小计				8882373.29

双壁钢围堰概预算标准模板 表7-1-6

序号	定额编号	工作项目或费用名称	单位	数量	单价(元)	合价(元)
		双壁钢围堰				19117078.13
1	QY-54	双壁钢围堰拼装	t	1017.9	4746.01	4830963.58
2	WG4-512换	地下结构工程 措施项目 辅助工程 钢支撑(10m以内) 安装	t	305.4	909.57	277782.68
3	WG4-513换	地下结构工程 措施项目 辅助工程 钢支撑(10m以内) 拆除	t	305.4	553.41	169011.41
4	补子目001	钢支撑租赁费	t·月	916.2	330	302346
5	QY-55	拼装船组拼、拆除	次	1	102005.56	102005.56
6	QY-56	下沉设备制安拆	1个墩	5	187593.22	937966.1
7	QY-58	双壁钢围堰下沉 水中	$100m^3$	101.521	15825.96	1606667.29
8	QY-59	双壁钢围堰下沉 覆盖层	$100m^3$	70.95	32356.72	2295709.28
9	QY-60	双壁钢围堰基底清理	$10m^2$	134.42	4875.77	655401
10	QY-61	双壁钢围堰壁内填充及封底混凝土	$10m^3$	692.2	5317.79	3680974.24
11	QY-62	双壁钢围堰拆除	t	660.9	2154.39	1423836.35
12	补子目005	钢围堰租赁费	t·月	1982.7	330	654291
13	补子目008	钢围堰制作摊销	t	357	6086.66	2172937.62
14	WG2-442	桥涵工程 措施项目 围堰工程 抽水	$10m^3$	535.87	13.41	7186.02
		小计				19117078.13

栈桥及工作平台概预算标准模板 表7-1-7

序号	定额编号	工作项目或费用名称	单位	数量	单价(元)	合价(元)
		水上作业平台				2610659.03
1	QY-217	钢围堰上钻孔平台	$100m^2$	20.786	125596.99	2610659.03
2	QY-218	钻孔工作平台 桩径≤2.0m 水深≤5.0m	$100m^2$		249433.2	
3	QY-219	钻孔工作平台 桩径≤3.5m 水深≤10m	$100m^2$		380578.11	
		小计				2610659.03

续上表

序号	定额编号	工作项目或费用名称	单位	数量	单价(元)	合价(元)
		栈桥				1068054
4	QY-936	栈桥　宽4m　水深3~10m	延长米	100	10680.54	1068054
5	QY-937	栈桥　宽4m　水深>10m	延长米		12241.7	
6	QY-938	栈桥　宽度每增加1m	延长米		1736.31	
		小计				1068054

承台概预算标准模板

表7-1-8

序号	定额编号	工作项目或费用名称	单位	数量	单价(元)	合价(元)
		承台				18751482.9
1	WG2-236换	桥涵工程　现浇混凝土工程　基础　混凝土垫层	$10m^3$	107.13	5217.38	558937.92
2	WG2-238	桥涵工程　现浇混凝土工程　承台	$10m^3$	1644.22	6269.96	10309193.63
3	WG2-352	桥涵工程　措施项目　模板工程　承台　模板(无底模)	$10m^2$	751.19	387.84	291341.53
4	WG2-210	桥涵工程　钢筋工程　钢筋制作、安装　现浇混凝土　ϕ10以内	t	147.975	6401.13	947207.21
5	WG2-211	桥涵工程　钢筋工程　钢筋制作、安装　现浇混凝土　ϕ10以外	t	838.525	5887.96	4937201.66
6	补子目001	冷却管	t	257.5	6631.46	1707600.95
		小计				18751482.9

墩台身概预算标准模板

表7-1-9

序号	定额编号	工作项目或费用名称	单位	数量	单价(元)	合价(元)
		(1)桥台				6338112.84
1	WG2-241	桥涵工程　现浇混凝土工程　墩身、台身　实体式墩台身	$10m^3$	416.42	5979.18	2489850.14
2	WG2-356	桥涵工程　措施项目　模板工程　实体式墩台身模板	$10m^2$	561.525	629.37	353406.99
3	WG2-210	桥涵工程　钢筋工程　钢筋制作、安装　现浇混凝土　ϕ10以内	t	87.885	6401.13	562563.31
4	WG2-211	桥涵工程　钢筋工程　钢筋制作、安装　现浇混凝土　ϕ10以外	t	498.015	5887.96	2932292.4
		小计				6338112.84
		(2)桥墩				6877501.61
5	WG2-242换	桥涵工程　现浇混凝土工程　墩身、台身　柱式墩台身	$10m^3$	394.3	6636.59	2616807.44

续上表

序号	定额编号	工作项目或费用名称	单位	数量	单价(元)	合价(元)
6	WG2-357	桥涵工程 措施项目 模板工程 柱式墩台身模板	$10m^2$	480.76	923.68	444068.4
7	WG2-261 换	桥涵工程 现浇混凝土工程 其他构件 地梁、侧石、缘石	$10m^3$	3.78	8447.78	31932.61
8	WG2-210	桥涵工程 钢筋工程 钢筋制作、安装 现浇混凝土 ϕ10 以内	t	84.81	6401.13	542879.84
9	WG2-211	桥涵工程 钢筋工程 钢筋制作、安装 现浇混凝土 ϕ10 以外	t	480.59	5887.96	2829694.7
10	WG2-395	桥涵工程 措施项目 平台及支架工程 满堂式钢管支架	$100m^3$ 空间体积	162.07	179.75	29132.08
11	补子目 003	支架租赁费	t·月	1620.7	231	374381.7
12	WG2-269	桥涵工程 现浇混凝土工程 桥面防水层 聚氨酯沥青防水涂料	$100m^2$	2.991	2876.91	8604.84
		小计				6877501.61

预应力盖梁概预算标准模板 表 7-1-10

序号	定额编号	工作项目或费用名称	单位	数量	单价(元)	合价(元)
		预应力盖梁				1349549.84
1	WG2-245 换	桥涵工程 现浇混凝土工程 墩身、台身墩盖梁	$10m^3$	32.53	7222.7	234954.43
2	WG2-360	桥涵工程 措施项目 模板工程 墩盖梁模板	$10m^2$	124.95	698.18	87237.59
3	WG2-210	桥涵工程 钢筋工程 钢筋制作、安装 现浇混凝土 ϕ10 以内	t	1.8	6401.13	11522.03
4	WG2-211	桥涵工程 钢筋工程 钢筋制作、安装 现浇混凝土 ϕ10 以外	t	110.1	5887.96	648264.4
5	WG2-226	桥涵工程 钢筋工程 预应力钢筋制作、安装 后张法(群锚) 束长≤20m 12 孔以内	t	15.9	7844.5	124727.55
6	补子目 002	M-17 锚具	套	90	574.85	51736.5
7	WG2-233	桥涵工程 钢筋工程 安装压浆管道和压浆 压浆管道 波纹管	100m	9.506	1903.72	18096.76
8	WG2-234	桥涵工程 钢筋工程 安装压浆管道和压浆 压浆	$10m^3$	3.3	14958.04	49361.53
9	WG2-395	桥涵工程 措施项目 平台及支架工程 满堂式钢管支架	$100m^3$ 空间体积	22.842	179.75	4105.85
10	WG2-398	桥涵工程 措施项目 平台及支架工程 支架堆载预压 荷载×1.1	t	894.575	68.29	61090.53

续上表

序号	定额编号	工作项目或费用名称	单位	数量	单价(元)	合价(元)
11	补子目 003	支架租赁费	t×月	228.42	231	52765.02
12	WG2-269	桥涵工程　现浇混凝土工程　桥面防水层　聚氨酯沥青防水涂料	100m²	1.977	2876.91	5687.65
		小计				1349549.84

支架法现浇梁概预算标准模板

表 7-1-11

序号	定额编号	工作项目或费用名称	单位	数量	单价(元)	合价(元)
		30m 双线支架法现浇箱梁(23 跨)				16533476.63
1	WG2-249	桥涵工程　现浇混凝土工程　现浇箱梁	10m³	388.113	7262.22	2818561.99
2	WG2-364	桥涵工程　措施项目　模板工程　现浇箱梁模板	10m²	1560.223	1266.1	1975398.34
3	WG2-210	桥涵工程　钢筋工程　钢筋制作、安装　现浇混凝土　ϕ10 以内	t	31.55105	6401.13	201962.37
4	WG2-211	桥涵工程　钢筋工程　钢筋制作、安装　现浇混凝土　ϕ10 以外	t	912.3502	5887.96	5371881.66
5	WG2-229	桥涵工程　钢筋工程　预应力钢筋制作、安装　后张法(群锚)　束长≤40m　19 孔以内	t	144.6440	7159.3	1035550
6	补子目 005	M15-13 张拉端锚具	套	460	351.68	161772.8
7	补子目 006	M15-13 固定端锚具	套	276	334.09	92208.84
8	WG2-233	桥涵工程　钢筋工程　安装压浆管道和压浆　压浆管道　波纹管	100m	97.1764	1903.72	184996.66
9	WG2-231	桥涵工程　钢筋工程　安装压浆管道和压浆　压浆管道　橡胶管	100m	0.598	364.95	218.24
10	WG2-258	桥涵工程　现浇混凝土工程　混凝土接头及灌缝　梁与梁接头	10m³	1.09	8023.06	8745.14
11	WG2-323 换	桥涵工程　安装工程　安装支座　盆式金属橡胶组合支座≤3000kN	个	92	1730.18	159176.56
12	补子目 009	CGQZ-3000-GD	个	46	5608.53	257992.38
13	补子目 009	CGQZ-3000-ZX	个	46	6220.56	286145.76
14	WG2-395	桥涵工程　措施项目　平台及支架工程　满堂式钢管支架	100m³ 空间体积	1269.45	179.75	228183.64
15	补子目 003	支架租赁费	t·月	12694.5	231	2932429.5
16	WG2-398	桥涵工程　措施项目　平台及支架工程　支架堆载预压	t	11711.37	68.29	799769.83
17	WG2-213	桥涵工程　钢筋工程　铁件、拉杆制作、安装　预埋铁件	t	1.78132	10375.97	18482.92
		小计				16533476.63

悬浇法现浇梁概预算标准模板 表 7-1-12

序号	定额编号	工作项目或费用名称	单位	数量	单价(元)	合价(元)
		悬浇连续箱梁				20716051.17
1	WG2-247	桥涵工程 现浇混凝土工程 箱梁 现浇0号块	$10m^3$		7302.19	
2	WG2-248	桥涵工程 现浇混凝土工程 悬浇箱梁	$10m^3$	567.942	7257.46	4121816.35
3	WG2-363	桥涵工程 措施项目 模板工程 悬浇箱梁模板	$10m^2$	1108.024	1570.21	1739830.37
4	WG2-210	桥涵工程 钢筋工程 钢筋制作、安装 现浇混凝土 ϕ10 以内	t	67.61	6401.13	432780.4
5	WG2-211	桥涵工程 钢筋工程 钢筋制作、安装 现浇混凝土 ϕ10 以外	t	969.3	5887.96	5707199.63
6	WG2-229	桥涵工程 钢筋工程 预应力钢筋制作、安装 后张法(群锚) 束长≤40m 19 孔以内	t	404.4	7159.3	2895220.92
7	补子目 001	OVM15-19 锚具	套	428	513.99	219987.72
8	补子目 012	JML-32 精轧螺纹钢锚具	套	4960	116.34	577046.4
9	WG2-233	桥涵工程 钢筋工程 安装压浆管道和压浆 压浆管道 波纹管	100m	140.5892	1903.72	267642.47
10	WG2-232	桥涵工程 钢筋工程 安装压浆管道和压浆 压浆管道 铁皮管	100m	131.7955	2196.21	289450.6
11	WG2-234	桥涵工程 钢筋工程 安装压浆管道和压浆 压浆	$10m^3$	11.011	14958.04	164702.98
12	WG2-326	桥涵工程 安装工程 安装支座盆式金属橡胶组合支座 ≤7000kN	个	4	4246.39	16985.56
13	补子目 020	CGQZ-7000-ZX-150	个	2	13742.33	27484.66
14	补子目 021	CGQZ-7000-DX-150	个	2	12507.41	25014.82
15	WG2-328	桥涵工程 安装工程 安装支座 盆式金属橡胶组合支座 ≤15000kN	个	4	9423.18	37692.72
16	补子目 014	CGQZ-50000-HX-10	个	1	160804.14	160804.14
17	补子目 015	CGQZ-50000-GD	个	1	151923.01	151923.01
18	补子目 022	CGQZ-50000-ZX-100	个	1	172475.63	172475.63
19	补子目 023	CGQZ-50000-DX-100	个	1	142508.99	142508.99
20	WG2-399	桥涵工程 措施项目 平台及支架工程 挂篮 制作	t	36	10586.95	381130.2
21	WG2-400	桥涵工程 措施项目 平台及支架工程 挂篮 安拆	t	120	1131.38	135765.6
22	WG2-401	桥涵工程 措施项目 平台及支架工程 挂篮 推移	t·m	34200	89.14	3048588
		小计				21605354.97

整孔预制箱梁—预制概预算标准模板

表 7-1-13

序号	定额编号	工作项目或费用名称	单位	数量	单价(元)	合价(元)
		整孔预制箱梁(30m 双线)—预制				13371758.72
1	WG2-282	桥涵工程　预制混凝土工程　预制梁　箱形梁　混凝土	$10m^3$	388.113	8288.37	3216824.15
2	YY-72	预制混凝土蒸汽养护	$10m^3$	388.113	1584.91	615124.17
3	WG2-380	桥涵工程　措施项目　模板工程　箱形梁模板	$10m^2$	1560.223	1521.25	2373489.24
4	WG2-208	桥涵工程　钢筋工程　钢筋制作、安装　预制混凝土　ϕ10 以内	t	31.55105	6763.1	213382.91
5	WG2-209	桥涵工程　钢筋工程　钢筋制作、安装　预制混凝土　ϕ10 以外	t	912.35023	5856.32	5343014.9
6	WG2-229	桥涵工程　钢筋工程　预应力钢筋制作、安装　后张法(群锚)　束长≤40m　19 孔以内	t	144.64403	7159.3	1035550
7	补子目 005	M15-13 张拉端锚具	套	460	351.68	161772.8
8	补子目 006	M15-13 固定端锚具	套	276	334.09	92208.84
9	WG2-231 换	桥涵工程　钢筋工程　安装压浆管道和压浆　压浆管道　橡胶棒	100m	97.1764	2376.53	230942.63
10	WG2-234	桥涵工程　钢筋工程　安装压浆管道和压浆　压浆	$10m^3$	5.98	14958.04	89449.08
		小计				13432595.44

整孔预制箱梁—运输及架设概预算标准模板

表 7-1-14

序号	定额编号	工作项目或费用名称	单位	数量	单价(元)	合价(元)
		整孔预制箱梁(30m 双线)—运输及架设				3491468.78
1	QY-525	预应力混凝土箱梁运输　轮胎式搬梁机≤600t　装车	双线孔	23	10210.73	234846.79
2	QY-527	预应力混凝土箱梁运输　每运 1km×20	双线孔	23	32962.2	758130.6
3	QY-516	600t 架桥机架设预应力混凝土双线箱梁　其他孔	双线孔	23	32397.81	745149.63
4	QY-514	600t 架桥机架设预应力混凝土双线箱梁变跨	次	23	17432.56	400948.88
5	WG2-323 换	桥涵工程　安装工程　安装支座　盆式金属橡胶组合支座　≤3000kN	个	92	1730.18	159176.56
6	补子目 009	CGQZ-3000-GD	个	46	5608.53	257992.38
7	补子目 009	CGQZ-3000-ZX	个	46	6220.56	286145.76
8	WG2-417	桥涵工程　措施项目　平台及支架工程　组装、拆卸架桥机	台·次	2	315320.63	630641.26
9	WG2-213	桥涵工程　钢筋工程　铁件、拉杆制作、安装　预埋铁件	t	1.78	10357.82	18436.92
		小计				3491468.78

节段拼装箱梁—预制概预算标准模板

表 7-1-15

序号	定额编号	工作项目或费用名称	单位	数量	单价(元)	合价(元)
		节段拼装箱梁—预制				11762541.74
1	WG2-283	桥涵工程 预制混凝土工程 预制梁 箱形块件 混凝土	$10m^3$	388.113	8290.18	3217526.63
2	YY-72	预制混凝土蒸汽养护	$10m^3$	388.113	1584.91	615124.17
3	WG2-380	桥涵工程 措施项目 模板工程 箱形梁模板	$10m^2$	1560.223	1521.25	2373489.24
4	WG2-208	桥涵工程 钢筋工程 钢筋制作、安装 预制混凝土 $\phi10$ 以内	t	31.55105	6763.1	213382.91
5	WG2-209	桥涵工程 钢筋工程 钢筋制作、安装 预制混凝土 $\phi10$ 以外	t	912.35023	5856.32	5343014.9
		小计				11823374.57

节段拼装箱梁—运输及拼装概预算标准模板

表 7-1-16

序号	定额编号	工作项目或费用名称	单位	数量	单价(元)	合价(元)
		节段拼装箱梁运输及拼装				7907227.7
1	WG2-344 换	桥涵工程 安装工程 预制构件场内运输 构件重 60t 以内 100m 实际运距(m):200	$10m^3$	388.113	1174.86	455978.44
2	借 D3-357 换	预制混凝土 构件运输 平板拖车场外运输 构件质量 20t 以上 1km 实际运输距离(km):10	$10m^3$	388.113	4663.05	1809790.32
3	WG2-310	桥涵工程 安装工程 安装梁 架桥机安装节段梁 $B\leq14.4m,L\leq30m$	$10m^3$	388.113	6181.54	2399136.03
4	WG2-313	桥涵工程 安装工程 安装梁 环氧树脂接缝	$10m^2$	120	2487.03	298443.6
5	WG2-323 换	桥涵工程 安装工程 安装支座 盆式金属橡胶组合支座 ≤3000kN	个	92	1730.18	159176.56
6	补子目 009	CGQZ-3000-GD	个	46	5608.53	257992.38
7	补子目 009	CGQZ-3000-ZX	个	46	6220.56	286145.76
8	WG2-229	桥涵工程 钢筋工程 预应力钢筋制作、安装 后张法(群锚) 束长≤40m 19 孔以内	t	144.644	7159.3	1035550
9	补子目 005	M15-13 张拉端锚具	套	460	351.68	161772.8
10	补子目 006	M15-13 固定端锚具	套	276	334.09	92208.84
11	WG2-231 换	桥涵工程 钢筋工程 安装压浆管道和压浆 压浆管道 橡胶棒	100m	97.1764	2376.53	230942.63
12	WG2-234	桥涵工程 钢筋工程 安装压浆管道和压浆 压浆	$10m^3$	5.98	14958.04	89449.08
13	WG2-417	桥涵工程 措施项目 平台及支架工程 组装、拆卸架桥机	台·次	2	315320.6	630641.26
		小计				7907227.7

桥面防水及排水概预算标准模板 表 7-1-17

序号	定额编号	工作项目或费用名称	单位	数量	单价(元)	合价(元)
		桥面防水与排水				1542739.52
1	WG2-236 换	桥涵工程　现浇混凝土工程　基础　C40 细石混凝土保护层	$10m^3$	150.787	6212.16	936713.72
2	WG2-267	桥涵工程　现浇混凝土工程　桥面防水层　防水砂浆 20mm	$100m^2$	1.42252	1319.92	1877.61
3	WG2-269	桥涵工程　现浇混凝土工程　桥面防水层　聚氨酯沥青防水涂料	$100m^2$	90.948	3760.91	342047.24
4	WG2-255 换	桥涵工程　现浇混凝土工程　挡墙　挡水块	$10m^3$	0.8772	6361.18	5580.03
5	WG2-370	桥涵工程　措施项目　模板工程　挡水块模板	$10m^2$	4.386	503.31	2207.52
6	WG2-211	桥涵工程　钢筋工程　钢筋制作、安装　现浇混凝土　ϕ10 以外	t	1.82	5887.96	10716.09
7	WG2-329	桥涵工程　安装工程　安装排水管　ϕ150	10m	141.6	1720.32	243597.31
		小计				1542739.52

桥面其他结构概预算标准模板 表 7-1-18

序号	定额编号	工作项目或费用名称	单位	数量	单价(元)	合价(元)
		桥面其他结构				7150035.19
1	WG2-255 换	桥涵工程　现浇混凝土工程　挡墙　挡板	$10m^3$	172.568	6361.18	1097736.11
2	WG2-370	桥涵工程　措施项目　模板工程　挡墙模板　挡板	$10m^2$	1725.68	503.31	868552
3	WG2-210	桥涵工程　钢筋工程　钢筋制作、安装　现浇混凝土　ϕ10 以内	t	141.3192	6401.13	904602.57
4	WG2-211	桥涵工程　钢筋工程　钢筋制作、安装　现浇混凝土　ϕ10 以外	t	470.5976	5887.96	2770859.84
5	WG2-213	桥涵工程　钢筋工程　铁件、拉杆制作、安装　预埋铁件	t	65.90232	10357.82	682604.37
6	WG2-330	桥涵工程　安装工程　安装伸缩缝　梳形钢板	10m	240	1750.72	420172.8
7	WG2-317	桥涵工程　安装工程　安装钢管栏杆及扶手　防撞护栏钢管扶手	t	50	8110.15	405507.5
8	WG2-259	桥涵工程　现浇混凝土工程　其他构件　防撞护栏	$10m^3$		6106.56	
9	WG2-372	桥涵工程　措施项目　模板工程　防撞护栏模板	$10m^2$		547.99	

续上表

序号	定额编号	工作项目或费用名称	单位	数量	单价(元)	合价(元)
10	WG2-261	桥涵工程 现浇混凝土工程 其他构件 地梁、侧石、缘石	$10m^3$		6817.78	
11	WG2-374	桥涵工程 措施项目 模板工程 地梁、侧石、缘石模板	$10m^2$		557.61	
		小计				7150035.19

附属工程概预算标准模板

表 7-1-19

序号	定额编号	工作项目或费用名称	单位	数量	单价(元)	合价(元)
		(1)支架地基处理				1379397.14
1	WG1-258	路基、围护结构及地基处理工程 地基处理工程 高压旋喷水泥桩 钻孔	m	420	36.43	15300.6
2	WG1-261 换	路基、围护结构及地基处理工程 地基处理工程 高压旋喷水泥桩 三重管喷浆	m^3	211	1064.12	224529.32
3	WG2-236	桥涵工程 现浇混凝土工程 基础 混凝土垫层 C20 支架地基硬化	$10m^3$	144.7	5373.18	777499.15
4	WG2-235	桥涵工程 现浇混凝土工程 基础 碎石垫层	$10m^3$	217.1	1415.3	307261.63
5	WG2-236	桥涵工程 现浇混凝土工程 基础 混凝土垫层	$10m^3$	10.2	5373.18	54806.44
		小计				1379397.14
		(2)改沟工程				524757.76
1	WG1-024	路基、围护结构及地基处理工程 明挖土石方 机械挖土方 挖土方 三类土	$1000m^3$	2.8	3663.48	10257.74
2	WG1-076 换	路基、围护结构及地基处理工程 土石方运输 机械装车自卸汽车运土方 装载机装 自卸汽车运土方 运距 1km 以内 实际运距(km):20	$1000m^3$	2.8	52388.52	146687.86
3	补子目 002	渣土消纳费	m^3	2800	33	92400
4	WG4-197 换	地下结构工程 砌筑工程 片石挡土墙浆砌	m^3	560	410.94	230126.4
5	WG2-235	桥涵工程 现浇混凝土工程 基础 碎石垫层	$10m^3$	16	2830.36	45285.76
		小计				524757.76
		(3)顺路工程				878455.95
6	WG1-006	路基、围护结构及地基处理工程 明挖土石方 人工挖沟槽 深度 2m 以内 三类土	m^3	2108	42.03	88599.24

续上表

序号	定额编号	工作项目或费用名称	单位	数量	单价(元)	合价(元)
7	WG1-072 换	路基、围护结构及地基处理工程　土石方运输　人工装自卸汽车运土石方　自卸汽车运土方　运距1km以内　实际运距(km):20	$100m^3$	21.08	5974.91	125951.1
8	WG1-107	路基、围护结构及地基处理工程　护坡　碎石　干铺	m^3	1686	169.19	285254.34
9	WG1-100	路基、围护结构及地基处理工程　护坡　浆砌块石	m^3	486	252.07	122506.02
10	补子目003	现浇混凝土路面　厚度28cm	$100m^2$	13.65	17571.93	239856.84
11	补子目004	现浇混凝土路面　厚度每增减1cm	$100m^2$	13.65	1193.29	16288.41
		小计				878455.95
		(4)桥台锥体				188973.02
1	WG4-198	地下结构工程　砌筑工程　片石挡土墙干砌	m^3	18	226.59	4078.62
2	WG4-197 换	地下结构工程　砌筑工程　片石挡土墙浆砌	m^3	52.8	410.94	21697.63
3	WG2-235	桥涵工程　现浇混凝土工程　基础　碎石垫层	$10m^3$	56.93	2830.36	161132.39
4	WG2-329	桥涵工程　安装工程　安装排水管　ϕ150	10m	1.2	1720.32	2064.38
		小计				188973.02
		(5)检查台阶				46172.98
5	WG4-157 换	地下结构工程　明挖车站混凝土　混凝土台阶	m^3	66.3	580.46	38484.5
6	WG4-478	地下结构工程　措施项目　明挖车站模板工程　其他工程模板(木模板木支撑)　小型构件	m^2	99.45	77.31	7688.48
		小计				46172.98
		(6)河岸护坡				2173978.28
7	WG1-023	路基、围护结构及地基处理工程　明挖土石方　机械挖土方　挖土方　一、二类土	$1000m^3$	3.64	3151.95	11473.1
8	WG1-076 换	路基、围护结构及地基处理工程　土石方运输　机械装车自卸汽车运土方　装载机装　自卸汽车运土方　运距1km以内　实际运距(km):20	$1000m^3$	3.64	52388.52	190694.21
9	补子目002	渣土消纳费	m^3	3640	33	120120

续上表

序号	定额编号	工作项目或费用名称	单位	数量	单价(元)	合价(元)
10	WG2-235	桥涵工程 现浇混凝土工程 基础 碎石垫层	$10m^3$	109.3	2830.36	309358.35
11	WG4-197 换	地下结构工程 砌筑工程 片石挡土墙浆砌	m^3	3173	410.94	1303912.62
12	WG4-228	地下结构工程 明挖车站防水工程 土工布	m^2	7280	32.75	238420
		小计				2173978.28
		(7)跨公路时防护				258720
13	补子目 001	施工防护棚	m^2	1218	165	200970
14	补子目 002	防抛网	m^2	525	110	57750
		小计				258720
		(8)桥墩防撞设施				2343289.22
15	WG2-259 换	桥涵工程 现浇混凝土工程 其他构件 防撞护栏	$10m^3$	152	7077.38	1075761.76
16	WG2-372	桥涵工程 措施项目 模板工程防撞护栏模板	$10m^2$	197.6	547.99	108282.82
17	WG2-210	桥涵工程 钢筋工程 钢筋制作、安装 现浇混凝土 ϕ10 以内	t	181.1	6401.13	1159244.64
		小计				2343289.22
		(9)限高防撞架				412500
18	补子目 003	钢结构限高防撞架	t	50	8250	412500
		小计				412500
		10)航标牌制安				16500
19	补子目 004	航道标识牌	块	10	1650	16500
		小计				16500

7.1.3.2 工程量计算规则

(1)锚具工程量按设计用量乘以下列系数计算:锥形锚、群锚:1.05;镦头锚、螺栓锚:1.00。

(2)预应力混凝土构件的封锚混凝土数量并入构件混凝土工程量计算。

(3)Y 形等异形柱模板按柱式墩台身模板定额人工机械消耗量乘以系数 1.2,锯材消耗量乘以系数 1.05。

(4)对于支架法现浇箱梁,现浇混凝土项目提升高度超过 8m 的跨段,超高以上的混凝土(不含泵送混凝土)、模板、钢筋工程量,按照表 7-1-20 规定调整相应定额中的人工和机械。对于陆上安装梁,只需调整安装定额中的人工及起重机械的台班消耗量。

人工及起重机械台班消耗量调整　　表 7-1-20

项　目	现浇混凝土			陆上安装梁	
	人工	5t 履带式电动起重机		人工	起重机械
提升高度 H(m)	消耗量系数	消耗量系数	规格调整为	消耗量系数	消耗量系数
$H \leqslant 15$	1.02	1.02	15t 履带式电动起重机	1.10	1.25
$H \leqslant 22$	1.05	1.05	25t 履带式电动起重机	1.25	1.60
$H > 22$	1.10	1.10	40t 履带式电动起重机	1.50	2.00

(5)支架空间体积计算规则

①桥梁支架(除防撞护栏悬挑支架按防撞护栏长度计算外)以立方米空间体积计算,水上支架的高度从工作平台顶面起算。

②现浇梁、板支架工程量按高度(结构底至原地面的纵向平均高度)乘以纵向距离再乘以宽度(桥宽 +2m)计算。

③现浇盖梁支架工程量按高度(盖梁底至承台顶面的高度)乘以长度(盖梁长 +0.9m)乘以宽度(盖梁宽 +0.9m)计算,并扣除立柱所占体积。

④定额中满堂式支架和装配式钢支架只含搭拆,满堂式钢管支架和装配式钢支架分别按每立方米空间体积 50kg 和 125kg(包括扣件等)计算。

7.1.3.3　标准模板使用注意事项

(1)土石方项下机械进出场费及安拆费包括高架区间工程除架桥机、提梁机、搬梁机等以外的所有大型机械。

(2)箱梁预应力钢筋采用群锚定额,根据不同孔数套用相应定额。

(3)锚具安装定额中未包含锚具材料费,支座安装定额中未包含支座材料费,编制概预算时需根据型号规格补充支座、锚具材料费。

(4)预制箱梁采用现拌混凝土,预应力筋张拉孔采用可重复使用的橡胶棒制孔。

(5)双壁钢围堰、栈桥及水上作业平台、整孔预制箱梁运输及架设等工程,编制概预算时需要借调《铁路工程预算定额》(2017),预制箱梁蒸汽养护则需借调《铁路工程基本定额》(2017)。

(6)高架区间疏散平台按指标 1400 元/m^2 计列。

7.1.4　工程量计算规则及定额对比分析

本模块使用各地区现行城轨定额。本节主要对比分析机械挖淤泥、节段箱梁安装及钢筋、模板等定额,钻孔灌注桩见相应模块。

7.1.4.1　工程量计算规则差异

1)异形柱模板

武汉、江苏、深圳 Y 形等异形柱模板按柱式墩台身模板定额人工机械消耗量乘以系数 1.2,锯材消耗量乘以系数 1.05。杭州无规定。

2)现浇梁(板)支架

武汉、杭州支架工程量按结构底至原地面(水上支架为水上支架平台顶面)的纵向平均高度乘以纵向距离(两盖梁间的净距离)再乘以宽度(桥宽+2m)计算。

江苏、深圳计算方法同上,但宽度按"桥宽+1.5m"计算。

3)现浇盖梁支架

武汉、江苏、深圳按高度(盖梁底至承台顶面的高度)乘以长度(盖梁长+0.9m)乘以宽度(盖梁宽+0.9m)计算,并扣除立柱所占体积。

杭州按盖梁底至承台顶面高度乘以长度(盖梁长+1m)再乘以(盖梁宽+1m)计算,并扣除立柱所占体积。

7.1.4.2 重点定额对比

1)机械挖淤泥

(1)人工消耗量

深圳人工消耗量低于武汉、江苏,杭州最低。机械挖淤泥定额人工消耗量对比如表7-1-21所示。

机械挖淤泥定额人工消耗量对比(定额单位:$1000m^3$) 表7-1-21

定额		机械挖淤泥流砂			
地区		武汉	江苏	深圳	杭州
人工	名称	普工	综合人工	普通工日	一类人工
	消耗量(工日)	34.36	34.36	27.32	21.78

(2)机械台班

定额主要机械为抓铲挖掘机,武汉、江苏台班及单价基本持平。深圳台班消耗量最低,单价最高。杭州台班消耗量最高,单价最低。机械台班对比如表7-1-22所示。

机械台班对比(定额单位:$1000m^3$) 表7-1-22

定额		机械挖淤泥流砂			
地区		武汉	江苏	深圳	杭州
抓铲挖掘机	型号	$1.0m^3$	$1.0m^3$	—	—
	消耗量(台班)	8.59	8.59	6.45	9.075
	单价(元)	715.15	753	995.56	632.67

2)节段箱梁安装

(1)子目

武汉、江苏、深圳包括1条子目"架桥机安装节段梁,$B \leq 14.4m$,$L \leq 30m$"。杭州无节段箱梁安装定额。

(2)人工消耗量

主要在人工消耗量上有较大差异,深圳人工消耗量仅为武汉(江苏)的50%。人工消耗量对比如表7-1-23所示。

(3)机械台班

武汉、深圳使用800t架桥机,江苏为300t。台班单价差别较大,江苏、深圳分别为武汉的10倍、20倍。机械台班对比如表7-1-24所示。

人工消耗量对比(定额单位:10m³)　　表 7-1-23

定额		架桥机安装节段梁, $B \leq 14.4m, L \leq 30m$			
地区		武汉	江苏	深圳	杭州
人工	名称	普工+技工	综合人工	技术工日	—
	消耗量(工日)	26.37	26.37	13.37	—

机械台班对比(定额单位:10m³)　　表 7-1-24

定额		架桥机安装节段梁, $B \leq 14.4m, L \leq 30m$		
地区		武汉	江苏	深圳
架桥机	型号	800t	300t	800t
	单价(元)	1000	10489.17	20379.73
	消耗量(台班)	0.86	0.86	0.86

7.1.4.3　其他定额对比

1)钢筋

武汉、江苏、深圳预制混凝土钢筋、现浇混凝土钢筋定额均按 $\phi10$ 以内、$\phi10$ 以外分 2 类。杭州按圆钢、螺纹钢分 2 类。

武汉、深圳、杭州预制混凝土钢筋、现浇混凝土钢筋定额中钢筋消耗量均为 1.02t/t,江苏 $\phi10$ 以外(预制、现浇)钢筋消耗量为 1.04t/t,$\phi10$ 以内(预制、现浇)钢筋消耗量为 1.02t/t。

2)预应力钢筋

四地区后张法预应力钢筋制作安装均分为螺栓锚、锥形锚、JM12 型锚、镦头锚、群锚 5 类,但群锚的子目不同。

武汉、江苏分为束长 20m 以内(3 孔以内、7 孔以内、12 孔以内)、束长 40m 以内(7 孔以内、12 孔以内、19 孔以内),共 6 条子目。另外包括 1 条临时钢丝拆除子目。

深圳分为束长 20m 以内(3 孔以内、7 孔以内、12 孔以内)、束长 40m 以内(7 孔以内、12 孔以内、19 孔以内)、束长 80m 以内(12 孔以内、19 孔以内、22 孔以内、31 孔以内)、束长 120m 以内(22 孔以内、31 孔以内),共 12 条子目。另外包括 1 条临时钢丝拆除子目。

杭州在武汉的基础上多出"束长 40m 以外(7 孔以内、12 孔以内、19 孔以内)"共 3 条子目,不含临时钢丝拆除子目。

3)模板

以现浇箱梁模板定额为例,武汉人工消耗量较高,杭州最低。杭州模板消耗量略低于其他三地,武汉单价略高于其他三地。表 7-1-25、表 7-1-26 分别为人工消耗量对比和模板消耗量及单价对比。

人工消耗量对比(定额单位:10m²)　　表 7-1-25

定额		现浇箱梁模板			
地区		武汉	江苏	深圳	杭州
人工	名称	普工+技工	综合人工	技术工日	二类
	消耗量(工日)	7.49	7.164	7.164	5.99

模板消耗量及单价对比(额定单位:$10m^2$)　　表 7-1-26

定额		现浇箱梁模板			
地区		武汉	江苏	深圳	杭州
锯材	消耗量(m^3)	0.245	0.245	0.245	0.20
	单价(元)	1550	1320	1156.91	1200

4)压浆管道安装

杭州定额子目,压浆管道分为橡胶管、镀锌钢导管、波纹管。武汉、江苏、深圳定额子目,压浆管道分为橡胶管、铁皮管、波纹管。

7.2 声屏障

7.2.1 施工组织

声屏障一般用于高架区间和地面区间,在区间土建工程施工时预埋螺栓及钢板,检查预埋件符合设计图纸要求后,采用吊装机械吊装声屏障立柱,并通过螺栓将立柱固定到预埋钢板上;之后安装横梁,用螺栓与立柱连接;最后安装、固定单元隔声板,并根据景观要求粉刷涂料。

根据结构形式的不同可将声屏障分为直立式(图 7-2-1)、直弧式(图 7-2-2)、整体弧形(图 7-2-3)、封闭式 4 类(图 7-2-4),其中封闭式又可分为半封闭式和全封闭式两类。

a)　　b)

图 7-2-1　直立式声屏障

a)　　b)

图 7-2-2　直弧式声屏障

a)

b)

图 7-2-3　整体弧形声屏障

图 7-2-4　封闭式声屏障

7.2.1.1　施工工序

声屏障安装工序主要包括钢骨架安装、吸隔声单元板安装两个步骤。

A 钢骨架安装

声屏障钢骨架包括立柱及横梁,立柱安装前应预埋螺栓及钢板,并确保螺栓整齐无遗漏,表面良好,预埋钢板安装符合图纸要求。

立柱和横梁的吊装可采用吊车、轨道检修车、接触网作业车等,安装时可根据情况选择立柱和横梁连接后整体吊装,也可安装立柱后再装横梁,最后用螺栓组件将立柱和横梁连接,立柱底部与预埋钢板之间的间隙使用重力砂浆填实。

钢骨架在安装之前需要进行喷塑和镀锌,防止锈蚀。立柱安装如图 7-2-5 所示。

B 吸隔声单元板安装

(1)板材安装:吸隔声单元板采用推入式的安装方式,将单元板斜向推入型钢立柱的安装槽内,再调整单元板两端与立柱间距一致,然后安装压紧固定装置定位单元板。

(2)涂料粉刷:声屏障外墙面根据景观要求配以涂料装饰。吸隔声单元板安装如图 7-2-6 所示。

图 7-2-5 立柱安装

图 7-2-6 吸隔声单元板安装

7.2.1.2 施工进度、机械及劳动力配置

1)施工进度指标

根据调查结果,声屏障施工进度约为 110 ~ 120m/天。

2)施工机械及劳动力配置

以直立式声屏障为例,每个工作面配备主要机械设备如表 7-2-1 所示。

主要施工机械设备配置

表 7-2-1

序 号	名 称	单 位	数 量
1	吊车	台	1
2	叉车	台	1

现场配置每个工作面配置一个施工班组,施工人员配置表如表 7-2-2 所示。

施工人员配置

表 7-2-2

序号	班 组	岗 位 名 称	人 数
1	声屏障施工班组	立柱安装工	12
2		单元板安装工	8

7.2.2 施工组织与定额对应关系

声屏障施工包括钢骨架安装、吸隔声单元板安装 2 道主要工序,根据上述施工进度指标可知,直立式声屏障施工进度约为 110 ~ 120m/d。

人工和机械是定额的构成要素,也是施工组织中资源配置的重要内容,直立式声屏障组织施工时,一个工作面配备 1 台吊车,1 个施工班组(包括 12 个立柱安装工和 8 个单元板安装工)。

声屏障的施工组织取决于声屏障的选用形式,不同的施工组织导致不同形式的声屏障费用总额差距较大。声屏障的常见形式分为直立式和封闭式(半封闭式和全封闭式),直立式声屏障结构简单、施工速度快,工程费用低;封闭式声屏障结构复杂,使用吸隔声板材很多,其工程费用较高。声屏障安装使用的常规机械是吊车,当施工现场没有吊车的作业空间或者桥下没有通行条件时,就需要在铺轨完成后,采用轨道作业车进行声屏障的运输和吊装作业,从而导致工程费用提高。

声屏障施工施工组织与定额对应关系如表 7-2-3 所示。

声屏障施工组织与定额对应关系

表 7-2-3

编号	工 序 名 称	定 额 子 目	工 作 内 容
A	钢骨架安装	城轨定额第二章　WG2-338 城轨定额第四章　WG4-307/308	安装、运输钢骨架
B	吸隔声单元板安装	城轨定额第二章　WG2-339	安装吸隔声板材

7.2.3　概预算标准化设计

7.2.3.1　概预算标准模板

声屏障概预算标准模板如表 7-2-4 所示。

声屏障概预算标准模板

表 7-2-4

序号	定额编号	工作项目或费用名称	单位	数量	单价(元)	合价(元)
		直立式声屏障				18326554.01
1	WG2-338	桥涵工程　安装工程　安装隔声屏障　钢骨架	t	158.79	15271.95	2425032.94
2	WG4-307 换	地下结构工程　其他工程　型钢构件运输 1km 以内　实际运距(km):20	t	158.79	100.9	16021.91
3	WG2-339 换	桥涵工程　安装工程　安装隔声屏障　隔声屏障　板材(吸隔声单元板)	$10m^2$	153.2	8752.95	1340951.94
4	WG2-339 换	桥涵工程　安装工程　安装隔声屏障　隔声屏障　板材(通透隔声单元板)	$10m^2$	766	11601.25	8886557.5
5	WG2-339 换	桥涵工程　安装工程　安装隔声屏障　隔声屏障　板材(无机复合单元板)	$10m^2$	612.8	8752.95	5363807.76
6	借 A18-338	外墙 JH801 涂料　清水墙	$100m^2$	4.6	1140.6	5246.76
7	补子目 001	橡胶条	m	30640	9.43	288935.2
		小计				18326554.01

7.2.3.2　工程量计算规则

(1)声屏障 H 型钢立柱质量计算公式:$W \times m$,W 为单根立柱质量,m 为声屏障立柱根数。

(2)声屏障立柱根数计算公式:直立式声屏障:m = 取整$(L/2)+1+n$;全封闭/半封闭式声屏障:$m = 2\times$取整$(L/2)+2+2n$,其中 L 为声屏障长度,n 为声屏障段数。

7.2.3.3　标准模板使用注意事项

(1)钢骨架安装定额工程数量是含立柱、梁、底板、加劲板等所有钢结构数量;定额已含铝合金框工作内容,不单独计列费用,但铝合金压条单独计算费用;定额已含螺栓工作内容,不单独计列费用。

(2)编制概预算时,应注意区分声屏障隔声板和吸声板的板材类型。

7.2.4 定额对比分析

本模块主要采用各地城轨定额分析钢骨架制作安装定额、隔声板材制作安装定额。

1)隔声板材制安

(1)子目

武汉、江苏、深圳定额中只有隔声板材安装一条定额,定额中计列了隔声板材材料费。杭州定额则分为隔音屏体制作、安装两条定额。

(2)定额材料价格差异

深圳主材定额单价明显高于其他三地区。

隔声板材定额材料单价对比如表 7-2-5 所示。

隔声板材定额材料单价对比(定额单位:m^2) 表 7-2-5

定额		隔声板材制作安装			
地区		武汉	江苏	深圳	杭州
板材	规格	卡普龙板	阳光板	卡普龙板	PC 隔音板
	单价(元/m^2)	48	70	600	75

2)钢骨架制安定额

武汉、深圳定额中只有钢骨架安装子目,定额中计列了型钢材料费;江苏定额中也只有安装定额,但定额中未计列型钢材料费;杭州定额则包括钢骨架制作、安装两条定额,并且杭州定额中已包含镀锌、喷塑工作内容。

第8章　轨 道 工 程

8.1　施工组织

轨道(图8-1-1)是城市轨道交通运营设备的基础,它引导列车运行,直接承受来自列车的荷载,并将其分布传至路基或桥隧结构物。轨道结构一般由钢轨、扣件、轨枕、道床、道岔及其他附属设备组成。为了确保列车安全、平稳、快速运行和乘客舒适,适应轨道交通列车轴重轻、行车密度大、运营时间长、维修时间短的特点,轨道结构应具有足够的强度、稳定性、耐久性和适量的弹性,并应具有正确的几何形位。

图8-1-1　盾构隧道轨道工程

8.1.1　施工工序

轨道工程施工一般包括正线轨道工程施工、道岔整体道床施工、钢轨焊接及应力放散施工等。轨道工程总体施工工艺流程如图8-1-2所示。

A 正线轨道工程施工

正线轨道工程施工流程可分为六大步骤:铺设门式起重机走形轨→绑扎整体道床底部钢筋→架设轨排→绑扎整体道床面部钢筋→微调→浇筑整体道床混凝土。

A1 一般整体道床施工方法

地下线一般整体道床的施工方法有两种,即"轨排架轨法"和"散铺架轨法",是目前国内所普遍采用的整体道床施工工艺。

"轨排架轨法":在铺轨基地将组装好的轨排吊装到平板车上,由轨道车运送至工作面,完成架轨、调轨后进行混凝土浇筑。道床混凝土采用商品混凝土,按照已确定的配合比由指定搅拌站实施供应,用混凝土搅拌运输车运送至最近下料口,通过泵送或漏斗输送到地下工程平板车混凝土受料斗内,采用轨道车推送混凝土料斗至工作面附近,铺轨门式起重机吊运混凝土料斗到工作面完成道床混凝土浇筑。

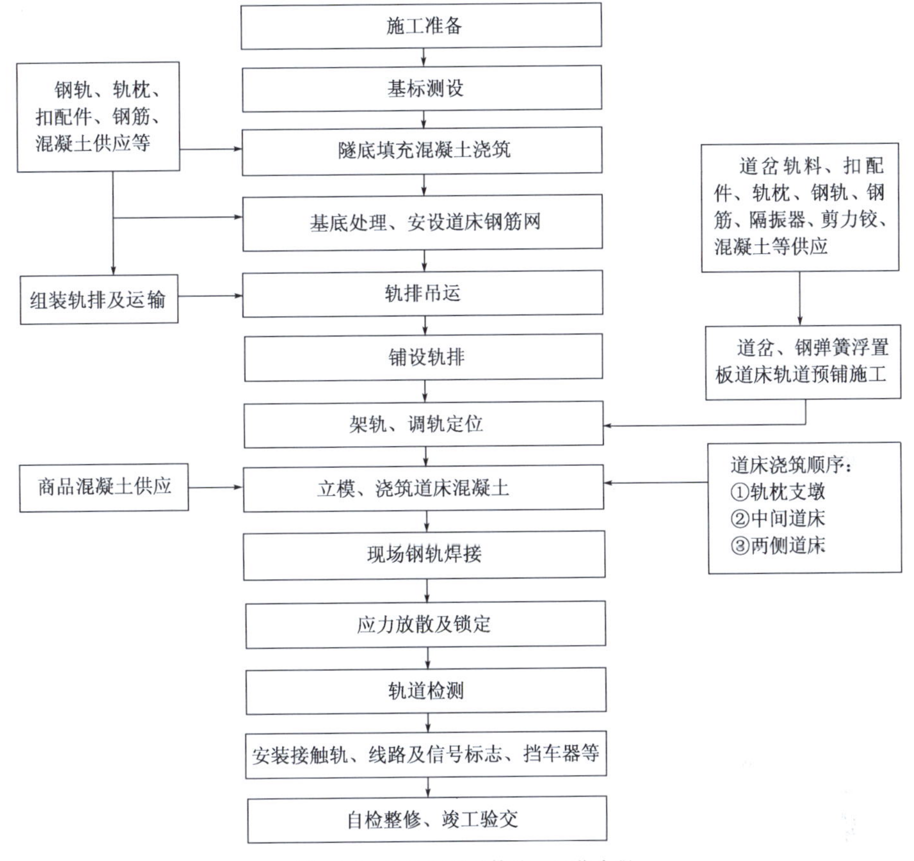

图 8-1-2 轨道工程总体施工工艺流程

“散铺架轨法”:将钢轨、扣件、轨枕等轨料通过汽车运输至下料口,使用吊车或门式起重机吊放至隧道内,并由人工完成运输、架轨、调轨等工序,然后进行混凝土浇筑。道床混凝土采用商品混凝土,按照已确定的配合比由指定搅拌站实施供应,用混凝土搅拌运输车运送至最近下料口,通过泵送到地下工作面完成道床混凝土浇筑。

一般整体道床施工流程如图 8-1-3 所示。

a)基标测设

b)轨排运输

图 8-1-3

c)轨料洞内运输

d)铺设轨排

e)钢筋制作

f)钢筋绑扎、焊接

g)混凝土浇筑

h)成型道床

图 8-1-3　一般整体道床施工流程示意图

常用的中等减振措施是减振扣件(图 8-1-4)。普通扣件整体道床与减振扣件整体道床的施工工艺基本相同,两者的主要区别为后者采用减振扣件。扣件结构由轨下弹性垫板、上铁垫板、中间弹性垫板、下铁垫板和锁定机构等部件组成。

A2 橡胶隔振垫整体道床施工

橡胶隔振垫整体道床为常用的高等减振措施,其施工一般采用"预铺垫轨排架轨法"进行施工。根据减振垫浮置板轨道的结构特点,基础垫层混凝土浇筑完毕后,再进行减振垫铺设。同时在铺轨基地用标准轨将轨枕及扣件组装成轨排,轨道平板车推送至施工现场,用铺轨车吊运至铺设位置,并利用工装初调,再利用SCP网进行调整轨道状态,最后检查轨道状态,确认符合要求后浇筑道床混凝土。图8-1-5、图8-1-6分别为地下段减振道床垫和橡胶隔振垫整体道床施工示意图。

a)GJ-III型减振扣件

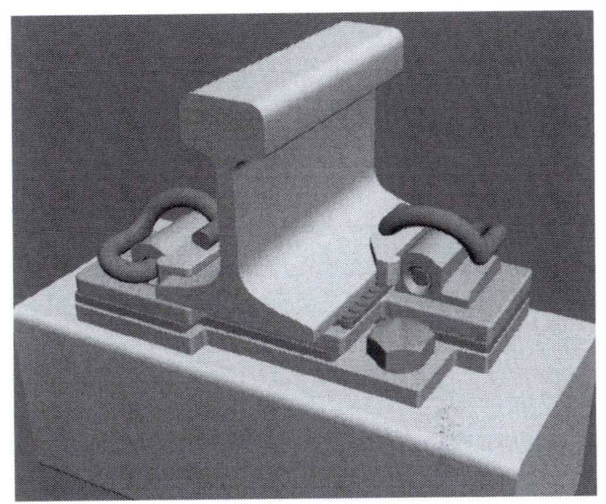

b)双层非线性减振扣件

c)弹条Ⅰ型分开式扣件

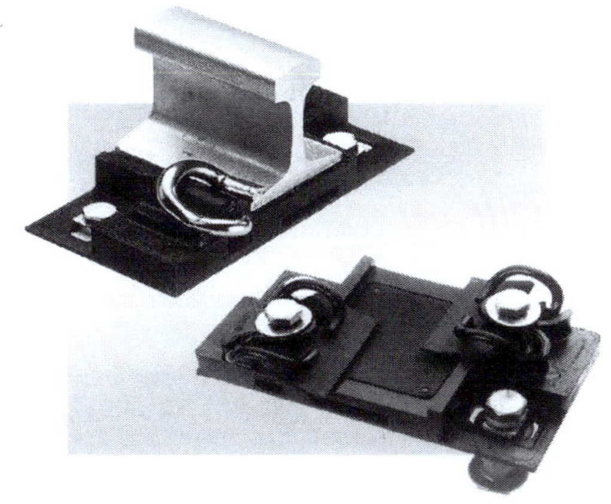

d)LORD扣件

图8-1-4 扣件示意图

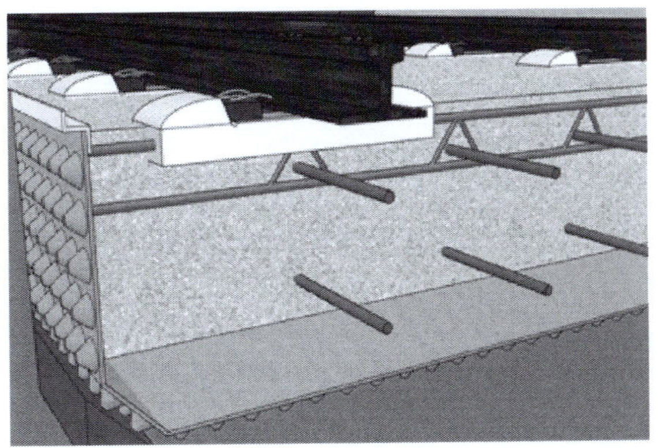

图8-1-5 地下段减振道床垫示意图

a)基地钢筋绑扎及安装水沟模板

b)浇筑基底

c)安装钢丝网、铺橡胶隔振垫

d)轨排拼装及粗调

e)拼装轨枕

f)钢筋绑扎

g)轨道精调

h)道床收光抹面

图 8-1-6　橡胶隔振垫整体道床施工示意图

A3 钢弹簧浮置板道床施工

钢弹簧浮置板道床是常用的特殊减振措施，钢弹簧浮置板道床采用“整体钢筋吊装式浮置板”施工工艺，即在基地绑扎浮置板钢筋笼，轨道车运输至工作面，洞内利用铺轨门式起重机将钢筋网片就位，调整轨道几何尺寸，进行混凝土整体道床浇注的施工方案。图 8-1-7 为钢弹簧浮置板道床施工示意图。

a)浇筑完成的浮置板底板

b)绑扎完成的浮置板钢筋笼

c)调轨完成待浇筑的浮置板钢筋笼

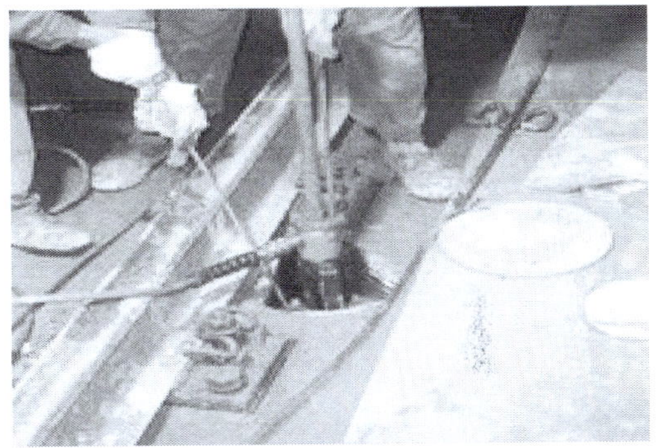

d)钢弹簧浮置板道床的顶升作业

e)钢弹簧浮置板道床成品

图 8-1-7 钢弹簧浮置板道床施工示意图

B 道岔整体道床施工

道岔铺设通常采用“支墩架轨法”，即从轨排井（或下料口）将道岔料倒运至施工地点后，人工进行架轨，安装混凝土短岔枕，调轨，灌注轨下混凝土支墩，最后拆除钢轨支撑架，灌注道床混凝土并养生。图 8-1-8 为道岔施工示意图。

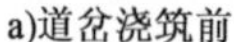
a)道岔浇筑前

b)浇筑完成后的道岔

图 8-1-8 道岔施工示意图

C 钢轨焊接及无缝线路应力放散施工

正线钢轨焊接(图 8-1-9)主要采用"直铺法"。焊轨设备组装调试并形成能力后,即进行焊接型式试验,确定焊轨参数,首先在现场根据铺轨综合图将待焊轨焊接成单元轨条,当焊轨作业进行到一定长度后,在不影响总工期的前提下,进行无缝线路应力放散和焊联锁定,施工以区间为单位,左、右线交替进行。放散、锁定时按轨温条件采用两种施工方法:一是在设计锁定轨温范围以内时,采用"滚筒法"进行应力放散后锁定;二是实际锁定轨温低于设计锁定轨温时,采用"拉伸器滚筒法"进行应力放散后拉伸锁定。

a)钢轨端头打磨

b)打磨后钢轨对位

c)焊轨

d)正火

图 8-1-9

e)粗磨

f)精磨

g)测量轨面平直度

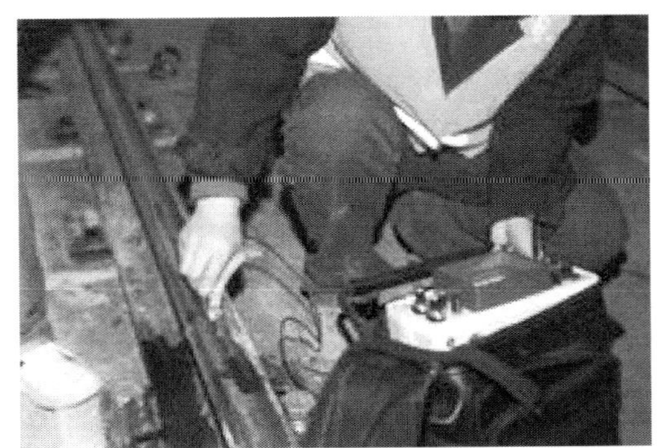

h)焊缝超声波探伤

图 8-1-9 钢轨焊接施工示意图

D 车辆基地铺轨

车辆基地铺轨可分为库内线铺轨和库外线铺轨两大部分。

D1 库内线铺轨

库内线一般可以分为立柱式检查坑整体道床、侧壁式检查坑整体道床、一般整体道床及横通道地段整体道床。

立柱式检查坑整体道床的施工与普通整体道床的施工流程基本相同,其特殊性在于结构高度较高,每个立柱单体必须得立模,混凝土浇筑方量又不多,且浇筑难度较大。

侧壁式检查坑整体道床的施工流程与柱式检查坑整体道床以及普通整体道床基本相同,只是由于库内侧壁式检查坑整体道床在具体施工时受到场地限制比较大,以至于轨排的架设比较困难或者轨排架设后的稳定性及安全性会受到影响,针对库内侧壁式检查坑施工的特点制订具有针对性的施工方案。

横通道整体道床施工采用临时支墩法施工,由于钢轨底面距离混凝土面的距离小,所以横通道整体道床的轨排架设采用下承式钢轨支撑架。轨排架设完毕调整以后,立支墩模板,浇筑支墩混凝土,再拆除支撑架,浇筑道床混凝土。

图 8-1-10 为库内道床示意图。

a)库内一般整体道床

b)库内侧壁式整体道床

c)库内立柱式整体道床

d)横通道一般整体道床

图 8-1-10 库内道床示意图

D2 库外线铺轨

碎石道床施工先依据设计图纸及临时线路中心桩,沿线路方向将钢轨及轨枕按照设计数量进行摆放及堆码,采用汽车将道砟运至路基指定位置沿线路方向摊铺,采用机械辅以人工进行平整,采用小吨位压路机进行碾压,使道砟达到相对密实,在临时线路中心桩两侧根据轨枕宽度布置轨枕边缘线,人工散布轨枕,用特制吊架将钢轨吊放至承轨槽内,用鱼尾板将单根钢轨进行连接,按照设计要求安装扣件,再进行补砟、起道、捣固、养护等作业程序使轨道达到设计标准。

出入线地面段碎石道床(图 8-1-11)施工时,先利用运输便道将道砟运输至敞开段边缘,由挖掘机将道砟倒运至一股道的路基上,采用人工进行平整,布设轨枕连接钢轨,轨道在没有进行捣固前轨道车不能上道行驶。其中另外一股道在整体道床施工完毕之后进行施工,施工时道砟的运输直接采用轨道平板车从车辆基地将道砟运输至地面线进行铺设。

a)

b)

图 8-1-11 碎石道床示意图

8.1.2 施工进度、机械及劳动力配置

1)施工进度指标

根据《城市轨道交通工程项目建设标准》(建标 104—2008),轨道工程的全线施工工期约为 9 个月。

其中,地下段机械铺轨进度约 75m/d/工作面;高架段人工铺轨进度约 50m/d/工作面,机械铺轨进度约 100m/d/工作面;单开道岔约 7 ~ 10d/组,交叉渡线约 28-35d/组,无缝线路钢轨焊接约 250m/d;应力放散及锁定约 0.9 ~ 1.5km/d。铺道岔、钢轨焊接和应力放散可以与铺轨交叉进行,总工期稍滞后于铺轨工期。

根据调查统计,轨道工程施工进度指标如表 8-1-1 所示。

轨道工程施工进度指标 表 8-1-1

序号	项目	施工进度
1	整体道床机械铺轨	75m/d/工作面
2	钢弹簧浮置板道床	6m/d/工作面
3	整体道床单开道岔	7 ~ 10d/组
4	整体道床交叉渡线	28 ~ 35d/组
5	无缝线路钢轨焊接	250m/d
6	无缝线路应力放散及锁定	0.9 ~ 1.5km/d

综合来说,一般情况下轨道工程的施工进度指标约为 50 ~ 75m(单线)/班/d。

2)施工机械及劳动力配置

以某地铁线路一期工程为例,线路全长 24.684km 正线一次铺设无缝线路,采用移动式接触焊进行钢轨焊接,全线道岔采用 60kg/m 钢轨 9 号单开道岔、5m 间距交叉渡线,特殊减振地段为钢弹簧浮置板道床。

施工采用主要施工机械设备如表 8-1-2 所示。

主要施工机械设备配置　　表 8-1-2

序　号	名　称	单　位	数　量	备　注
1	装载机	台	1	施工装卸、运输设备
2	汽车式起重机	台	2	
3	自卸汽车	台	4	
4	基地门式起重机	台	2	铺轨机械设备
5	洞内铺轨起重机	台	6	
6	轨道平板车	台	10	
7	轨道车	台	2	
8	移动式焊轨机	台	2	焊轨机具设备
9	钢轨打磨机	台	2	
10	轨道监测记录仪	台	1	其他机械设备
11	电焊机	台	12	

现场配置综合作业班组、铺轨作业班组、道床作业班组、焊轨作业班组、工程运输班组、机修班组、测量班组，正线施工分 2 个工作面，70 人/工作面；焊轨作业班组为 2 个工作面，40 人/工作面；综合施工班组为 1 个工作面，50 人/工作面。施工人员配置如表 8-1-3 所示。

施工人员配置　　表 8-1-3

序号	班　组	人数	工 作 内 容
1	综合作业班组	50	基地建设，轨排钉联，场内材料装卸、整理，作业现场材料押运、场内看守及线路维护等
2	铺轨作业班组	140	道床道岔铺设，联络线及辅助线整体道床施工，线路有关等工程安装施工
3	道床作业班组	103	正线及联络线、配线整体道床轨道施工
4	焊轨作业班组	80	无缝线路钢轨接头焊接、应力放散与锁定、轨道检测与整修
5	工程运输班组	50	工程运输调度临时管理，轨道车、车辆的检修维护，全线的监管运输和线路维护
6	机修班组	13	机械设备的管理、使用和保养维修，钢筋、模板及其他机械加工，施工现场水电安装维修等
7	测量班组	6	接收、保管、复核基标测设单位移交的水准点、坐标控制点，配合定位定线、基标测设等工作

8.2　施工组织与定额对应关系

轨道工程施工包含铺轨、铺道床、铺道岔、线路有关工程、铺轨基地等 5 项主要工程。根据上述施工进度指标可知，高架桥人工铺轨进度单工作面约 50m/d，高架桥机械铺轨进度单工作面约 100m/d，地下机械铺轨进度单工作面 75m/d；单开道岔 10 天/组，交叉渡线 35 天/组，无缝线路钢轨焊接 250m/d；应力放散及锁定 0.9 ~ 1.5km/d。

人工和机械是定额的构成要素，也是施工组织中资源配置的重要内容。轨道工程组织施工时，装卸、运输设备配置1辆装载机、2台汽车式起重机、4辆自卸汽车；铺轨机械配置2台铺轨基地门式起重机、6台洞内铺轨起重机、2台轨道车、10辆轨道平板车；焊轨机具配置移动式焊轨机、打磨机等。现场配置正线施工班组、焊轨作业班组、综合施工班组。正线施工班组分2个工作面，70人/工作面；焊轨作业班组分2个工作面，40人/工作面；综合施工班组为1个工作面，50人/工作面。

常用的中等减振措施是减振扣件，常用的高等减振措施是橡胶隔振垫减振道床，常用的特殊减振措施是液体阻尼钢弹簧浮置板道床。一般来说，减振措施越强，减振比例越高，轨道工程费用越高。如特殊减振地段钢弹簧浮置板道床施工定位精度要求高，现场浇筑混凝土跨度大，整体质量控制难度大，铺设周期长，与一般减振道床相比其工程费用较高。

轨道工程施工组织与定额对应关系如表8-2-1所示。

轨道工程施工组织与定额对应关系 表8-2-1

编号	工序名称	定额子目	工作内容
A	铺轨	城轨定额第五章 WG5-005/035/143/154/145/148 城轨定额第三章 WG3-160/170 铁路定额第四章 GY-40/42	轨节拼装、铺轨、轨料运输、应力放散、洞内临时工程、钢轨预打磨等
B	铺道床	城轨定额第五章 WG5-183/184/185/154/316 城轨定额第二章 WG2-276 城轨定额第八章 WG8-062	道床混凝土、模板、钢筋，轨料运输、扁钢等
C	铺道岔	城轨定额第五章 WG5-168/154/146/181/154	单开道岔和交叉渡线
D	线路有关工程	城轨定额第五章 WG5-248/…/317	线路及信号标志、平交道口、轨道常备材料等
E	铺轨基地	补充独立费	

8.3 概预算标准化设计

8.3.1 概预算标准模板

正线铺轨工程以一般整体道床铺轨概预算标准模板为例介绍，其他类型道床铺轨工程开项均可参考“一般整体道床铺轨”，注意根据实际情况替换扣件和轨枕类型。正线铺道床工程以一般整体道床、橡胶隔振垫道床、液体阻尼钢弹簧浮置板道床和预制板道床为例介绍；固态阻尼钢弹簧浮置板道床和橡胶弹簧浮置板道床开项与液态阻尼钢弹簧浮置板道床相同，注意替换弹簧减振器类型。铺轨基地按150万元/座计列。轨道概预算标准模板如表8-3-1～表8-3-8所示。

正线铺轨概预算标准模板 表 8-3-1

序号	定额编号	工作项目或费用名称	单位	数量	单价(元)	合价(元)
		一般整体道床—铺轨				107991793.8
1	WG5-005	轨道工程 轨节拼装 混凝土长枕 1680 根	km	32.286	35229.17	1137408.98
2	WG5-035 换	轨道工程 隧道内整体道床铺轨 机械铺轨 60kg 钢轨(单趾弹条扣件) 混凝土长枕 1680 根	km	32.286	3023704.51	97623323.81
3	WG5-143	轨道工程 铺设无缝线路 工地钢轨焊接 接触焊	个接头	2582	3322.66	8579108.12
4	WG5-154	轨道工程 轨料运输 垂直运输 轨料	t	18469.92	9.35	172693.75
5	WG5-145	轨道工程 铺设无缝线路 应力放散及锁定 应力放散正线	km·次	32.29	11028.16	356099.29
6	WG5-148	轨道工程 铺设无缝线路 应力放散及锁定 锁定	km·次	32.29	3814.18	123159.87
		小计				107991793.8

铺道岔概预算标准模板 表 8-3-2

序号	定额编号	工作项目或费用名称	单位	数量	单价(元)	合价(元)
		(1)铺道岔—单开道岔				13274978.8
1	WG5-168	轨道工程 铺道岔 单开道岔 整体道床 60kg 9 号	组	34	384847.46	13084813.64
2	WG5-154	轨道工程 轨料运输 垂直运输 轨料	t	863.974	9.35	8078.16
3	WG5-146	轨道工程 铺设无缝线路 应力放散及锁定 应力放散 道岔 9 号	组·次	34	5355.5	182087
		小计				13274978.8
		(2)铺道岔—交叉渡线				9708371.19
4	WG5-181	轨道工程 铺道岔 交叉渡线 整体道床 60kg 9 号	组	5	1935115.8	9675579
5	WG5-154	轨道工程 轨料运输 垂直运输 轨料	t	643.2823	9.35	6014.69
6	WG5-146	轨道工程 铺设无缝线路 应力放散及锁定 应力放散 道岔 9 号	组·次	5	5355.5	26777.5
		小计				9708371.19
		(3)合成树脂道岔—单开道岔				16107815.7
7	WG5-168	轨道工程 铺道岔 单开道岔 合成树脂轨枕 60kg 9 号	组	30	531337.94	15940138.2
8	WG5-154	轨道工程 轨料运输 垂直运输轨料	t	750	9.35	7012.5

续上表

序号	定额编号	工作项目或费用名称	单位	数量	单价(元)	合价(元)
9	WG5-146	轨道工程 铺设无缝线路 应力放散及锁定 应力放散 道岔9号	组·次	30	5355.5	160665
		小计				16107815.7
		(4)合成树脂道岔—交叉渡线				16098660.86
10	WG5-181换	轨道工程 铺道岔 交叉渡线 整体道床 60kg 9号	组	6	2677178.06	16063068.36
11	WG5-154	轨道工程 轨料运输 垂直运输 轨料	t	370	9.35	3459.5
12	WG5-146	轨道工程 铺设无缝线路 应力放散及锁定 应力放散 道岔9号	组·次	6	5355.5	32133
		小计				16098660.86

正线铺道床概预算标准模板 表8-3-3

序号	定额编号	工作项目或费用名称	单位	数量	单价(元)	合价(元)
		(1)一般整体道床—铺道床				94086527.72
1	WG5-183	轨道工程 铺道床 整体道床 隧道内 预拌混凝土C35	$10m^3$	7996.27	5944.46	47533507.16
2	WG5-184	轨道工程 铺道床 整体道床 隧道内 模板	$10m^2$	11194.8	375.67	4205543.00
3	WG5-185	轨道工程 铺道床 整体道床 隧道内 钢筋制作、安装	t	2398.88	5954.94	14285186.47
4	WG5-154	轨道工程 轨料运输 垂直运输 轨料	t	2398.88	9.35	22429.53
5	WG5-316	轨道工程 其他 扁钢条制安	10m	4235.67	181.43	768477.43
6	WG2-276	桥涵工程 现浇混凝土工程 箱涵接缝处理 嵌沥青木丝板	$10m^2$	702.47	521.85	366583.97
7	WG8-062	供电工程 杂散电流 设备安装 测防端子电连接	套	26427	1018.08	26904800.16
		小计				94086527.72
		(2)橡胶隔振垫整体道床—铺道床				65947347.45
8	WG5-183换	轨道工程 铺道床 整体道床 隧道内 预拌混凝土C40	$10m^3$	1384.688	6171.35	8545394.29
9	WG5-184	轨道工程 铺道床 整体道床 隧道内 模板	$10m^2$	1938.563	375.67	728259.96
10	WG5-185	轨道工程 铺道床 整体道床 隧道内 钢筋制作、安装	t	1018.82	5953.39	6065432.8
11	WG5-154	轨道工程 轨料运输 垂直运输 轨料	t	1019	9.35	9527.65
12	补子目001	检查孔及盖板	套	589	990	583110

续上表

序号	定额编号	工作项目或费用名称	单位	数量	单价(元)	合价(元)
13	补子目 002	密封条	m	13956	132	1842192
14	WG5-316	轨道工程 其他 扁钢条制安	10m	1810.509	181.43	328480.65
15	补子目 003	橡胶隔振垫	m^2	26185	1650	43205250
16	WG8-062	供电工程 杂散电流 设备安装 测防端子电连接	套	3120	1018.08	3176409.6
17	WG2-276	桥涵工程 现浇混凝土工程 箱涵接缝处理 嵌沥青木丝板	$10m^2$	230	521.85	120025.5
18	补子目 004	钢盖板	m^2	6978	192.5	1343265
		小计				65947347.45
		(3)液态阻尼钢弹簧浮置板整体道床—铺道床				85196893.58
19	WG5-195 换	轨道工程 铺道床 浮置板减振道床 浮置板道床及承轨台 预拌混凝土 C40	$10m^3$	827.988	6846.86	5669117.92
20	WG5-196	轨道工程 铺道床 浮置板减振道床 浮置板道床及承轨台 模板	$10m^2$	1159.183	516.08	598231.16
21	WG5-197	轨道工程 铺道床 浮置板减振道床 浮置板道床及承轨台 钢筋制作、安装	t	2085.36	5739.94	11969841.28
22	WG5-154	轨道工程 轨料运输 垂直运输 轨料	t	2085	9.35	19494.75
23	WG5-200	轨道工程 铺道床 浮置板减振道床 安装浮置板道床弹簧减振器	个	6536.4	9328.91	60977487.32
24	补子目 001	检查孔及盖板	套	687.16	990	680288.4
25	补子目 002	密封条	m	8380	132	1106160
26	WG5-316	轨道工程 其他 扁钢条制安	10m	871.093	181.43	158042.4
27	WG8-062	供电工程 杂散电流 设备安装 测防端子电连接	套	3120	1018.08	3176409.6
28	WG2-276	桥涵工程 现浇混凝土工程 箱涵接缝处理 嵌沥青木丝板	$10m^2$	67.54	521.85	35245.75
29	补子目 004	钢盖板	m^2	4190	192.5	806575
		小计				85196893.58
		(4)预制板道床—铺道床				9447206.96
30	WG5-198	轨道工程 铺道床 浮置板减振道床 预制浮置板道床 C50	$10m^3$	204.193	8884.82	1814218.05
31	WG5-197	轨道工程 铺道床 浮置板减振道床 浮置板道床及承轨台 钢筋制作、安装	t	621.457	5739.94	3567125.89
32	借 D2-410 换	运输小型构件 汽车运输 机械装卸 运距 1km 实际运输距离(km):10	$10m^3$	204.193	1588.75	324411.63

续上表

序号	定额编号	工作项目或费用名称	单位	数量	单价(元)	合价(元)
33	WG5-199 换	轨道工程 铺道床 浮置板减振道床 安装浮置板道床	延长米	1776	921	1635696
34	WG5-183 换	轨道工程 铺道床 整体道床 隧道内 预拌混凝土	$10m^3$	136.36	6171.35	841525.29
35	WG5-184	轨道工程 铺道床 整体道床 隧道内 模板	$10m^2$	109.088	375.67	40981.09
36	WG5-185	轨道工程 铺道床 整体道床 隧道内 钢筋制作、安装	t	186.792	5953.39	1112045.62
37	WG1-201	路基、围护结构及地基处理工程 地沟盖板预制	m^3	84.44	842.69	71156.74
38	WG1-202	路基、围护结构及地基处理工程 地沟盖板安装	m^3	84.44	38.72	3269.52
39	WG2-211	桥涵工程 钢筋工程 钢筋制作、安装现浇混凝土 ϕ10 以外	t	4	5840.43	23361.72
40	借 D2-410 换	运输小型构件 汽车运输 机械装卸 运距 1km 实际运输距离(km):10	$10m^3$	8.444	1588.75	13415.41
		小计				9447206.96

车辆基地铺轨概预算标准模板 表 8-3-4

序号	定额编号	工作项目或费用名称	单位	数量	单价(元)	合价(元)
		(1)整体道床—铺轨				31874876
1	WG5-026 换	轨道工程 隧道内整体道床铺轨 机械铺轨 60kg 钢轨(弹条Ⅰ型分开式扣件)混凝土短枕 1680 对	km	2.14	2546951	5450476
2	WG5-121 换	轨道工程 库内人工铺轨整体道床 50kg 钢轨 1440 对 轨长 25m	km	4.62	2185753	10098180
3	WG5-123 换	轨道工程 库内人工铺轨检查坑有轨枕 50kg 钢轨轨长 25m 1440 对	km	6.63	2187563	14503544
4	WG5-143	轨道工程 铺设无缝线路工地钢轨焊接 接触焊	个接头	539	3322.66	1790913.7
5	WG5-145	轨道工程 铺设无缝线路应力放散及锁定 应力放散 正线	km・次	2.14	11028.2	23600.26
6	WG5-148	轨道工程 铺设无缝线路应力放散及锁定 锁定	km・次	2.14	3814.18	8162.35
		小计				31874876

续上表

序号	定额编号	工作项目或费用名称	单位	数量	单价(元)	合价(元)
		(2)碎石道床—铺轨				7336774
7	WG5-068 换	轨道工程　地面碎石道床铺轨　人工铺轨　混凝土枕 60kg 钢轨 25m　1680 根	km	1.55	1739205	2699246.9
8	WG5-064	轨道工程　地面碎石道床铺轨　人工铺轨　混凝土枕 50kg 钢轨 25m　1600 根	km	2.74	1535332	4205273
9	WG5-143	轨道工程　铺设无缝线路　工地钢轨焊接　接触焊	个接头	123.16	3322.66	409218.81
10	WG5-145	轨道工程　铺设无缝线路　应力放散及锁定应力放散　正线	km・次	1.55	11028.2	17115.7
11	WG5-148	轨道工程　铺设无缝线路　应力放散及锁定　锁定	km・次	1.55	3814.18	5919.61
		小计				7336774

车辆基地铺道岔概预算标准模板　　表 8-3-5

序号	定额编号	工作项目或费用名称	单位	数量	单价(元)	合价(元)
		(1)单开道岔 7 号				11265887.6
1	WG5-158	轨道工程　铺道岔　单开道岔　混凝土岔枕 50kg　7 号	组	37	301666.35	11161654.95
2	WG5-152	轨道工程　轨料运输　水平运输　标准轨及道岔 10km 以内装、运、卸	t	456.58	228.29	104232.65
		小计				11265887.6
		(2)单开道岔 9 号				767441.79
3	WG5-160 换	轨道工程　铺道岔　单开道岔　混凝土岔枕 60kg　9 号	组	2	377919.82	755839.64
4	WG5-152	轨道工程　轨料运输　水平运输　标准轨及道岔 10km 以内装、运、卸	t	50.822	228.29	11602.15
		小计				767441.79
		(3)交叉渡线 7 号				2590043.93
5	WG5-176 换	轨道工程　铺道岔　交叉渡线　木岔枕 50kg　7 号	组	2	1271525.18	2543050.36
6	WG5-152	轨道工程　轨料运输　水平运输　标准轨及道岔 10km 以内装、运、卸	t	205.85	228.29	46993.57
		小计				2590043.93

车辆基地铺道床概预算标准模板

表 8-3-6

序号	定额编号	工作项目或费用名称	单位	数量	单价(元)	合价(元)
		(1)整体道床—铺道床				11798314.68
1	WG5-189	轨道工程　铺道床　整体道床　路基上　预拌混凝土 C35	$10m^3$	921.8	5913.05	5450649.49
2	WG5-189 换	轨道工程　铺道床　整体道床　路基上　预拌混凝土 C40	$10m^3$	180.8	6139.94	1110101.15
3	WG5-190	轨道工程　铺道床　整体道床　路基上　模板	$10m^2$	1543.64	323.3	499058.81
4	WG5-191	轨道工程　铺道床　整体道床　路基上　钢筋制作、安装	t	556.12	5885.67	3273138.8
5	WG5-316	轨道工程　其他　扁钢条制安	10m	8018.37	181.43	1454772.87
6	WG2-276	桥涵工程　现浇混凝土工程　箱涵接缝处理　嵌沥青木丝板	$10m^2$	20.3	521.85	10593.56
		小计				11798314.68
		(2)碎石道床—铺道床				6956664.15
7	WG5-203	轨道工程　铺道床　粒料道床　底砟　木枕、混凝土枕线路　碎石	$1000m^3$	3.6783	131787.52	484754.03
8	WG5-206	轨道工程　铺道床　粒料道床　机械铺设面砟	$1000m^3$	22.1351	292382.24	6471910.12
		小计				6956664.15

线路有关工程概预算标准模板

表 8-3-7

序号	定额编号	工作项目或费用名称	单位	数量	单价(元)	合价(元)
		(1)正线有关工程				50296624
1	WG5-249	轨道工程　线路信息标志　地面、桥面及高架　公里标	100 个	0.8	66209.6	52967.69
2	WG5-252	轨道工程　线路信息标志　地面、桥面及高架　警冲标	100 个	0.11	9654.92	1062.04
3	WG5-258	轨道工程　线路信息标志　位移观测桩	100 个	13.98	5319.96	74373.04
4	WG5-239	轨道工程　钢轨伸缩调节器 60kg 钢轨　伸缩量 1000mm 桥面	对		118931	
5	WG5-310	轨道工程　其他　钢轨架车挡	处	4	22230.3	88921.28
6	WG5-313	轨道工程　其他　DDCQY 型液压缓冲挡车器	处	8	178280	1426242

续上表

序号	定额编号	工作项目或费用名称	单位	数量	单价(元)	合价(元)
7	WG5-245	轨道工程　安装防脱护轨铺设护轮轨　混凝土轨 50kg	100 单侧延长米	519.29	37212.1	19323882
8	WG5-314	轨道工程　其他　线路涂油器	处	12	2162.29	25947.48
9	补子目 003	高强度复合树脂水沟盖板	m	5089	268.24	1365073.4
10	补子目 023	铸铁过水挡渣篦子	个	182	301.76	54920.32
11	补子目 001	CPⅢ精测网布置	km	80.12	50000	4006000
12	补子目 002	冻结接头	个	372	2011.77	748378.44
13	补子目 007	扣件防腐防锈处理	km	80.12	67058.8	5372751.9
14	GY-40	钢轨预打磨	km	80.12	7165.3	574083.84
15	GY-42	无砟轨道预打磨后清理铁屑	km	80.12	5232.18	419202.26
16	WG3-160 + WG3-161	隧道工程　措施项目　洞内临时工程　洞内通风　一季度以内　实际季度(季度):2	100m	801.2	14100.1	11297000
17	WG3-170 + WG3-171	隧道工程　措施项目　洞内临时工程　洞内照明　一季度以内　实际季度(季度):2	100m	801.2	6822.04	5465818.5
		小计				50296624
		(2)车辆基地有关工程				15631870
18	WG5-258	轨道工程　线路信息标志位移观测桩	100 个	0.26	5319.96	1383.19
19	WG5-259	轨道工程　线路信息标志轨道基标	100 个	17.67	59374	1049139.3
20	WG5-309	轨道工程　其他　CDKN 型库内车挡	处	27	60884.1	1643870.7
21	WG5-313	轨道工程　其他　DDCQY 型液压缓冲挡车器	处	8	178280.25	1426242
22	WG5-216	轨道工程　安装轨道加强设备　轨距杆绝缘 $\phi34$	100 根	14.4	15432.7	222230.59
23	补子目 001	橡胶嵌丝道口板	m^2	55	5364.7	295058.5
24	补子目 002	道岔内冻结接头	个	28	2011.77	56329.56
25	补子目 003	轮缘槽橡胶条	m	3122.58	950	2966446.4
26	补子目 007	扣件防腐防锈处理	km	95.22	67058.8	6385525
27	GY-40	钢轨预打磨	km	96.8	7165.3	693629.7
28	GY-42	无砟轨道预打磨后清理铁屑	km	89.02	5232.18	465789.59
29	WG5-208	轨道工程　铺道床　线路沉落整修　机械捣固	km	9.87	43187.9	426225.32
		小计				15631870

线路备料概预算标准模板

表 8-3-8

序号	定额编号	工作项目或费用名称	单位	数量	单价(元)	合价(元)
		(1)正线线路备料				3598099.6
1	WG5-281 换	轨道工程　轨道常备材料　无缝线路钢轨常备材料　混凝土长枕(单趾弹条扣件)	100km	0.68	959329	652727.61
2	WG5-282 换	轨道工程　轨道常备材料　无缝线路钢轨常备材料　混凝土短枕(单趾弹条扣件)	100km	0.09	961437	89125.19
3	WG5-281 换	轨道工程　轨道常备材料　无缝线路钢轨常备材料　混凝土长枕(双层非线性减振扣件)	100km	0.09	1084610	93927.21
4	WG5-288	轨道工程　轨道常备材料　单开道岔混凝土岔枕 9 号	组	2	260423	520845.46
5	WG5-302	轨道工程　轨道常备材料　交叉渡线　混凝土岔枕 60kg　9 号	组	1	1631507	1631507
6	补子目 008	60kg/m 钢轨 9 号单开道岔高锰整铸辙叉	组	6	47799.5	286797.06
7	补子目 009	60kg/m 钢轨 9 号道岔直、曲线尖轨	组	8	14162.8	113302.64
8	补子目 010	60kg/m 钢轨 9 号道岔直、曲基本轨	组	8	15504	124032.08
9	补子目 011	钢弹簧浮置板套筒	套	10	670.59	6705.9
10	补子目 012	钢弹簧浮置板隔振器	套	10	6705.89	67058.9
11	补子目 013	钢弹簧浮置板剪力铰	套	10	1207.06	12070.6
		小计				3598099.6
		(2)车辆基地线路备料				2129134.7
12	WG5-275 换	轨道工程　轨道常备材料　混凝土短枕弹条Ⅰ型分开式扣件正线	100km	0.02	1536618	32883.63
13	WG5-270	轨道工程　轨道常备材料　混凝土长枕弹条Ⅰ型分开式扣件站线	100km	0.02	792862	12289.36
14	WG5-276 换	轨道工程　轨道常备材料　混凝土短枕弹条Ⅰ型分开式扣件　站线	100km	0.14	638931	89450.29
15	WG5-288	轨道工程　轨道常备材料　单开道岔　混凝土岔枕 7 号	组	1	293839	293838.72
16	WG5-302 换	轨道工程　轨道常备材料　交叉渡线　混凝土岔枕 50kg　7 号	组	1	1273193	1273192.7
17	补子目 020	50kg/m 钢轨 7 号高锰钢整铸辙叉及护轨	个	5	39832.9	199164.7
18	补子目 018	50kg/m 钢轨 7 号道岔直、曲线尖轨	组	4	11601.2	46404.76
19	补子目 008	60kg/m 钢轨 9 号单开道岔高锰整铸辙叉	组	3	47799.5	143398.53
20	补子目 009	60kg/m 钢轨 9 号道岔直、曲线尖轨	组	2	14162.8	28325.66
21	CL00771	异形钢轨 50～60kg12.5m	根	1	10186.4	10186.37
		小计				2129134.7

8.3.2 工程量计算规则

(1)正线铺轨公里数(不含站线铺轨)=正线公里×2-伸缩调节器的长度-单开道岔及交叉渡线占用线路长度(沿轨道中心线的长度),其中:

①1组单开道岔占用线路长度(沿轨道中心线的长度)约为28~30m。

②1组交叉渡线占用线路长度=前实部长度×4+线间距×道岔号数×2。常用的60轨9号5m间距交叉渡线占用线路长度约为145.36m。

(2)道岔尾部无枕地段铺轨,按道岔根端至末根岔枕的中心距离以“km”为单位计算。

(3)正线应力放散及锁定定额,按放散锁定长度和次数,以“km·次”为单位计算;道岔应力放散定额,按放散道岔数量和次数,以“组·次”为单位计算。

(4)轨道整理定额按设计图示每股道的中心线长度(含道岔长度)以“km”为单位计算,铺轨工程量不扣除接头轨缝处长度。

(5)铺道床长度等于铺轨长度和铺道岔长度之和。

8.3.3 标准模板使用注意事项

(1)铺轨类型若为无缝钢轨,定额主材应删除接头夹板、螺栓等内容。

(2)本标准模板中,正线、试车线为无缝线路铺轨,车场线为有缝线路,无缝线路铺轨需执行应力放散及锁定相关定额,有缝线路则不需要进行应力放散。

8.4 定额对比分析

轨道工程使用各地现行城轨定额。本节主要对比四地区在章节说明及铺轨、铺道床等定额的差异。

8.4.1 定额章节说明对比

1)武汉、江苏定额

有缝线路铺轨定额若用于无缝线路,则应扣除接头夹板、接头螺栓带帽、弹簧垫圈材料。轨节拼装定额仅适用于机械铺轨。轨节拼装定额如用于直线电机轨道,人工消耗量乘以1.8系数。

2)深圳定额

有缝线路铺轨定额若用于无缝线路,则应扣除接头夹板、接头螺栓带帽、弹簧垫圈材料,人工消耗量乘以0.98。

3)杭州定额

有缝线路铺轨定额若用于无缝线路,则应扣除接头夹板、接头螺栓带帽、弹簧垫圈材料。轨节拼装定额按基地集中拼装考虑,如考虑现场人工散拼,则人工消耗量乘以1.5系数。

8.4.2 重点定额对比

1)铺轨定额

(1)子目

杭州地区铺轨定额比武汉、江苏、深圳多出“隧道内浮置板道床机械铺轨”“减振垫道床人工铺轨”“减振垫道床机械铺轨”三个小节。武汉定额中有“轨道整理”子目,其他三地区没有该项子目。

(2)人工及材料差异

以“机械铺轨 60kg 钢轨(普通扣件)混凝土长枕 1680 根”定额为例,对比分析四地区差异。杭州人工消耗量约为其他三地的 90%。钢轨、扣件各地消耗量相同,单价差别较大,扣件替换时注意修改信息价。机械铺轨定额人工及材料差异如表 8-4-1 所示。

机械铺轨定额人工及材料差异(定额单位:km) 表 8-4-1

定额		机械铺轨 60kg 钢轨(普通扣件)混凝土长枕 1680 根			
地区		武汉	江苏	深圳	杭州
人工	名称	普工+技工+高级技工	综合工日	技术工日	二类人工
	消耗量(工日)	605.67	605.67	605.67	545.10
钢轨 60kg25m	消耗量(根)	80.08	80.08	80.08	80.08
	材料单价(元)	10950	8377.5	13067.9	8716
扣件	消耗量(套)	3370.08	3370.08	3370.08	3370.08
	材料单价(元)	47.43	87.27	249.67	30.60

2)整体道床

(1)子目

杭州地区铺道床定额比武汉、江苏、深圳多出“减振道床垫道床”“加强沉落整修”两个小节。

武汉、江苏、深圳的道床钢筋定额按圆钢综合编制,杭州按圆钢、螺纹钢分 2 条子目。

(2)人工及材料差异

以定额“隧道内铺整体道床混凝土”和“隧道内铺整体道床模板”为例,对比分析各地差异。

①深圳人工消耗量是其他三地的约 1.7 倍。各地混凝土使用预拌(商品)混凝土 C30,消耗量略有差异。具体见表 8-4-2。

隧道内铺道床混凝土定额人工及材料差异(定额单位:10m³) 表 8-4-2

定额		隧道内铺整体道床混凝土			
地区		武汉	江苏	深圳	杭州
人工	名称	普工+技工	综合工日	技术工日	二类人工
	消耗量(工日)	3.774	3.774	6.37	3.397
混凝土	消耗量(m³)	10.2	10.2	10.15	10.15
	材料单价(元)	320	426	312.67	334

②深圳模板定额中,人工消耗量明显高于其他地区。组合钢模板含量约为其他三地的 85%左右。详细见表 8-4-3。

隧道内铺道床模板定额人工及材料差异(定额单位:10m³)　　表 8-4-3

定额		隧道内铺整体道床　模板			
地区		武汉	江苏	深圳	杭州
人工	名称	普工+技工+高级技工	综合工日	技术工日	二类人工
	消耗量(工日)	2.35	2.35	3.68	2.115
钢模板	消耗量(kg)	10.018	10.018	8.496	10.018
	材料单价(元)	4.00	6.03	4.24	4.67

3)粒料道床

以定额“粒料道床机械铺设面砟”为例,对比分析各地差异。面砟消耗量及单价差别较大。具体见表 8-4-4。

粒料道床定额人工及材料差异(定额单位:1000m³)　　表 8-4-4

定额		粒料道床　机械铺设面砟			
地区		武汉	江苏	深圳	杭州
碎石道砟面砟	消耗量	1133(m³)	1654.18(t)	1125(m³)	1790(t)
	材料单价(元)	191.85	36.8	120	42

第9章　车 辆 基 地

车辆基地包括车辆段/停车场、综合维修中心、物资总库、培训中心和其他生产、生活、办公等配套设施(图9-0-1)。车辆基地主要担负车辆日常运用、定期修理以及乘务等管理工作,是保障城市轨道交通车辆安全、可靠运行的场所。

图9-0-1　车辆基地鸟瞰图

9.1　车辆基地生产用房

9.1.1　施工组织

车辆基地生产用房主要包括检修库、运用库等。检修库(联合车库)主要包括大架修库、定修库、静调库、油漆库、吹扫库、车体检修库、不落轮镟修库以及辅跨等;运用库(图9-1-1)主要包括停车列检库、双周及三月检库等。

a)运用库外部

b)运用库内部

图9-1-1　运用库现场图

车辆基地生产用房常采用门式刚架结构，以钢结构为主，辅跨一般采用钢筋混凝土框架结构。

9.1.1.1 施工工序

车辆基地生产用房的施工，一般按纵横向设计伸缩缝划分成各施工段组织流水施工，并按先下后上，先结构后装修的原则，将各区段划分为基础工程、主体结构、装修工程和机电设备安装4个阶段。生产用房内的整体道床及检修地沟工程请参阅车辆基地附属工程章节，此处不再赘述。

A 基础工程

基础工程包含了桩基础、土石方和基础承台工程。施工时，先完成桩基施工，然后进行地面一般土石方的放坡开挖；挖至设计高程后，进行基础承台、基础梁的施工。其主要施工流程为桩基施工→放坡挖土方→桩基验收→混凝土垫层→绑扎承台及基础梁钢筋→支设基础模板→浇筑基础混凝土→拆模、养护→回填土。

车辆基地生产用房一般采用预应力混凝土管桩基础，预应力混凝土管桩又称PHC管桩，是采用先张法预应力离心成型工艺，其具体施工工艺请参阅车辆基地附属工程章节。

B 主体结构

车辆基地生产用房一般采用钢骨架轻型屋面板，它是集轻质、承重、耐久、保温、隔热、防水、防火、隔声、泄爆及抗震等功能为一体的新型轻质结构板材。该板既继承了传统钢筋混凝土屋面板的可靠性，又吸收了其他轻质板材的优点。

车辆基地生产用房的主体结构施工（图9-1-2）先进行测量放线，地脚螺栓定位；然后进行立柱吊装，钢梁安装及高强度螺栓安装；随后进行屋面檩条安装，屋面板安装。围护墙砌筑、整体道床基础、检修地沟结构及设备基础在屋面彩钢板安装分区段完成后穿插施工。

a)立柱安装

b)钢梁安装

c)檩条安装

d)屋面板安装

图9-1-2 生产用房主体结构施工流程图

C 装修工程

车辆基地装修工程分为5个部分,即天棚装修、内墙面装修、外墙面装修、楼地面工程和门窗工程,见表9-1-1。

装修工程主要内容　　表9-1-1

序号	工　程	主要内容	
1	门窗	门	钢门、折叠门、防火门、木门、塑钢节能门、装饰木门等
2		窗	塑钢窗、塑钢电动窗、采光通风天窗、防火窗、组合塑钢上悬窗、塑钢推拉窗、塑钢节能窗、泄压窗、百叶窗、透气百叶窗等
3	外墙装修	采用一般抹灰、石材墙面、面砖墙面、涂料墙面	
4	内墙装修	采用一般抹灰、乳胶漆	
5	楼地面装修	采用光面混凝土楼地面、石材楼地面、块料楼地面、楼面地毯,踢脚采用石材踢脚、水泥砂浆踢脚线	
6	天棚	采用一般抹灰、刷喷涂料、安装吊顶	

装修工程施工总原则是按照先重点和关键工程,后普通和一般工程;先室内后室外的顺序组织施工。初装修先室内后室外,先天棚墙面后地面。施工时应按先室内、后室外、楼梯、过道,先湿作业后干作业,先抹灰后木作业最后油漆涂料的原则施工。外墙面砖随顶层砌体完成后,由上至下组织完成。

车辆基地生产用房厂房地面主要采用环氧树脂地坪,如图9-1-3所示,它具有耐强酸碱、耐磨、耐压、耐冲击、防霉、防水、防尘、止滑以及防静电、电磁波等特性,颜色亮丽多样,清洁容易;采用一次性涂覆工艺,是一种无灰尘材料,具有附着力强、耐磨擦、硬度强等特点。

a)

b)

图9-1-3　环氧树脂地坪

D 机电设备安装

机电设备安装工程根据土建及装修工程施工进展情况穿插施工,机电设备安装工程分为配合土建施工、系统安装与调试3个阶段。

9.1.1.2　施工进度、机械及劳动力配置

1)施工进度指标

根据《城市轨道交通工程项目建设标准》(建标104—2008),车辆基地工程施工工期约为

24～30月/座。其中,车辆基地生产用房施工工期约为12～15个月。车辆基地占地面积大,综合性强,施工设计专业多,作业内容多,需要合理安排施工顺序及搭接关系。以建筑面积20000m²的运用库为例进行分析,其主要结构形式为门式钢结构厂房,有2640m²的辅跨为钢筋混凝土结构,总工期约为450d。其中,运用库需待库房和道床桩基工程全部完成后才能进行土石方和桩承台工程,完成桩基工程需40d,道床桩基施工需要20d,桩基工程总工期60d;桩基检测和破桩头穿插在库房土石方工程完成后,需10d完成;运用库采取流水施工方式,依照变形缝划分施工段,运用库工作面大,土石方和桩承台工程进行20d后,即可进行后续上部工程施工,总共需要60d;主体结构的钢结构工程总工期为120d;屋面板需要50d完成;砌筑工程需要45d完成;装修工程需要150d完成。车辆基地运用库施工用时如表9-1-2所示。

车辆基地运用库施工用时表 表9-1-2

序　号	项　目	施工用时(d)	备　注
1	桩基础工程	约60	含库房和道床桩基工程
2	土石方和桩承台工程	约60	施工20d后即可施工后续上部工程
3	钢结构工程	约120	
4	屋面板	约50	
5	砌筑工程	约45	
6	装修工程	约150	

2)施工机械及劳动力配置

车辆基地生产用房配置的主要施工机械设备如表9-1-3所示。

主要施工机械设备配置表 表9-1-3

序　号	名　称	单　位	数　量
1	塔式起重机	台	6
2	提升架	台	2
3	材料运输车	台	2
4	混凝土泵车	台	4
5	汽车式起重机	台	2

现场配置基础施工班组、结构施工班组、房建施工班组、装修班组,施工人员配置如表9-1-4所示。

施工人员配置表 表9-1-4

序　号	班　组	人　数	备　注
1	基础施工班组	120	承台、地梁
2	结构施工一班组	160	主体结构
3	结构施工二班组	230	主体结构
4	房建施工班组	80	二次结构
5	装修班组	50	装修

9.1.2 施工组织与定额对应关系

车辆基地生产用房包含钻孔灌注桩、土方开挖、承台和基础梁、主体混凝土结构、钢结构、装修6项工程，根据上述施工进度指标可知，建筑面积20000m²左右的运用库，综合施工进度约为45m²/d。

人工和机械是定额的构成要素，也是施工组织中资源配置的重要内容。车辆基地生产用房组织施工时，配置的主要机械有2台25t汽车式起重机和6台塔式起重机，用于吊装钢结构和垂直运输；现场配置的施工班组包括基础施工班组(120人)、结构施工班组2个(一组160人，二组230人)、房建施工班组(80人)和装修班组(50人)。

车辆基地生产用房施工可通过优化各班组的施工界面来缩短工期，库房基础完成后，钢结构工程与道床基础同步进行；钢结构工程完成后，砌筑工程与屋面板工程同步进行。通过施工界面的优化可缩短各机械设备的入场时间，节约措施费和管理费；在合理的工作界面安排下，可以增加工作面，进行平行施工，从而提高施工效率。

车辆基地生产用房施工组织与定额对应关系表可参照高架车站。

9.1.3 概预算标准化设计

编制车辆基地生产用房概预算时需采用湖北建筑定额(2018)，下述定额子目及相关分析均以湖北建筑定额(2018)为准。

9.1.3.1 概预算标准模板

车辆基地生产用房的土石方工程、基础、内部结构、钢结构开项参考高架车站。车辆基地生产用房装修概预算标准模板如表9-1-5所示。

车辆基地生产用房装修概预算标准模板 表9-1-5

序号	定额编号	工作项目或费用名称	单位	数量	单价(元)	合价(元)
		1. 墙体				2779180
1	A1-32	蒸压加气混凝土砌块墙 墙厚>150mm 砂浆	10m³	323.78	5195.06	1682056.5
2	A1-5	混水砖墙 1砖	10m³	163.2	6722.57	1097123.4
		2. 地面				4729449.7
		2.1 环氧砂浆地面				4323774.6
1	A1-78	垫层 碎砖 灌浆	10m³	587.15	3053.34	1792768.6
2	A7-150	环氧砂浆 厚度5mm	100m²	195.72	12931.77	2531006
		2.2 黄色玻化砖(600mm×600mm)				332768.94
1	A1-78	垫层 碎砖 灌浆	10m³	19.1	3053.34	58318.79
2	A2-1	现浇混凝土 垫层	10m³	12.73	5091.48	64814.54
3	A9-13	整体面层 干混砂浆楼地面 每增减一遍素水泥浆	100m²	12.73	248.35	3161.5
4	A9-44	陶瓷地面砖 单块地砖0.36m²以内	100m²	12.73	16219.49	206474.11

续上表

序号	定额编号	工作项目或费用名称	单位	数量	单价(元)	合价(元)
		2.3 防静电架空活动地板地面				44814.85
1	A1-78	垫层　碎砖　灌浆	$10m^3$	0.87	3053.34	2656.41
2	A2-1	现浇混凝土　垫层	$10m^3$	0.58	5091.48	2953.06
3	A9-13	整体面层　干混砂浆楼地面　每增减一遍素水泥浆	$100m^2$	0.58	248.35	144.04
4	A9-1 换	平面砂浆找平层　混凝土或硬基层上 20mm　实际厚度(mm):15	$100m^2$	0.58	1968.85	1141.93
5	A9-10	整体面层　干混砂浆楼地面　混凝土或硬基层上 20mm	$100m^2$	0.58	2831.31	1642.16
6	A9-9	整体面层　干混砂浆楼地面　加浆抹光随捣随抹 5mm	$100m^2$	0.58	836.21	485
7	A6-103	水泥基渗透结晶型防水涂料 1.0mm　厚平面	$100m^2$	0.58	3066.1	1778.34
8	A13-251	刮腻子　每增减一遍	$100m^2$	0.58	571.46	331.45
9	A9-16	整体面层　环氧地坪　四遍厚度 1.5mm	$100m^2$	0.58	5468.94	3171.99
10	A9-93	铝合金防静电活动地板安装	$100m^2$	0.58	52604.26	30510.47
		2.4 乳白色防滑地砖(300mm × 300mm)				10513.05
1	A1-78	垫层　碎砖　灌浆	$10m^3$	0.5	3053.34	1526.67
2	A2-1	现浇混凝土　垫层	$10m^3$	0.33	5091.48	1680.19
3	A9-13	整体面层　干混砂浆楼地面　每增减一遍素水泥浆	$100m^2$	0.33	248.35	81.96
4	A9-1	平面砂浆找平层　混凝土或硬基层上 20mm	$100m^2$	0.33	2460.77	812.05
5	A9-4 + A9-5	细石混凝土地面找平层 30mm　实际厚度(mm):35	$100m^2$	0.33	3307.41	1091.45
6	A9-9	整体面层　干混砂浆楼地面　加浆抹光随捣随抹 5mm	$100m^2$	0.33	836.21	275.95
7	A6-95 换	聚氨酯防水涂膜 2mm 厚　平面　实际厚度(mm):1.5	$100m^2$	0.33	2991.53	987.2
8	A9-43	陶瓷地面砖　单块地砖 $0.10m^2$ 以内	$100m^2$	0.33	12295.69	4057.58
		2.5 硬化剂水泥基自流平地面				17578.28
1	A1-78	垫层　碎砖　灌浆	$10m^3$	1.71	3053.34	5221.21
2	A2-1	现浇混凝土　垫层	$10m^3$	1.03	5091.48	5244.22
3	A9-14 换	整体面层　水泥基自流平砂浆　面层 4mm 厚　实际厚度(mm):2	$100m^2$	1.14	6239.34	7112.85

续上表

序号	定额编号	工作项目或费用名称	单位	数量	单价(元)	合价(元)
		3. 楼面				248753.69
		3.1 黄色玻化砖(600mm×600mm)				199919.58
1	A9-13	整体面层　干混砂浆楼地面　每增减一遍素水泥浆	$100m^2$	12.14	248.35	3014.97
2	A9-44	陶瓷地面砖　单块地砖0.36m^2以内	$100m^2$	12.14	16219.49	196904.61
		3.2 防静电架空活动地板地面				39205.38
1	A9-13	整体面层　干混砂浆楼地面　每增减一遍素水泥浆	$100m^2$	0.58	248.35	144.04
2	A9-1 换	平面砂浆找平层　混凝土或硬基层上20mm　实际厚度(mm):15	$100m^2$	0.58	1968.85	1141.93
3	A9-10	整体面层　干混砂浆楼地面　混凝土或硬基层上20mm	$100m^2$	0.58	2831.31	1642.16
4	A9-9	整体面层　干混砂浆楼地面　加浆抹光随捣随抹5mm	$100m^2$	0.58	836.21	485
5	A6-103	水泥基渗透结晶型防水涂料1.0mm厚平面	$100m^2$	0.58	3066.1	1778.34
6	A13-251	刮腻子　每增减一遍	$100m^2$	0.58	571.46	331.45
7	A9-16	整体面层　环氧地坪　四遍厚度1.5mm	$100m^2$	0.58	5468.94	3171.99
8	A9-93	铝合金防静电活动地板安装	$100m^2$	0.58	52604.26	30510.47
		3.3 乳白色防滑地砖(300mm×300mm)				7306.19
1	A9-13	整体面层　干混砂浆楼地面　每增减一遍素水泥浆	$100m^2$	0.33	248.35	81.96
2	A9-1	平面砂浆找平层　混凝土或硬基层上20mm	$100m^2$	0.33	2460.77	812.05
3	A9-4+A9-5	细石混凝土地面找平层30mm　实际厚度(mm):35	$100m^2$	0.33	3307.41	1091.45
4	A9-9	整体面层　干混砂浆楼地面　加浆抹光随捣随抹5mm	$100m^2$	0.33	836.21	275.95
5	A6-95 换	聚氨酯防水涂膜2mm厚　平面　实际厚度(mm):1.5	$100m^2$	0.33	2991.53	987.2
6	A9-43	陶瓷地面砖　单块地砖0.10m^2以内	$100m^2$	0.33	12295.69	4057.58
		3.4 硬化剂水泥基自流平地面				2322.54
1	A2-1	现浇混凝土　垫层	$10m^3$	0.26	5091.48	1323.78
2	A9-14 换	整体面层　水泥基自流平砂浆　面层4mm厚　实际厚度(mm):1.5	$100m^2$	0.29	3444.01	998.76
		4. 踢脚				45458.67
		4.1 黑色10mm厚地砖踢脚				32933.35
1	A10-25	墙面装饰抹灰　素水泥浆界面剂	$100m^2$	2.5	329.16	822.9
2	A9-104	踢脚线　陶瓷地面砖	$100m^2$	2.5	12844.18	32110.45

续上表

序号	定额编号	工作项目或费用名称	单位	数量	单价(元)	合价(元)
		4.2 成品不锈钢踢脚				3991.23
1	A10-23	墙面装饰抹灰　打底找平 15mm 厚	$100m^2$	0.13	2678.9	348.26
2	A10-25	墙面装饰抹灰　素水泥浆界面剂	$100m^2$	0.13	329.16	42.79
3	A9-111	金属踢脚线	$100m^2$	0.13	27693.7	3600.18
		4.3 水泥砂浆踢脚				8534.09
1	A9-102	踢脚线　干混砂浆	$100m^2$	1.31	6514.57	8534.09
		5. 内墙面				1389836.7
		5.1 乳白色乳胶漆内墙面				1293644
1	A10-1	墙面一般抹灰内墙(14+6)mm	$100m^2$	166.49	3191.73	531391.13
2	A13-249	刮腻子　墙面　满刮两遍	$100m^2$	166.49	1353.55	225352.54
3	A13-198 换	乳胶漆　室外　墙面　两遍　实际遍数(遍):3	$100m^2$	166.49	3224.82	536900.28
		5.2 乳白色面砖墙面(300mm×450mm)				96192.79
1	A10-1	墙面一般抹灰　内墙(14+6)mm	$100m^2$	5.14	3191.73	16405.49
2	A10-10	墙面一般抹灰　挂钢丝网	$100m^2$	5.14	1786.48	9182.51
3	A6-104	水泥基渗透结晶型防水涂料 1.0mm 厚立面	$100m^2$	5.14	3429	17625.06
4	A10-73	墙面块料面层　面砖预拌砂浆(干混)每块面积≤$0.20m^2$	$100m^2$	5.14	10307.34	52979.73
		6. 外墙				1979204.5
		6.1 高级外墙面砖				1913895.6
1	A10-2	墙面一般抹灰　外墙(14+6)mm	$100m^2$	127.69	4352.11	555720.93
2	A10-25	墙面装饰抹灰　素水泥浆界面剂	$100m^2$	127.69	329.16	42030.44
3	A10-73	墙面块料面层　面砖　预拌砂浆(干混)每块面积≤$0.20m^2$	$100m^2$	127.69	10307.34	1316144.2
		6.2 女儿墙内侧装修				65308.84
1	A9-1	平面砂浆找平层　混凝土或硬基层上 20mm	$100m^2$	26.54	2460.77	65308.84
		7. 顶棚				1786859.1
		7.1 乳白色乳胶漆顶棚				1533612.1
1	A12-3	天棚抹灰　混凝土天棚　拉毛	$100m^2$	197.15	2579.03	508455.76
2	A7-96	墙、柱面　抗裂砂浆 3mm	$100m^2$	197.15	1914.81	377504.79
3	A13-200 换	乳胶漆　室内　天棚面　两遍　实际遍数(遍):3	$100m^2$	197.15	3285.07	647651.55
		7.2 铝合金方板吊顶				10097.79
1	A12-66	铝合金条板天棚龙骨	$100m^2$	0.6	3823.06	2293.84
2	A12-114	铝合金条板天棚　闭缝	$100m^2$	0.6	13006.58	7803.95

续上表

序号	定额编号	工作项目或费用名称	单位	数量	单价(元)	合价(元)
		7.3 非石棉纤维增强硅酸钙板吊顶				243149.25
1	A12-39	装配式 T 形铝合金天棚龙骨(不上人) 规格(mm)600×600 平面	$100m^2$	25	5240.37	131009.25
2	A12-90	硅酸钙板天棚面层 安装在 T 形铝合金龙骨上	$100m^2$	25	4485.6	112140
		8. 屋面				16944026.27
		8.1 镀铝锌压型钢板保温屋面				9434471.7
1	A6-31	360°直立缝锁边高波压型钢板面层	$100m^2$	230.94	20256.26	4677980.7
2	A6-62 换	0.5mm 加强型聚丙烯防水透气膜	$100m^2$	230.94	4504.3	1040223
3	A7-19	屋面 沥青玻璃棉毡 厚度 30mm	$100m^2$	230.94	790.72	182608.88
4	A6-31	0.6mm 厚低波镀铝锌带涂层压型钢板	$100m^2$	230.94	15301.2	3533659.1
		8.2 轻型钢骨架屋面				4435361.5
1	A6-32	轻型钢骨架屋面板 厚度 100mm	$100m^2$	120.1	26783.57	3216706.8
2	A6-62	高聚物改性沥青自粘卷材 自粘法一层 平面	$100m^2$	120.1	5942.63	713709.86
3	A9-1	平面砂浆找平层 混凝土或硬基层上 20mm	$100m^2$	120.1	2460.77	295538.48
4	借 A5-58	屋面撒石英砂保护层 20mm	$100m^2$	120.1	1743.6	209406.36
		8.3 钢筋混凝土屋面(不上人)				426089.18
1	A9-1	平面砂浆找平层 混凝土或硬基层上 20mm	$100m^2$	17.76	2460.77	43703.28
2	A6-95	聚氨酯防水涂膜 2mm 厚 平面	$100m^2$	17.76	4054.46	72007.21
3	A2-1	现浇混凝土 垫层	$10m^3$	5.33	5091.48	27137.59
4	A7-9 换	屋面 干铺珍珠岩 厚度 100mm 实际厚度(mm):150	$100m^2$	17.76	2073.54	36826.07
5	A9-1	平面砂浆找平层 混凝土或硬基层上 20mm	$100m^2$	17.76	2460.77	43703.28
6	A6-62 + A6-64	高聚物改性沥青自粘卷材 自粘法一层 平面 实际层数(层):2	$100m^2$	17.76	11413.95	202711.75
		8.4 女儿墙泛水防水层				491256.41
1	A6-62 + A6-64	高聚物改性沥青自粘卷材 自粘法一层 平面 实际层数(层):2	$100m^2$	43.04	11413.95	491256.41
		8.5 采光带				489435.78
1	A6-41	玻璃采光顶屋面 钢龙骨上安装钢化玻璃	$100m^2$	15.55	31474.97	489435.78
		8.6 天沟及排水				1667411.7
1	借 A5-35 换	单层彩钢板天沟	10m	168.08	732.13	123056.41
2	A6-150	玻璃钢管排水 落水斗 ϕ110mm	10 个	7.6	686.98	5221.05
3	A6-138	塑料管排水 水落管 $\phi\leq$110mm	100m	13.68	4282.84	58589.25

续上表

序号	定额编号	工作项目或费用名称	单位	数量	单价(元)	合价(元)
4	补子目6	虹吸排水	m^2	26919	55	1480545
		9. 门窗				1869417.4
1	借 A17-39	铝合金窗安装　平开窗	$100m^2$	19.2	44516.1	854709.12
2	A5-82	隔热断桥铝合金　普通窗安装　平开	$100m^2$	6.3	56997.24	359082.61
3	A11-22	隐框断热铝合金玻璃幕墙	$100m^2$	3.72	68746.38	255736.53
4	A5-50	全钢板大门　推拉式　门扇制作	$100m^2$	0.28	40083.19	11223.29
5	A5-51	全钢板大门　推拉式　门扇安装	$100m^2$	0.28	18231.87	5104.92
6	A5-1	成品木门扇安装	$100m^2$	1.33	56290.01	74865.71
7	补子目7	电动四折门	樘	2	132000	264000
8	A5-176	闭门器暗装	10个	16.8	2242.2	37668.96
9	A5-168	门吸	10个	6.5	314.41	2043.67
10	A5-161	执手锁	10个	6.5	766.55	4982.58
		10. 变形缝				24341.75
1	A6-183	不锈钢盖板　立面	100m	0.6	10473.27	6283.96
2	A6-182	不锈钢盖板　平面	100m	1.54	11725.84	18057.79
		11. 楼梯				20586.59
		11.1 楼梯栏杆扶手				8285.93
1	A14-122	10mm 全玻有机玻璃栏板　不锈钢栏杆	100m	0.26	31868.96	8285.93
		11.2 楼梯底板乳胶漆粉刷				3094.2
1	A10-25	墙面装饰抹灰　素水泥浆界面剂	$100m^2$	0.41	329.16	134.96
2	A12-3	天棚抹灰　混凝土天棚　拉毛	$100m^2$	0.41	2579.03	1057.4
3	A13-249	刮腻子　墙面　满刮两遍	$100m^2$	0.41	1353.55	554.96
4	A13-200 换	乳胶漆　室内　天棚面　两遍　实际遍数(遍):3	$100m^2$	0.41	3285.07	1346.88
		11.3 米黄色玻化砖楼面(600mm×600mm)				9206.46
1	A9-13	整体面层　干混砂浆楼地面　每增减一遍素水泥浆	$100m^2$	0.42	248.35	104.31
2	A9-1	平面砂浆找平层　混凝土或硬基层上 20mm	$100m^2$	0.42	2460.77	1033.52
3	A6-95 换	聚氨酯防水涂膜　2mm 厚　平面　实际厚度(mm):1.5	$100m^2$	0.42	2991.53	1256.44
4	A9-44	陶瓷地面砖　单块地砖 $0.36m^2$ 以内	$100m^2$	0.42	16219.49	6812.19
		12. 卫生洁具				10579.4
1	A14-153	大理石洗漱台 $\leq 1m^2$	$10m^2$	0.53	8086.1	4285.63
2	A14-161	盥洗室台镜　不带框 $>1.0m^2$	$10m^2$	0.9	1778.3	1600.47
3	A10-230	花式木隔断直栅漏空	$100m^2$	0.34	13803.81	4693.3

续上表

序号	定额编号	工作项目或费用名称	单位	数量	单价(元)	合价(元)
		13. 管沟及盖板				542523.84
		13.1 室外截水沟侧壁				369357.01
1	A1-70	垫层　灰土	$10m^3$	16.61	2364.63	39276.5
2	A1-5	混水砖墙　1 砖	$10m^3$	39.87	6722.57	268028.87
3	A6-117	防水砂浆　掺防水粉　20mm 厚	$100m^2$	16.61	3735.8	62051.64
		13.2 室外截水沟底板				87531.83
1	A2-1	现浇混凝土　垫层	$10m^3$	3.11	5091.48	15834.5
2	A1-3	混水砖墙　1/2 砖	$10m^3$	3.74	7927.5	29648.85
3	A6-117 换	防水砂浆　掺防水粉　20mm 厚　实际厚度(mm):95	$100m^2$	3.11	13520.41	42048.48
		13.3 室外截水沟盖板				85635
1	补子目 8	室外截水沟盖板	m^2	519	165	85635
		14. 设备基础装修				562804.88
		14.1 细石混凝土回填				222803.16
1	A2-1	现浇混凝土　垫层	$10m^3$	43.76	5091.48	222803.16
		14.2 轨道桥立柱装修				340001.72
1	A10-25	墙面装饰抹灰　素水泥浆界面剂	$100m^2$	35.9	329.16	11816.84
2	A10-30	一般抹灰　独立柱(梁)　矩形柱(梁)面	$100m^2$	35.9	3798.61	136370.1
3	A7-150 换	环氧砂浆　厚度 5mm　实际厚度(mm):1	$100m^2$	35.9	5343.03	191814.78
		15. 其他工程				934812.36
		15.1 运用库地面真缝				41024.01
1	A7-120	楼地面　粘贴聚苯乙烯板　厚度 50mm	$100m^2$	0.26	3066.46	797.28
2	借 A5-152	丙烯酸酯嵌缝　建筑密封胶位移能力±7.5%	100m	12.81	3140.26	40226.73
		15.2 运用库地面假缝				98761.18
1	借 A5-152	丙烯酸酯嵌缝　建筑密封胶位移能力±7.5%	100m	31.45	3140.26	98761.18
		15.3 散水				92592.5
1	A1-80	垫层　碎石　灌浆	$10m^3$	11.55	4060.2	46895.31
2	A9-4 换	细石混凝土地面找平层 30mm　实际厚度(mm):60	$100m^2$	7.7	5098.49	39258.37
3	A9-9	整体面层　干混砂浆楼地面　加浆抹光随捣随抹 5mm	$100m^2$	7.7	836.21	6438.82
		15.4 重载坡道				36779.09
1	A1-79	垫层　碎石　干铺	$10m^3$	7.8	2966.1	23135.58

续上表

序号	定额编号	工作项目或费用名称	单位	数量	单价(元)	合价(元)
2	A9-4 换	细石混凝土地面找平层 30mm　实际厚度(mm):60	100m^2	2.6	5098.49	13256.07
3	A2-64	现浇构件圆钢筋　HPB300　直径≤10mm	t	0.06	6457.33	387.44
		15.5 钢筋混凝土雨篷				17390.21
1	A9-1	平面砂浆找平层　混凝土或硬基层上 20mm	100m^2	1.3	2460.77	3199
2	A6-95	聚氨酯防水涂膜　2mm 厚　平面	100m^2	1.3	4054.46	5270.8
3	A9-1	平面砂浆找平层　混凝土或硬基层上 20mm	100m^2	1.3	2460.77	3199
4	A13-250	刮腻子　天棚面　满刮两遍	100m^2	1.3	1645.56	2139.23
5	A13-200	乳胶漆　室内　天棚面　两遍	100m^2	1.3	2755.52	3582.18
		15.6 检修爬梯				18417.79
1	A3-38	厂(库)房钢结构钢楼梯爬式	t	1.6	11511.12	18417.79
		15.7 下检修地沟踏步				46984.14
1	A1-7	混水砖墙　2 砖及 2 砖以上	10m^3	5.64	6473.3	36509.41
2	A7-150	环氧砂浆　厚度 5mm	100m^2	0.81	12931.77	10474.73
		15.8 不锈钢栏杆				65912.48
1	A14-143	成品金属栏杆　安装	100m	1.82	36215.65	65912.48
		15.9 挡鼠板				660
1	补子目 9	挡鼠板(40mm 厚聚氨酯夹芯板,高 500mm)	m^2	2	330	660
		15.10 预埋管				516290.96
1	A6-155	镀锌钢管排水　水落管	100m	19.63	10481.72	205756.16
2	A6-148	玻璃钢管排水　水落管 ϕ110mm	100m	27.58	11259.42	310534.8

9.1.3.2　工程量计算规则

工程量计算规则参见高架车站章节,本处不再赘述。

9.1.3.3　标准模板使用注意事项

1)不同类型屋面板对比

镀铝锌压型钢板保温屋面(图 9-1-4)是有檩屋面,属于双层压型钢板屋面,顶板和底板的材质不同,分两层套用压型钢板定额,按实铺面积计算。

轻型钢骨架屋面(图 9-1-5)是无檩屋面,与双层压型钢板屋面相比,其屋面板荷载较大,同柱跨情况下,柱与梁的钢截面尺寸更大,含钢量更高,但因其没有檩条,该类型库房总含钢量比双层压型钢板屋面库房更低。

轻型钢骨架屋面板需要配套做内装天棚粉刷、外防水和保护层,同双层压型钢板屋面相比总体价格更高。

综合考虑钢结构和屋面,两者综合造价相当。

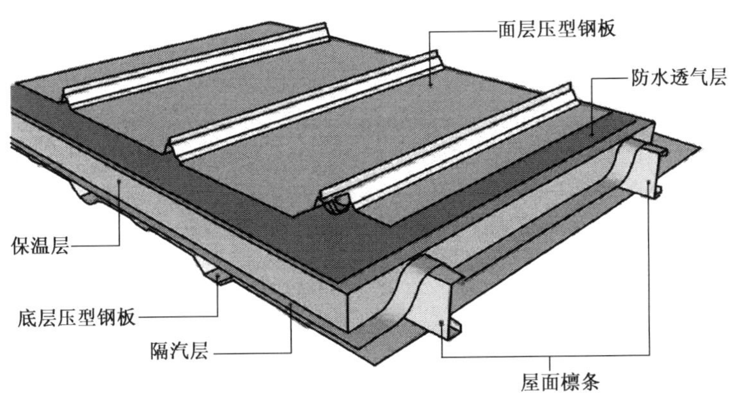

图 9-1-4 压型钢板保温屋面

图 9-1-5 轻型钢骨架屋面

2)与高架车站经济指标对比

生产用房钢结构中标价约为9000 元/t,其钢结构含量和价格与高架车站相比较低,主要原因有:工程量大,机械利用率高,议价空间大;施工场地限制少,施工难度小,措施费用大大降低;氟碳漆涂装,高架车站要求涂装两遍,车辆基地生产用房要求涂装一遍,且平整度要求较低,涂装造价较低。

9.1.4 定额对比分析

9.1.4.1 墙面乳胶漆

1)子目

湖北分为室外、室内墙面(乳胶漆两遍)及每增加一遍 3 条子目。江苏包括“内墙面抹灰面上乳胶漆三遍”、“内墙面刮糙面乳胶漆三遍”及“每增加一遍乳胶漆”3 条子目。深圳包括“抹灰面满刮腻子二遍刷乳胶漆”、“抹灰面刮腻子刷乳胶漆二遍”两类,共 5 条子目。浙江包括“墙面乳胶漆二遍”和“每增减一遍”两条子目。

2)人工及材料差异

以“内墙抹灰面上乳胶漆三遍”定额为例,各地差异主要体现在人工消耗量、乳胶漆消耗量及单价。其中,浙江定额人工消耗量最高,乳胶漆单价最高,江苏定额乳胶漆消耗量最高,如表9-1-6所示。

内墙抹灰面上乳胶漆定额人工及材料差异(定额单位:100m²)　　表9-1-6

定额		内墙抹灰面上乳胶漆三遍			
地区		湖北	江苏	深圳	浙江
人工	名称	普工+技工+高级技工	一类工	装饰工日	三类人工
	消耗量(工日)	11.643	10.3	16.61	18.44
苯丙乳胶漆	消耗量(kg)	40.17	46.3	43.26	43.26
	单价(元)	8.75	12.0	9.5	12.7

9.1.4.2 环氧地坪

仅湖北、江苏建筑装饰定额中含环氧地坪定额子目。湖北分为“四遍　厚度1.5mm”和“每增减一遍　厚度0.5mm”2条子目。江苏仅有“自流平地面　环氧树脂”,按一遍编制。

湖北、江苏两地差异主要在环氧面漆的消耗量和单价。湖北“每增减一遍　厚度0.5mm”定额中环氧面漆消耗量0.5kg/m²,单价23.1元/kg;江苏子目中环氧树脂面漆消耗量为0.4705kg/m²,单价28.0元/kg。

9.1.4.3 铝合金防静电地板

湖北、深圳、浙江建筑装饰定额中含铝合金防静电地板安装定额子目,江苏不含。湖北人工消耗量仅为浙江的50%左右,约为深圳的33%。铝合金地板消耗量略有差异,单价差异较大,如表9-1-7所示。

铝合金防静电地板安装定额人工及材料差异(定额单位:100m²)　　表9-1-7

定额		铝合金防静电地板安装			
地区		湖北	江苏	深圳	浙江
人工	名称	技工+高级技工	—	装饰工日	三类人工
	消耗量(工日)	17.754	—	54	33.51
铝合金活动地板	型号	—	—	500mm×500mm×30mm	—
	消耗量(m²)	105	—	102	105
	单价(元)	414.88	—	300	500

9.1.4.4 地砖地面

1)子目

湖北建筑定额按单块地砖面积分为0.1m²以内、0.36m²以内、0.64m²以内、0.64m²以外4个子目。

江苏按地砖面积0.4m²以内、0.4m²以外分两类,按做法干硬性水泥砂浆、水泥砂浆、干粉型黏结剂分3类,共6子目。

深圳按地砖周长800mm以内、1200mm以内、1600mm以内、2000mm以内、2400mm以内、3200mm以内、3200mm以外分7条子目。

浙江按密缝、离缝 8mm 分两大类，每类按地砖周长 800mm 以内、1200mm 以内、2000mm 以内、2400mm 以内、2400mm 以外分 5 条子目，共 10 条子目。

2）人工及材料差异

主要差异在人工、地砖消耗量及单价。以 600mm × 600mm 地砖为例，人工消耗量略有差别；地砖消耗量略有差别，均在 1.02 ~ 1.03m^2/m^2范围内；地砖单价差别较大，湖北约为江苏、深圳的 2.5 倍，浙江约为江苏、深圳的 1.5 倍。如表 9-1-8 所示。

地砖定额人工及材料差异（定额单位：100m^2） 表 9-1-8

定额		600mm × 600mm 陶瓷地砖密缝水泥砂浆			
地区		湖北	江苏	深圳	浙江
人工	名称	普工 + 技工	一类工	装饰工日	三类人工
	消耗量（工日）	27.91	33.1	30.69	28.47
地砖	型号	陶瓷地面砖 600mm × 600mm	同质地砖	陶瓷地面砖 600mm × 600mm	地砖
	消耗量（m^2）	102.5	102	102.5	103
	单价（元）	130	50	55	75.24

9.2 车辆基地管理用房

9.2.1 施工组织

车辆基地的管理用房主要由综合楼、食堂公寓等组成，综合楼主要包括综合维修中心、综合办公用房等。车辆基地管理用房（图 9-2-1）一般采用框架形式的钢筋混凝土结构，属于一般民用建筑。

图 9-2-1 车辆基地综合楼

9.2.1.1 施工工序

车辆基地管理用房与高架车站钢筋混凝土结构的施工工序基本一致，区别在于垂直运输工程，综合楼等超过 5 层的管理用房一般要设置施工电梯。

按照先结构后装修的原则，车辆基地管理用房主要由基础、主体结构、装修工程、机电设备安装等施工工序组成。

A 基础

车辆基地的基础工程（图9-2-2）包含了桩基础、土石方和基础承台工程。施工时，先完成桩基施工，然后进行地面一般土石方的放坡开挖；挖至设计高程后，完成桩基检测并截桩头，然后进行基础承台、基础梁的施工。其主要的施工顺序为桩基施工→放坡挖土方→桩基验收→混凝土垫层→绑扎承台及基础梁钢筋→支设基础模板→浇筑基础混凝土→拆模、养护→回填土。

车辆基地管理用房一般采用钻孔灌注桩基础，其具体施工工艺请参阅钻孔灌注桩章节。

图9-2-2 基础施工现场图

B 主体结构

车辆基地管理用房的主体结构施工（图9-2-3），主要由钢筋、模板、混凝土工程组成。首先进行测量放线，再进行柱钢筋绑扎、焊接，支设柱模板，浇筑柱混凝土，待混凝土达到设计强度时，拆除柱模板；然后支设梁底模、梁侧模、板底模，进行梁钢筋绑扎及焊接、板钢筋绑扎及焊接，浇筑有梁板混凝土，待混凝土达到设计强度时，拆除有梁板模板；待梁板柱混凝土强度达到设计强度后，进行屋面防水工程施工。施工过程中，措施工程与主体结构同步实施。

a)

b)

图9-2-3 主体结构施工现场图

C 装修工程

车辆基地管理用房装修工程分为内装修和外装修。

内装修施工先砌筑外围护墙、隔墙，安装门、窗框，水电专业暗管敷设；然后进行墙、柱面抹灰，做墙裙、踢脚，安装门、窗扇；安装玻璃，进行油漆、粉刷，灯具安装，最后进行施工验收。

外装修施工先抹灰，进行保温层施工，然后外墙面层施工，拆除外脚手架，施作台阶、散水。

D 机电设备安装

机电设备安装工程根据土建及装修工程施工进展情况穿插施工，机电设备安装工程分为配合土建施工、系统安装、调试阶段3个阶段。

9.2.1.2 施工进度、机械及劳动力配置

1)施工进度指标

根据《城市轨道交通工程项目建设标准》(建标104—2008)，车辆基地工程的施工工期约为24～30月/座。其中，车辆基地管理用房的施工工期约为12～14个月。

以某车辆基地综合楼为例，主体10层框架结构建筑面积约为20000m^2，为钢筋混凝土结构，总工期约为12个月。其中，桩基工程在车辆基地该区域的大型土石方工程完成，场地较为平整后开始实施，桩基础工程需要约35d；之后进行土石方、桩承台施工，需要约60d；主体结构需要约120d；装修工程(含砌筑工程)需要150d完成。施工用时如表9-2-1所示。

某车辆基地综合楼施工用时表 表9-2-1

序号	项目	施工用时(d)
1	桩基础工程	约35
2	土石方、桩承台工程	约60
3	主体结构	约120
4	装修工程(含砌筑工程)	约150

2)施工机械及劳动力配置

以某车辆基地综合楼为例，综合楼主体结构配置的主要施工机械设备配置如表9-2-2所示。

主要施工机械设备配置表 表9-2-2

序号	名称	单位	数量
1	塔式起重机	台	1
2	提升架	台	2
3	材料运输车	台	2
4	混凝土泵车	台	2
5	汽车式起重机	台	1
6	室外电梯	台	2

现场配置基础施工班组、结构施工班组、房建施工班组、装修班组，施工人员配置如表9-2-3所示。

施工人员配置表 表 9-2-3

序　号	班　组	人　数	备　注
1	基础施工班组	20	承台、地梁
2	结构施工一班组	40	柱
3	结构施工二班组	80	板、梁
4	房建施工班组	30	二次结构
5	装修班组	20	

9.2.2 施工组织与定额对应关系

车辆基地管理用房施工包含钻孔灌注桩、土方开挖、承台和基础梁、主体结构、装修 5 项工程，根据上述施工进度指标可知，建筑面积达 20000m^2的综合楼综合施工进度约为 55m^2/d。

人工和机械是定额的构成要素，也是施工组织中资源配置的重要内容。车辆基地管理用房主体结构组织施工时，配置 1 台塔式起重机、2 台施工电梯、1 台汽车式起重机，配备有基础施工班组(20 人)、结构施工班组 2 个(一组 40 人，一组 80 人)、房建施工班组(30 人)、装修班组(20 人)。

管理用房地下室一般采取放坡开挖，施工速度快，工程费用低；当施工现场无法满足放坡开挖要求时，需先施工围护结构(一般采用钢板桩)再进行垂直开挖，工期较长，工程费用较高。管理用房的塔式起重机基础有两种施工方式，一种是直接制作塔式起重机基础，塔式起重机位置布置灵活，管理方便，但其施工时间较长，工程费用较高；另一种是在施工场地满足要求时，利用既有裙房基础或加固地基作为塔式起重机基础，其施工简便，可节约工程费用。

车辆基地管理用房施工组织与定额对应关系表可参照高架车站。

9.2.3 概预算标准化设计

9.2.3.1 概预算标准模板

车辆基地管理用房土建及装修工程开项参考"车辆基地生产用房"模块。

9.2.3.2 工程量计算规则

工程量计算规则参见高架车站混凝土结构章节，本节不再赘述。

9.2.3.3 标准模板使用注意事项

1)土石方工程

车辆基地施工时，土石方与地基处理完成后进行房屋建设，此时杂填土、淤泥等较差土质已经被移除换填，房屋地基挖出的土方一般符合回填要求。车辆基地施工场地较大，有弃土堆置场地时，可以直接进行原土回填。

2)围护结构

车辆基地场地一般都满足放坡要求，3m 以内的基础施工不需要另行设置围护结构；但有地下室或房屋有临界限制的情况下需要设置围护结构。

9.2.4 定额对比分析

参见 9.1.4 节内容。

9.3　车辆基地附属工程

9.3.1　施工组织

车辆基地(图 9-3-1)附属工程主要包括土石方、软基处理及边坡防护、场区道路、桥涵、室外综合管线、场区绿化以及围墙、大门、防护网等其他工程。

图 9-3-1　车辆基地效果图

车辆基地附属工程的施工,从土石方及软基处理工程开始;边坡加固防护工程与土石方工程同步实施,确保土体稳定,防止滑坡;整体道床基础及检修地沟工程与生产用房施工同步进行。室外配套工程在房屋建筑施工时就已经开始,直至工程收尾阶段完工。

9.3.1.1　施工工序

1)土石方

土石方工程包括开挖、回填、运输。土石方开挖和回填属于场区内工程。土石方运输属于场外配合工作,利用自卸汽车依照土石方调配进行安排。土石方分为挖方和填方,挖填方工程量主要受场坪高程影响,填料一般选用 AB 组填料、ABC 组填料或素土回填。

(1)开挖

开挖施工主要由施工准备、测量放线、开挖、基床处理等施工工序组成,其施工流程如图 9-3-2 所示。

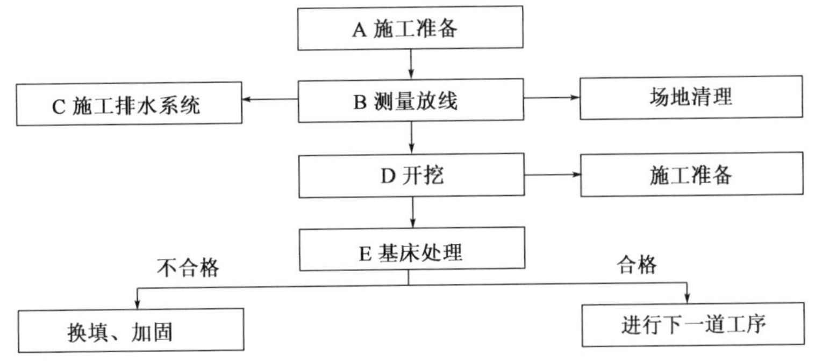

图 9-3-2　土石方开挖施工流程图

根据测量的线路中线放出开挖边线桩，放线时应定位准确，两侧各预留 0.2 ~ 0.3m 标示，待开挖后进行人工刷坡。开挖前，首先根据设计位置做好排水系统，待排水系统完善后进行开挖。土方可直接进行开挖，石方应先进行机械打眼爆破，再对松散石方开挖。采用横向全宽挖掘、逐层顺坡自上而下开挖的方法施工。以机械施工为主，采用推土机配合挖掘机、装载机挖土装车，由自卸汽车运至弃土点；采用纵向分级、分段开挖方式，开挖后及时施作防护，并做好地表水的排放。开挖与边坡整修同步进行，当机械开挖至靠近边坡时，改为人工修坡；应根据边坡加固防护的施工速度，从上到下，分段流水作业，逐级开挖并防护；当开挖接近设计高程时，采用人工配合推土机施工；到达设计高程后及时对基底土质情况进行检测，当基床底层为软质岩、不良土质时应按设计要求予以换填。图 9-3-3 为土石方开挖俯视图。

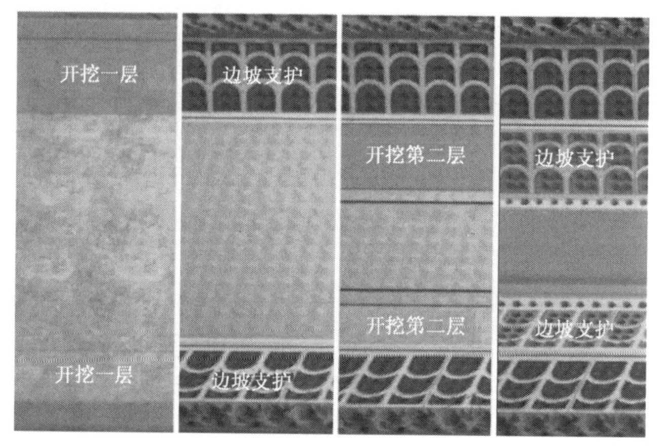

图 9-3-3　土石方开挖俯视图

(2)回填

回填施工主要由分层填筑、摊铺平整、碾压夯实、质量检测与修整等施工工序组成，如图 9-3-4所示。

①分层填筑：每 200m 或两结构物之间划为一个小施工区段，测量控制每层松铺厚度。自卸汽车卸土，根据车容量和填筑厚度计算堆土间距，标点卸料，以便控制松铺层厚度。沿横断面全宽、纵向分层填筑。

②摊铺平整：采用推土机摊铺初平，平地机终平，每一层做成向两侧 2% ~ 4% 的横坡以利排水。上下层之间填料接头位置错开，同时挂线检查摊铺厚度不得超过工艺试验确定的最大厚度。

③碾压夯实：填料碾压前进行含水量检测并控制在最佳含水量范围内，再进行碾压。当填料含水量较低时，采取洒水措施；当填料含水量较高时，及时进行翻晒。采用大吨位重型振动压路机碾压。碾压时，按初压、复压、终压程序进行，先两侧后中间，曲线地段先内侧后外侧，各区段交接处应互相重叠压实。

④质量检测与修整：每层填土压实后，及时进行中线、高程、宽度、压实厚度及压实质量的检测，检测合格后才可填筑上一层，土工格栅地段按设计间距、宽度、方向进行铺设。

修整包括基面坡度、平整度、边坡等内容，符合要求才能进行验收。

a)填土区

b)平整区

c)碾压区

d)修整区

图9-3-4 土石方回填施工现场图

2)软基处理

车辆基地软基处理一般采用搅拌桩或CFG桩等复合软基处理措施进行加固。其中搅拌桩施工工艺请参阅地基加固章节,此处不再赘述。本节对PHC管桩、CFG桩、土工格栅、真空预压等施工工艺进行介绍。

(1)PHC管桩

PHC管桩,即预应力混凝土管桩,是采用先张预应力离心成型工艺,并经过蒸汽养护,制成一种空心圆筒形混凝土预制构件。常见的施工方式有锤击法和静压法,其施工主要由测量放线、桩身就位、打桩、接桩、送桩等施工工序组成。图9-3-5为PHC管桩现场施工图。

a)测量放线

b)桩身就位

图 9-3-5

c)打桩

d)接桩

c)送桩

f)完成

图 9-3-5 PHC 管桩现场施工图

①测量放线：在打桩施工区域附近设置控制桩与水准点，控制桩基轴线和高程。根据控制点设定建筑物轴线及角桩，按桩位布置图测放桩位，并在桩位处做好标记。

②桩身就位：根据已设定的控制点对桩位进行二次复核。打桩机就位后，吊车起吊首节桩，首节桩桩尖的中心点对准桩位标记。当桩尖进入土层后，用经纬仪调整桩机桩架处于垂直位置，然后再调整首节桩的垂直度，使桩架与桩身保持平行，即可进行打桩。

③打桩：用桩架的导滑夹具或桩箍将桩嵌固在桩架两导柱中，垂直对准桩中心，缓缓放下插入土中，待桩位置及垂直度校正后即可将锤连同桩帽压在桩上，同时应在桩的侧面或架上设置标尺，并做好记录，始可击桩。

开始打桩应起锤轻压或轻击数锤，观察桩身，桩架、桩锤等垂直方向一致后，即可转入正常施打，开始打桩时，落距应较小，入地一定深度待桩稳定后，再按需求的落距进行施打。至接近设计要求时，即可对高程进行观测，施打至达到设计要求时停止。

④接桩：接桩一般采用焊接法，桩段就位和相连接的桩节保持在同一轴线上，连接后桩身保持垂直。焊缝完成后，检查验收，待降温后再行打桩。

⑤送桩：送桩时必须采取送桩器，可采用插销式送桩器。当送桩至距设计高程 1m 左右时，测量人员指挥桩机操作工减小速度，并跟踪观测送桩情况，直到送桩至设计高程时，发出信号停止送桩。送桩后留下的孔洞及时回填夯实。

(2) CFG 桩

CFG 桩是水泥粉煤灰碎石桩的简称，桩身材料是在素混凝土桩的基础上发展而来的，主要由碎石、石屑、粉煤灰、掺适量水泥和水拌和而成,具有良好的和易性。CFG 桩可用于淤泥质土、粉土等较软弱地基,不适用于淤泥和泥炭土地基。

CFG 桩采用长螺旋钻机、管内泵压混合料灌注施工,其施工主要由测量放样、钻进成孔、灌注及拔管等施工工序组成。图 9-3-6 为 CFG 桩现场施工图。

a)测量放样

b)钻进成孔

c)灌注及拔管

d)挖桩间土

e)破桩头

f)桩基检测

图 9-3-6 CFG 桩现场施工图

①测量放样：先放样出控制桩位，根据控制桩位及桩位布置图确定出每根 CFG 桩的桩位并标示，复核 CFG 桩的轴线定位点。

②钻进成孔：操作钻机就位并对准桩位，然后调整沉管垂直度，启动钻机钻进。当钻孔周围渣土过多时，关闭钻机用挖机清除渣土。

③灌注及拔管：成孔到设计高程后停止钻进，泵送混合料，当钻杆芯管充满混合料后开始拔管，拔管速度与泵送速度相协调。浇筑完毕时，施工桩顶高程宜高于设计高程 50cm。

④附属工程：施工完毕后，待混合料龄期达 7d 后进行桩间土开挖、清理，然后破桩头。混合料达到设计强度后进行桩基检测。

(3)土工格栅

土工格栅(图 9-3-7)主要用于路堤边坡加筋补强和基底加固补强两种用途，是土石方和地基处理工程中承上启下的一道施工工序。

填土碾压使用土工格栅进行加筋补强的施工，主要由检测及清理下承层、人工铺设土工格栅、搭接、绑扎、固定、摊铺上层基土、碾压、检测等施工工序组成。

图 9-3-7　铺设土工格栅

(4)真空预压

预压方式有堆载预压和真空预压两种。堆载预压法最大预压荷载不受限制，施工工艺简单，但加固地基工期相对较长，需大量的预压材料，运输不便，投资较大。真空预压法优点是工期短，加荷速度快，无须堆载材料，加荷中不出现地基失稳现象，但预压荷载偏小，施工工艺及流程复杂。

一般情况下，地基处理中很少采用堆载预压方式，大多数情况下都采用真空预压方式进行处理。真空预压法是在地基表面铺设密封膜，通过真空设备抽真空，使密封膜下砂垫层内和土体中垂直排水通道内形成负压，使土体与排水通道、垫层之间形成压差，在此压差作用下，土体中的孔隙水不断由排水通道排出，孔隙水压力随之降低、有效应力增大，加速孔隙水排出，从而使土体固结、强度提高，以达到最终加固地基的目的。

真空预压施工(图 9-3-8)主要由铺设底垫层、埋设排水板、铺设密封膜、真空设备安装及运行等施工工序组成。

3)边坡加固防护

边坡加固防护主要形式有拱形截水骨架、浆砌片石、混凝土挡墙、混凝土空心砖等。车辆基地边坡防护以绿色防护为主，一般采用浆砌片石或混凝土拱形骨架内喷播植草 + 植灌防护，双向土工格栅补强。

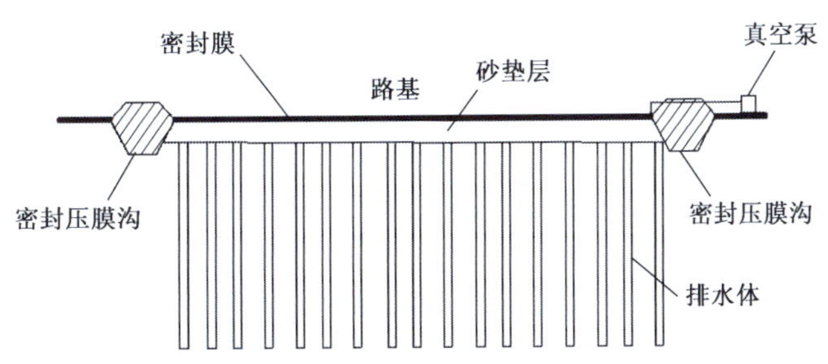

图 9-3-8 真空预压示意图

(1)拱形截水骨架

拱形截水骨架有浆砌片石和素混凝土等类型，素混凝土拱形截水骨架施工流程主要由基槽开挖、模板安装、混凝土浇筑、检查台阶及伸缩缝施工、骨架内坡面修整、骨架内防护等施工工序组成。图 9-3-9、图 9-3-10 为拱形截水骨架示意图。

a)浆砌片石

b)素混凝土

图 9-3-9 拱形截水骨架类型图

图 9-3-10 拱形截水骨架绿色防护

(2)浆砌片石挡土墙

浆砌片石挡土墙(图 9-3-11)属于一种重力式挡土墙，其施工主要由基础开挖、边坡修整、片石砌筑及勾缝养生等施工工序组成，其施工流程也适用于其他采用浆砌片石工艺工程。

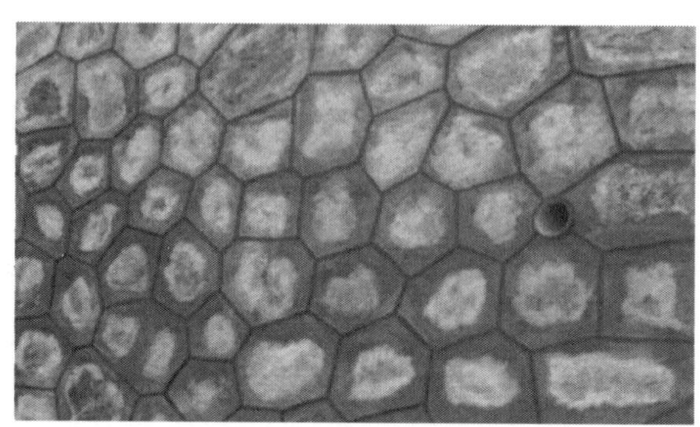

图 9-3-11　浆砌片石挡土墙

①基础开挖及边坡修整：基础开挖及边坡修整以机械为主，人工为辅，按设计图纸尺寸进行开挖刷坡，人工修整夯实后铺筑碎石垫层。边坡修整后坡面应密实、平整、稳定，检验合格后方可铺砌。

②片石砌筑：片石采用坐浆法施工，铺砌时自下而上进行，石块应彼此交错搭接，不得松动，严禁浮塞。砌体护坡分段施工时，每隔一段距离设一道伸缩缝。埋设泄水孔，反面设置反滤层。

③勾缝养生：砌筑过程中石料留有缝隙，用水冲洗干净，水泥砂浆抹平划槽勾缝。泄水管口与砌石之间用砂浆填塞密实。勾缝以后用钢刷配合水将浆砌片石表面清洗干净整洁。砌筑完成后应及时覆盖，并经常洒水保持湿润，常温下养护期不得小于 7d。

(3)钢筋混凝土挡墙

钢筋混凝土挡墙常采用扶壁式(图 9-3-12)，其施工主要由垫层铺设、安装绑扎钢筋、安装模板及泄水管、浇筑混凝土、拆模、回填挡土墙基坑等施工工序组成。

图 9-3-12　扶壁式钢筋混凝土挡土墙

①垫层铺设：土石方工程完成后，在基底设置碎石垫层及素混凝土垫层。施工前做好地面排水，保持基坑干燥。

②安装绑扎钢筋：钢筋调直、切断、弯钩、绑扎成型，按照设计图纸完成钢筋工程。

③安装模板及泄水管:墙体模板由侧板、立挡、斜撑和水平撑组成,全部采用钢模。依次立竖挡、横挡及斜撑,钉侧板,在顶部用线锤吊直,拉线找平,撑牢钉实,最后对模板进行验收。按图示位置和间距预先埋设泄水管,确保泄水坡度并防止混凝土流入孔内。

④浇筑混凝土:混凝土灌注应先浇筑底板(趾板和踵板),然后再灌立壁,最后浇筑墙身。凸榫和底板一同浇筑,一次完成。墙面板、扶壁在高度方向应保持连续浇筑。

⑤拆模、回填挡土墙基坑:当立壁和墙底板混凝土强度达到设计强度时,开始回填。采用人工摊铺,配以小型压实机具碾压。墙背渗水片材应随填土及时施工,泄水孔应保证排水畅通。

(4)混凝土空心砖

混凝土空心砖(图9-3-13)采用C30混凝土预制,多为正六边形,用于边坡防护可提高景观效果,又可防止地表水对边坡的直接冲刷。空心砖在小型构件预制场内进行预制施工,在达到设计强度后运输至施工现场。其常见于拱形截水骨架的拱内坡面,是一种配套施工的方式。混凝土空心砖施工主要由修坡补凹、空心砖铺设、喷播植草等施工工序组成。

图9-3-13 混凝土空心砖

4)整体道床基础及检修地沟

整体道床基础及检修地沟常见于车辆基地的生产用房,其由道床基础、防水、钢筋混凝土3个部分组成。常见整体道床基础有普通整体道床基础和移动式架车机基础,后者基础底板较前者宽一倍,以满足重型机械承载力要求。常见检修地沟有壁式检修地沟和柱式检修地沟,后者更便于检修施工,使用更为广泛。图9-3-14为检修地沟示意图。

a)壁式检修地沟

b)柱式检修地沟

图9-3-14 检修地沟示意图

整体道床基础及检修地沟施工主要由道床基础、防水施工、钢筋工程、模板工程、混凝土工程等工序组成。

5）室外配套设施

室外配套设置主要有道路、围墙、排水沟、电缆沟、绿化等其他工程。

道路工程主要分为混凝土路面和沥青混凝土路面两种，其施工流程如下：土石方工程→基层处理→垫层→基层→面层。两种路面的垫层、基层和面层施工方法差异较大，根据设计情况选择碾压材料。

围墙工程类型较多，施工流程如下：土石方工程→垫层和基础→墙身→围墙装饰及照明接入。区别主要在墙身做法，有钢筋混凝土柱加铁艺栏杆、砌筑形式等。

排水沟根据沟深大小，用途有很多种：渣底式纵向盖板排水槽、路堤排水沟、横向排水槽、成品线性排水沟等。施工流程如下：土石方工程→砌筑或钢筋混凝土工程（或预制）→防水处理→盖板安装。

电缆沟工程施工流程与排水沟相似。

绿化工程在是边坡加固防护的植草和灌木或者场区内的植草、灌木和乔木。施工流程为种植区土壤基层处理→绿植播种→养护成活。

9.3.1.2 施工进度、机械及劳动力配置

1）施工进度指标

根据《城市轨道交通工程项目建设标准》（建标104—2008），车辆基地工程施工工期约为24～30月/座。其中，附属工程中的土石方及软基处理施工工期约为10～14个月。管理用房和生产用房工程在场地满足施工条件后即可进场施工，不需要土石方和软基处理工程全部完工后再进行，一般施工3～6个月后可以开始房屋桩基工程。土石方及软基处理工程是车辆基地土建附属工程中影响工期最大的因素。附属工程施工进度见表9-3-1。

车辆基地附属工程施工进度指标表 表9-3-1

序号	项目	工序	施工进度	备注
1	土石方工程	挖方工程	约为720m^3/d	每台挖掘机
2		填方工程	约为660m^3/d	每台压路机
3	软基处理	PHC管桩	约为400m/d	约需要1.5个月
4		CFG桩	约为200m/d	
5		土工格栅	约为100m^2/d	
6	边坡加固防护	混凝土	约为2～4m^3/d	随基础施工同时进行，不影响总体施工进度
7		砌筑	约为3m^3/d	

以某车辆基地土石方工程为例，有333260m^3挖方工程、885816m^3填料工程，总工期约10个月。挖方工程每台挖机的施工进度约为720m^3/d，考虑到施工现场的复杂情况，还有水塘清淤等工程，约需要4.5个月来完成挖方工程。填方工程每台压路机的施工进度约为660m^3/d，约需要9个月来完成填方工程。现场为流水施工作业，总工期约需要10个月。

该车辆基地运用库道床桩基采用的是PHC管桩。土质情况较好情况下，一套锤击桩或静压桩单机施工进度约为400m/d；CFG桩单机施工进度约为200m/d；土工格栅铺设进度约为

$100m^2/d$。

边坡加固防护随基础施工同时进行,其不影响总体施工进度。混凝土施工约为 $2\sim4m^3/d$,砌筑施工进度约为 $3m^3/d$。

2)施工机械及劳动力配置

以某车辆基地附属工程为例,主要施工机械设备如表 9-3-2 所示。

主要施工机械设备配置表

表 9-3-2

序号	项目	名称	单位	数量
1	土石方工程	挖掘机	台	10
2		自卸汽车	台	30
3		推土机	台	4
4		平地机	台	2
5		压路机	台	6
6	PHC 管桩	柴油打桩机	台	2
7		履带式起重机	台	2
8	CFG 桩	长螺旋钻机	台	2
9	真空预压	真空泵机	台	2
10		插板机	台	2

现场配置土石方施工一组、土石方施工二组、综合施工班组,施工人员配置如表 9-3-3 所示。

施工人员配置表

表 9-3-3

序号	班组	人数	备注
1	土石方施工一组	40	土石方施工、各单体场坪施工等
2	土石方施工二组	40	土石方施工、各单体场坪施工等
3	综合施工班组	30	地基加固处理、附属工程施工等

9.3.2 施工组织与定额对应关系

车辆基地附属工程包含土石方、软基处理、边坡加固防护、整体道床基础及检修地沟、室外配套设施 5 项工程,根据上述施工进度指标可知,土石方挖方工程每台挖机施工进度约为 $720m^3/d$,填方工程每台压路机的施工进度约为 $660m^3/d$;软基处理工程中,PHC 管桩单机施工进度约为 400m/d,CFG 桩单机施工进度约为 200m/d,土工格栅铺设进度约为 $100m^2/d$;边坡加固防护工程中,混凝土施工进度约为 $2\sim4m^3/d$,砌筑施工进度约为 $3m^3/d$。

人工和机械是定额的构成要素,也是施工组织中资源配置的重要内容。车辆基地附属工程组织施工时,土石方工程需配置挖掘机 10 台、自卸汽车 30 台、推土机 4 台、压路机 6 台,配置 2 个土石方施工班组(每组 40 人);软基处理工程需配置柴油打桩机 2 台、长螺旋钻机 2 台、履带式起重机 2 台,配置 1 个 30 人左右的综合班组。

土方调配是影响土石方工程费用的重要因素,在挖方材料能满足填方区域承载要求时,应优先进行车辆基地内部填方,还可以将全线范围内土石方调配统筹考虑,减少弃土外运和填料购入费用,从而节约工程费用。另外,车辆基地池塘淤泥采用泥浆罐车外运费用较高,将淤泥经过翻晒变成土方再使用自卸汽车外运,可以有效降低运输成本。

PHC管桩有静压桩机和锤击桩机两种机械作业方式,锤击桩机施工简单便捷,费用较低,但施工噪声大,适宜在郊区施工;在城区内施工时,为满足安全文明施工要求,应选用对土体扰动小,噪音小的静压桩机,但静压桩机台班费用高,工程费用较高。真空预压工程施工,可在真空设备抽水前根据淤泥性质添加调理药剂,增强脱水效果,提高真空设备抽水速度,提前达到地基承载力要求,从而节省工期和工程费用。

按照施工组织与定额对应的原则,车辆基地附属工程部分工序与定额的对应关系如表9-3-4所示。

车辆基地附属工程施工组织与定额对应关系表 表9-3-4

<table>
<tr><th>编号</th><th>工序名称</th><th>定额子目</th><th>工作内容</th></tr>
<tr><td rowspan="3">A</td><td rowspan="3">土石方</td><td>公共定额 G1-79、G1-212/213</td><td>挖土方及土方运输</td></tr>
<tr><td>公共定额 G1-332</td><td>填土碾压</td></tr>
<tr><td>公共定额 G5-5/16/18/26/33/35</td><td>挖掘机、推土机、压路机、摊铺机的场外运输</td></tr>
<tr><td rowspan="2">B</td><td rowspan="2">PHC管桩</td><td>公共定额第三章 G3-23</td><td>打桩,接桩</td></tr>
<tr><td>公共定额第三章 G3-55</td><td>钢管桩填心</td></tr>
<tr><td>C</td><td>真空预压</td><td>公共定额第二章 G2-19</td><td>滤水管制、安、拆;
砂底层及薄膜铺设;
真空设备按、拆</td></tr>
<tr><td rowspan="3">D</td><td rowspan="3">路基边坡
加固防护</td><td>市政定额 D2-4-28/15</td><td>缘石、砌块铺筑</td></tr>
<tr><td>市政定额 D3-4-7、D2-1-10</td><td>片石砌筑、土工格栅铺设</td></tr>
<tr><td>市政定额 D3-2-53/54</td><td>挡墙模板、混凝土</td></tr>
<tr><td rowspan="4">E</td><td rowspan="4">整体道床基础
及检修地沟</td><td>建筑定额 A2-1、A6-62、A7-159、A9-1/4/5/10</td><td>检修地沟底板垫层、地面及防水施工</td></tr>
<tr><td>建筑定额 A1-3、A6-63、A7-150/151、A9-1、A10-1/25</td><td>检修地沟侧壁面层及防水施工</td></tr>
<tr><td>建筑定额 A6-117</td><td>排水沟防水施工</td></tr>
<tr><td>建筑定额 A2-1/52/64/70、A16-1/133
公共定额 G1-12/23/331</td><td>检修地沟土方开挖及回填、模板支设、钢筋绑扎、混凝土浇筑</td></tr>
</table>

9.3.3 概预算标准化设计

编制车辆基地附属工程概预算时采用湖北市政定额(2018)、公共定额(2018)和建筑定额(2018),下述定额子目及相关分析均以上述定额为准。

9.3.3.1 概预算标准模板

车辆基地附属工程中,土方工程开项参考"生产用房土石方模块"。车辆基地附属工程概预算标准模板如表9-3-5所示。

车辆基地附属工程概预算标准模板

表 9-3-5

序号	定额编号	工作项目或费用名称	单位	数量	单价(元)	合价(元)
		1. 土石方				
		2. 路基边坡防护加固				24979101.66
		2.1 绿色防护				2014213.6
1	借 E1-275	铺种草皮　满铺	$10m^2$	1303.7	175.8	229190.46
	主材	草皮	m^2	14340.7	4.41	63242.49
2	借 E1-432	冷地型草坪成活养护　满铺	$100m^2$·月	130.37	375.24	48920.04
3	借 E1-179	栽植灌木(裸根)　冠丛高(cm 以内)50	株	150117	9.11	1367565.9
	主材	灌木	株	153119.34	6	918716.04
4	借 E1-377	常绿灌木成活养护　冠丛高(cm 以内)50	100株·月	1501.17	245.5	368537.24
		2.2 混凝土空心砖				238639.19
1	借 D3-4-21	浆砌预制块　墩、台、墙	$10m^3$	34.7	6877.21	238639.19
	主材	混凝土预制块	m^3	319.24	375	119715
		2.3 拱形截水骨架				2423088.9
1	借 D2-4-28	安砌侧石　混凝土	100m	4.25	3042.82	12931.99
2	借 D3-4-15	浆砌块石　护坡、台阶	$10m^3$	505.31	4769.66	2410156.9
		2.4 挡墙				16499611.35
1	借 D3-2-53	现浇混凝土构件　挡墙墙身　混凝土	$10m^3$	2189.16	5926.64	12974363.22
2	借 D3-2-54	现浇混凝土构件　挡墙墙身　模板	$10m^2$	4378.32	805.16	3525248.1
		2.5 干砌片石				3803548.6
1	借 D3-4-7	干砌块石　护坡(无灌浆)	$10m^3$	587.25	2502.4	1469534.4
2	借 D2-1-10	土工合成材料　土工格栅　双向	$1000m^2$	104.09	22423.04	2334014.2
		3. 地基加固与处理				281089689.39
		3.1 水塘地基处理				8854494.4
1	借 D11-2-2	草袋围堰	$100m^3$	84.7	32138.28	2722112.3
	主材	黏土	m^3	7877.1	27.18	214099.58
2	借 D11-2-2 换	草袋围堰　拆除	$100m^3$	84.7	8810.37	746238.34
3	G4-18	抽明水　抽水量	$1000m^3$	78.49	879.87	69061
4	G1-126	挖掘机挖淤泥、流砂　装车	$1000m^3$	12.56	10209.43	128230.44
5	G1-226 换	泥浆运输　运距 5km 以内实际运距(km):10	$10m^3$	251.2	1856.38	466322.66
6	G1-212 换	自卸汽车运土方(载重 8t 以内)运距 1km 以内　实际运距(km)(1km < s≤30km):10	$1000m^3$	10.05	30770.96	309248.15
7	补子目 1	渣土消纳费	m^3	12560	33	414480
8	G1-322	填土碾压　内燃压路机 15t 以内	$1000m^3$	41.86	7422.25	310695.39
9	补子目 10	碎石土(A、B)填料	m^3	8372.6	106.46	891347
10	补子目 11	碎石土(A、B、C)填料	m^3	33490.4	91.76	3073079.1

续上表

序号	定额编号	工作项目或费用名称	单位	数量	单价(元)	合价(元)
		3.2 地基表层处理				20083291.57
1	G1-79	反铲挖掘机挖一般土方　不装车(斗容量 $1m^3$)　三类土	$1000m^3$	125.59	4258.34	534804.92
2	G1-212 换	自卸汽车运土方(载重 8t 以内)运距 1km 以内　实际运距(km)(1km<s≤30km):10	$1000m^3$	125.59	30770.96	3864524.8
3	补子目 1	渣土消纳费	m^3	125590	33	4144470
4	G1-322	填土碾压　内燃压路机 15t 以内	$1000m^3$	125.59	7422.25	932160.38
5	补子目 10	碎石土(A、B)填料	m^3	125590	106.46	13370311
		3.3 复合地基加固				186938078.67
1	G2-56	水泥搅拌桩　深层搅拌法　双头	$10m^3$	16193.3	2296.67	37190666.31
2	借 D3-4-37	护坡垫层碎石	$10m^3$	47091.27	3117.52	146807976.05
3	借 D2-1-10	土工合成材料　土工格栅　双向	$1000m^2$	131.09	22423.04	2939436.3
		3.4 旋喷桩				176416.22
1	G2-60	高压喷射注浆桩　钻孔	10m	100	710.47	71047
2	G2-62 换	高压喷射注浆桩　喷浆　双重管法　水泥掺量 16%	$10m^3$	19.63	5343.72	104897.22
		3.5 CFG 桩				245409.94
1	补子目 5	CFG 桩　桩径 50cm　扩孔系数 20%	100m	10	12113.68	121136.8
2	G1-212 换	自卸汽车运土方(载重 8t 以内)运距 1km 以内　实际运距(km)(1km<s≤30km):10	$1000m^3$	0.2	30770.96	6154.19
3	补子目 1	渣土消纳费	m^3	196.25	33	6476.25
		3.6 真空预压				40480895.43
1	G2-19	预压地基　真空预压　预压期 3 个月	$1000m^2$	73.97	547260.99	40480895.43
		3.7 过渡段				1885812.7
1	借 D2-2-35 换	水泥稳定碎(砾)石摊铺　水泥含量 5%　厚度 20cm　实际厚度(cm):15	$100m^2$	56.95	4407.34	250998.01
2	借 D3-2-2 换	现浇混凝土构件　垫层　混凝土　换为【预拌混凝土 C15】	$10m^3$	4.65	5183.08	24101.32
3	借 D3-2-2 换	现浇混凝土构件　垫层　混凝土　换为【预拌混凝土 C25】	$10m^3$	32.15	5506.72	177041.05
4	G2-72 换	砂垫层　厚度 20cm　实际厚度(cm):10	$100m^2$	1.02	2771.48	2826.91
5	借 D5-2-65	承插式混凝土管　人工下管　管径 300mm 以内	100m	40.64	35144.73	1428281.8
	主材	钢筋混凝土管	m	4165.6	293.97	1224561.4
6	借 D3-8-20	桥梁伸缩装置　镀锌铁皮　玛蹄脂	10m	0.32	763.96	244.47

续上表

序号	定额编号	工作项目或费用名称	单位	数量	单价(元)	合价(元)
7	借 D6-1-119	混凝土导流筒 厚度20cm 以内	$10m^3$	0.31	7480.92	2319.09
		3.8 基床				22424372.87
1	补子目 10	碎石土(A、B)填料	m^3	196908.3	106.46	20962857.62
2	G1-322	填土碾压 内燃压路机 15t 以内	$1000m^3$	196.91	7422.25	1461515.3
		4. 涵洞				**4230691.5**
		4.1 基坑				143832.74
1	G1-87	反铲挖掘机挖一般土方 装车(斗容量 $1m^3$) 一、二类土	$1000m^3$	6.18	4473.98	27649.2
2	G1-147	抓铲挖掘机挖淤泥、流砂(斗容 $0.5m^3$) 装车 深6m 以内	$1000m^3$	0.69	17345.55	11968.43
3	G1-212	自卸汽车运土方(载重 8t 以内) 运距 1km 以内	$1000m^3$	2.78	8456.73	23509.71
4	补子目 1	渣土消纳费	m^3	2780	33	91740
5	G1-330	回填土 夯填土 机械 地坪	$10m^3$	339.6	128.04	43482.38
6	G4-18	抽明水 抽水量	$1000m^3$	7.55	879.87	6643.02
		4.2 PHC 管桩及承台				2463036.4
1	G3-23	打预应力钢筋混凝土管桩 桩径≤400mm	100m	83.16	15587.69	1296272.3
2	G3-55	钢管内取土、填芯 管内填混凝土 C35	$10m^3$	3.4	5904.68	20075.91
3	借 D9-1-9	带肋钢筋直径 10mm	t	23.25	6493.56	150975.27
4	借 D3-2-6	现浇混凝土构件 承台 混凝土 C35	$10m^3$	127.2	6070.55	772173.96
5	借 D3-2-7	现浇混凝土构件 承台 模板(无底模)	$10m^2$	234.05	570.88	133614.46
6	借 D9-1-9	带肋钢筋 直径 10mm	t	6.73	6493.56	43701.66
7	借 D3-2-1	现浇混凝土构件 垫层 碎石	$10m^3$	17.09	2704.67	46222.81
		4.3 主体工程				1374344.4
1	借 D3-2-11	现浇混凝土构件 台帽 混凝土 C30	$10m^3$	0.15	6061.95	909.29
2	借 D3-2-12	现浇混凝土构件 台帽 模板	$10m^2$	1.5	1517.63	2276.45
3	借 D3-5-7	箱涵制作 底板 混凝土 C35	$10m^3$	31.87	6067.71	193377.92
4	借 D3-5-9	箱涵制作 侧墙 混凝土 C35	$10m^3$	15.93	6036.65	96163.83
5	借 D3-5-10	箱涵制作 侧墙 模板	$10m^2$	106.23	1407.63	149532.53
6	借 D3-5-11	箱涵制作 顶板 混凝土 C35	$10m^3$	31.87	5915.76	188535.27
7	借 D3-5-12	箱涵制作 顶板 模板	$10m^2$	79.67	1391.81	110885.5
8	借 D9-1-2	圆钢 直径 10mm	t	25.14	6164.36	154972.01
9	借 D9-1-15	带肋钢筋 直径 22mm	t	89.37	5345.1	477691.59
		4.4 防水及其保护层				87424.84
1	借 D3-8-37	桥面防水层 聚氨酯防水涂料	$100m^2$	14.38	2949.58	42414.96

续上表

序号	定额编号	工作项目或费用名称	单位	数量	单价(元)	合价(元)
2	借 D3-8-35	桥面防水层　防水砂浆　2cm	$100m^2$	0.34	3361.92	1143.05
3	借 D4-2-87 换	防水板　细石混凝土保护层　40mm 厚　换为【预拌混凝土 C40】	$10m^3$	2.77	10283.8	28486.13
4	借 D3-8-40	箱涵防水层　SY 系列复合防水卷材　单层	$100m^2$	14.38	6388.12	91861.17
		4.5 沉降缝				16396.87
1	借 D3-255	现浇混凝土　混凝土接头灌缝　板梁间灌缝	$10m^3$	0.72	9294.59	6692.1
2	借 D3-8-22 换	沉降缝　油毡　一毡　换为【自粘聚合物改性沥青防水卷材　3】	$10m^2$	24	391.91	9405.84
3	借 D3-8-25	沉降缝　发泡聚乙烯	$10m^2$	1.71	174.81	298.93
		4.6 附属工程				145656.32
1	借 D3-4-37	护坡垫层　碎石	$10m^3$	0.26	3117.52	810.56
2	借 D3-2-53	现浇混凝土构件　挡墙墙身　混凝土	$10m^3$	10.04	5926.64	59503.47
3	借 D3-2-54	现浇混凝土构件　挡墙墙身　模板	$10m^2$	45.78	805.16	36860.22
4	借 D5-4-32	混凝土管顶进　管径 800mm 以内	10m	3.9	12431.3	48482.07
	主材	加强钢筋混凝土管	m	39.39	141.37	5568.56
		5. 车辆段检修地沟及整体道床基础　运用库				14685390
		5.1 检修地沟底板(环氧砂浆面层)				643870.18
1	A2-1	现浇混凝土　垫层	$10m^3$	19.14	5091.48	97450.93
2	A9-1	平面砂浆找平层　混凝土或硬基层上 20mm	$100m^2$	19.14	2460.77	47099.14
3	A6-62	高聚物改性沥青自粘卷材　自粘法一层平面	$100m^2$	19.14	5942.63	113741.94
4	A9-4 换	细石混凝土地面找平层 30mm　实际厚度(mm):50	$100m^2$	19.14	4382.07	83872.82
5	A9-10	整体面层　干混砂浆楼地面　混凝土或硬基层上 20mm	$100m^2$	19.14	2831.31	54191.27
6	A7-150	环氧砂浆　厚度 5mm	$100m^2$	19.14	12931.77	247514.08
		5.2 检修地沟侧壁(环氧砂浆面层)				1188285.2
1	PH9-1	灰土 2:8	m^3	418.13	96.13	40194.84
2	A1-3	混水砖墙　1/2 砖	$10m^3$	50.18	7927.5	397801.95
3	A6-63	高聚物改性沥青自粘卷材　自粘法一层立面	$100m^2$	41.81	6620.5	276803.11
4	A9-1	平面砂浆找平层　混凝土或硬基层上 20mm	$100m^2$	41.81	2460.77	102884.79
5	A10-25	墙面装饰抹灰　素水泥浆界面剂	$100m^2$	41.81	329.16	13762.18

续上表

序号	定额编号	工作项目或费用名称	单位	数量	单价(元)	合价(元)
6	A10-1	墙面一般抹灰内墙(14+6)mm	$100m^2$	41.81	3191.73	133446.23
7	A7-150换	环氧砂浆 厚度5mm 实际厚度(mm):1	$100m^2$	41.81	5343.03	223392.08
		5.3 检修地沟内排水沟				251745.75
1	A6-117	防水砂浆 掺防水粉 20mm厚 平面	$100m^2$	4.56	3735.8	17035.25
2	A6-117	防水砂浆 掺防水粉 20mm厚 立面	$100m^2$	9.12	3735.8	34070.5
3	补子目12	排水沟盖板	m^2	608	330	200640
		5.4 内部结构				12601488.49
1	G1-12	人工挖沟槽土方(槽深) 三类土 ≤4m	$10m^3$	2475	640.27	1584668.3
2	G1-331	回填土 夯填土 机械 槽坑	$10m^3$	740.5	167.16	123781.98
3	G3-23	打预应力钢筋混凝土管桩 桩径≤400mm	100m	176.7	15587.69	2754344.8
4	A2-1	现浇混凝土 垫层	$10m^3$	83.8	5091.48	426666.02
5	A16-1	基础垫层 胶合板模板	$100m^2$	11.56	6391.32	73883.66
6	A2-52换	现浇混凝土 整体道床地沟 C30	$10m^3$	521.95	5898.68	3078816
7	A16-133	地沟胶合板模板木支撑	$100m^2$	130.49	7191.18	938377.08
8	A2-52	现浇混凝土 排水沟 C20	$10m^3$	62.48	5575.04	348328.5
9	A16-133	地沟胶合板模板木支撑	$100m^2$	15.62	7191.18	112326.23
10	A2-64	现浇构件圆钢筋 HPB300 直径≤10mm	t	93.95	6457.33	606666.15
11	A2-70	现浇构件带肋钢筋 HRB400以内 直径≤25mm	t	532.36	4796.81	2553629.8
		6. 室外配套工程				87778904.63
		6.1 排水沟				9728314
1	借D2-1-12	排水沟、截水沟 混凝土	$10m^3$	703.7	12915.07	9088334.8
2	借D6-1-186	变形缝 油浸木丝板	100m	5.12	1728.65	8850.69
3	借D9-1-9	带肋钢筋 直径10mm	t	15.82	6493.56	102728.12
4	借D3-8-35	桥面防水层 防水砂浆 2cm	$100m^2$	23.75	3361.92	79845.6
5	PH5-9	水泥砂浆M7.5	m^3	5	326.24	1631.2
6	G1-123	挖掘机挖沟槽、基坑土方(装车) 三类土	$1000m^3$	11.21	9097.34	101981.18
7	G1-212换	自卸汽车运土方(载重8t以内)运距1km以内 实际运距(km)(1km<s≤30km):10	$1000m^3$	11.21	30770.96	344942.46
		6.2 室外停车场				728917.81
		(1)透水砖停车场				351411.02
1	G1-327	回填土 原土夯实两遍 机械	$100m^2$	12.5	92.31	1153.88
2	借D3-4-36	护坡垫层 砂	$10m^3$	37.5	3105.93	116472.38
3	借D3-2-2	现浇混凝土构件 垫层 混凝土	$10m^3$	15	5323.3	79849.5
4	A9-1	平面砂浆找平层 混凝土或硬基层上20mm	$100m^2$	12.5	2460.77	30759.63

续上表

序号	定额编号	工作项目或费用名称	单位	数量	单价(元)	合价(元)
5	借 D2-4-20	人行道块料铺设　透水混凝土砖	$100m^2$	12.5	9854.05	123175.63
		(2)嵌草砖停车场				377506.79
1	借 D2-2-23	砂砾石摊铺(天然级配)　厚度 20cm	$100m^2$	45	4050.81	182286.45
2	借 D3-2-2	现浇混凝土构件　垫层　混凝土	$10m^3$	15	5323.3	79849.5
3	借 D3-4-36	护坡垫层　砂	$10m^3$	4.5	3105.93	13976.69
4	借 D2-4-19	人行道块料铺设　人工铺植草砖	$100m^2$	15	6759.61	101394.15
		6.3 堆料场				1092015.6
1	借 D2-2-27 换	碎石摊铺　厚度 20cm　实际厚度(cm):15	$100m^2$	32	3571.84	114298.88
2	借 D2-2-23	砂砾石摊铺(天然级配)　厚度 20cm	$100m^2$	32	4050.81	129625.92
3	借 D3-2-2	现浇混凝土构件　垫层　混凝土	$10m^3$	80	5323.3	425864
4	借 D9-1-9	带肋钢筋　直径 10mm	t	39.78	6493.56	258313.82
5	借 D2-273 换	沥青砂封面　机械摊铺　厚度 2cm　实际厚度(cm):3	$100m^2$	32	5122.28	163912.96
		6.4 人行道路面				1097786.3
1	G1-327	回填土　原土夯实两遍　机械	$100m^2$	55	92.31	5077.05
2	借 D3-4-36	护坡垫层　砂	$10m^3$	110	3105.93	341652.3
3	A9-1 换	平面砂浆找平层　混凝土或硬基层上 20mm　实际厚度(mm):30	$100m^2$	55	3444.52	189448.6
4	借 D2-4-18	人行道块料铺设　广场砖铺设　规格(mm) 200×200	$100m^2$	55	10211.06	561608.3
		6.5 车行花岗岩路面				1181998
1	G1-327	回填土　原土夯实两遍　机械	$100m^2$	50	92.31	4615.5
2	PH9-1	灰土 2:8	m^3	1000	96.13	96130
3	借 D3-2-2	现浇混凝土构件　垫层　混凝土	$10m^3$	75	5323.3	399247.5
4	A9-1 换	平面砂浆找平层　混凝土或硬基层上 20mm　实际厚度(mm):30	$100m^2$	50	3444.52	172226
5	借 D2-4-18	人行道块料铺设　广场砖铺设　规格(mm) 200×200	$100m^2$	50	21854.58	1092729
6	借 D2-4-13	人行道块料铺设　花岗岩人行道板	$100m^2$	50	92.31	4615.5
		6.6 运动场地面				626397
1	借 D2-2-23	砂砾石摊铺(天然级配)　厚度 20cm	$100m^2$	20	4050.81	81016.2
2	借 D2-3-42	沥青混凝土路面　中粒式机械摊铺　厚度 4cm	$100m^2$	20	4339.98	86799.6
3	借 D2-273 换	沥青砂封面　机械摊铺　厚度 2cm　实际厚度(cm):3	$100m^2$	20	5122.28	102445.6

续上表

序号	定额编号	工作项目或费用名称	单位	数量	单价(元)	合价(元)
4	A9-18	整体面层 聚氨酯球场面层 厚度12mm	$100m^2$	20	17806.78	356135.6
		6.7 平交道				3000000
1	补子目13	橡胶平交道	m^2	1000	3000	3000000
		6.8 室外电力管沟				38176070.39
		(1)电缆隧道				33314726.14
1	G1-123	挖掘机挖沟槽、基坑土方(装车) 三类土	$1000m^3$	3.65	9097.34	33205.29
2	G1-212 换	自卸汽车运土方(载重8t以内) 运距1km以内 实际运距(km)(1km<s≤30km):10	$1000m^3$	3.65	30770.96	112314
3	补子目1	渣土消纳费	m^3	3650	33	120450
4	借 D4-7-28	隧道内其他结构混凝土电缆沟 混凝土	$10m^3$	85.71	8131.99	696992.86
5	借 D4-7-29	隧道内其他结构混凝土电缆沟 模板	$10m^2$	8.57	1166.41	9996.13
6	借 D9-1-2	圆钢 直径10mm	t	5259.6	6164.36	32422067.86
		(2)电缆沟				3808406.8
1	G1-123	挖掘机挖沟槽、基坑土方(装车) 三类土	$1000m^3$	6.83	9097.34	62134.83
2	G1-212 换	自卸汽车运土方(载重8t以内) 运距1km以内 实际运距(km)(1km<s≤30km):10	$1000m^3$	6.83	30770.96	210165.66
3	补子目1	渣土消纳费	m^3	6830	33	225390
4	借 D4-7-28	隧道内其他结构混凝土电缆沟 混凝土	$10m^3$	180.2	8131.99	1465384.6
5	借 D4-7-29	隧道内其他结构混凝土电缆沟 模板	$10m^2$	490.24	1166.41	571820.84
6	借 D9-1-2	圆钢 直径10mm	t	155.7	6164.36	959790.85
7	补子目8	沟盖板	m^2	2812	165	463980
		(3)电缆井				1052937.5
1	借 D5-5-242	混凝土圆形雨水检查井 井内径1000mm 适用管径200~600mm 井深2.35m	座	147	5659.61	831962.67
2	借 D5-5-244	混凝土圆形雨水检查井 井内径1500mm 适用管径800~1000mm 井深2.4m	座	24	7912.29	189894.96
3	借 D5-5-289	混凝土矩形污水检查井 井室净尺寸(长×宽×高)(m)1.8×1.1×3.3 适用管径1500mm 井深3.95m	座	2	15539.92	31079.84
		6.9 混凝土道路				6055989.4
1	借 D2-2-1	路床整形 路床碾压检验	$100m^2$	294.62	248.86	73319.13
2	借 D2-2-27 换	碎石摊铺 厚度20cm 实际厚度(cm):15	$100m^2$	294.62	3571.84	1052335.5
3	借 D2-2-35	水泥稳定碎(砾)石摊铺 水泥含量5% 厚度20cm	$100m^2$	294.62	5641.38	1662063.4
4	借 D2-3-63	现浇混凝土路面 厚度22cm	$100m^2$	245.52	13311.63	3268271.4

续上表

序号	定额编号	工作项目或费用名称	单位	数量	单价(元)	合价(元)
		6.10 沥青道路				1520340.5
1	借 D2-2-1	路床整形　路床碾压检验	$100m^2$	66	248.86	16424.76
2	借 D2-2-35 换	水泥稳定碎(砾)石摊铺　水泥含量5% 厚度20cm　实际厚度(cm):15	$100m^2$	198	4407.34	872653.32
3	借 D2-3-13	透层　无结合料粒料基层石油沥青 1.2kg/m^2	$1000m^2$	5.5	4351.38	23932.59
4	借 D2-3-34	沥青混凝土路面　粗粒式机械摊铺　厚度6cm	$100m^2$	55	6130.4	337172
5	借 D2-3-17	黏层　沥青层　石油沥青　0.36kg/m^2	$1000m^2$	5.5	1344.81	7396.46
6	借 D2-3-51	沥青混凝土路面　细粒式机械摊铺　厚度4cm	$100m^2$	55	4777.48	262761.4
		6.11 路缘石				1204560.6
1	借 D2-4-26	安砌侧(平、缘)石　人工铺装垫层　混凝土	$10m^3$	23	5594.14	128665.22
2	借 D2-4-29	安砌侧石　石质	100m	46	12197.55	561087.3
3	借 D2-4-31	安砌缘石　石质	100m	46	11191.48	514808.08
		6.12 围墙				10452315
1	G1-11	人工挖沟槽土方(槽深)　三类土　≤2m	$10m^3$	535.5	551.07	295097.99
2	G1-331	回填土　夯填土　机械槽	$10m^3$	350.7	167.16	58623.01
3	借 D3-2-2 换	现浇混凝土构件　垫层　混凝土　换为【预拌混凝土 C15】	$10m^3$	42	5183.08	217689.36
4	借 D3-2-4 换	现浇混凝土构件　混凝土基础　混凝土　换为【预拌混凝土 C30】	$10m^3$	143.33	5609.99	804079.87
5	借 D3-2-55	现浇混凝土构件　挡墙压顶　混凝土　C30	$10m^3$	0.91	6909.29	6287.45
6	借 D9-1-2	圆钢　直径10mm	t	31.13	6164.36	191896.53
7	借 D9-1-15	带肋钢筋　直径22mm	t	77.25	5345.1	412908.98
8	A1-5	混水砖墙　1砖	$10m^3$	1001.7	6722.57	6733998.4
9	借 D9-1-2	圆钢　直径10mm	t	13.83	6164.36	85253.1
10	A9-102	踢脚线　干混砂浆	$100m^2$	8.4	6514.57	54722.39
11	A10-2	墙面一般抹灰　外墙(14+6)mm	$100m^2$	200.34	4352.11	871901.72
12	A13-198	乳胶漆　室外　墙面　两遍	$100m^2$	200.34	2695.24	539964.38
13	A2-131	铁件制作、安装	t	17.5	10279.54	179891.95
		6.13 其他				8364200
1	补子目1	场区绿化	m^2	50000	100	5000000
2	补子目2	大门	处	2	20000	40000

续上表

序号	定额编号	工作项目或费用名称	单位	数量	单价(元)	合价(元)
3	补子目3	标识标牌	套	15	80	1200
4	补子目4	非机动车棚	m^2	1000	600	600000
5	补子目6	试车线扩张金属网围栏	m	3750	700	2625000
6	补子目7	栅栏门	处	1	5000	5000
7	补子目8	成品线性排水沟	m	620	150	93000

9.3.3.2 工程量计算规则

1)土石方

沟槽、基坑、一般土石方的划分:底宽≤7m且底长>3倍底宽为沟槽;底长≤3倍底宽且底面积≤150m^2为基坑;超过上述范围,又非平整场地的,为一般土方。余土外运体积=挖土总体积-回填土总体积。

2)PHC管桩

打、压预应力混凝土管桩按设计桩长(不包括桩尖)以长度计算;桩头灌芯按设计尺寸以灌注体积计算。

9.3.3.3 标准模板使用注意事项

1)土石方调配

在挖方满足回填要求的情况下,应优先考虑车辆基地内部移挖作填,减少外运。移挖作填情况下不考虑回填材料的价格,仅考虑其运输费用。

2)挖方工程

附属工程中大型土石方不需人工辅助开挖,全部按照机械挖土计算,编制概预算时根据现场土石方类型,按照定额土壤、岩石分类选取对应定额子目,定额土壤分类见表9-3-6,定额岩石分类表参见钻孔灌注桩模块。

土壤分类表 表9-3-6

土壤分类	土壤名称	开挖方法
一、二类土	粉土、砂土(粉砂、细砂、中砂、粗砂、砾砂)、粉质黏土、弱中盐渍土、软土(淤泥质土、泥炭、泥炭质土)、软塑红黏土、冲填土	用锹、少许用镐、条锄开挖。机械能全部直接铲挖满载者
三类土	黏土、碎石土(圆砾、角砾)混合土、可塑红黏土、硬塑红黏土、强盐渍土、素填土、压实填土	主要用镐、条锄、少许用锹开挖。机械需部分刨松方能挖满载者或可直接铲挖但不能满载者
四类土	碎石土(卵石、碎石、漂石、块石)、坚硬红黏土、超盐渍土、杂填土	全部用镐、条锄挖掘、少许用撬棍挖掘。机械普通刨松方能铲挖满载者

在车辆基地中,土方开挖工程量很大,造价占比很高,选择正确的土石方分类定额对于控制总造价有着举足轻重的作用。根据现场经验,软岩和极软岩直接开挖即可,不需要使用爆破方式,这种情况下应依照施工组织,不套用石方爆破定额。

3）填方工程

常见的填方填料分类见表9-3-7。

填料分类表　　表9-3-7

填料组别	填料特性	包含内容
A组	优质填料	包括硬块石，级配良好和细粒土含量小于15%的漂石土、卵石土、碎石土、圆砾土、角砾土、砾砂、粗砂、中砂
B组	良好集料	包括不易风化的软块石（胶结物为硅质或钙质），级配不良的漂石土、卵石土、碎石土、圆砾土、角砾土、砾砂、粗砂、中砂、细粒土含量在15%~30%的漂石土、卵石土、碎石土、圆砾土、角砾土和细砂、黏砂、砂粉土、砂黏土
C组	一般填料	包括易风化的软块石（胶结物为泥质），细粒土含量在30%以上的漂石土、卵石土、碎石土、圆砾土、角砾土和粉砂、粉土、黏粉土
D组	不宜使用的差质填料	包括强风化及全风化的软块石、黏粉土和黏土
E组	严禁使用的劣质填料	包括有机土

一般情况下，基床对于回填料有着以下要求：

（1）基床表层：车辆基地内所有碎石道床线路路基基床表层采用级配良好的A、B组填料填筑，基床表层顶面必须满足路基宽度和填挖高度要求及相关规范规定。

（2）基床底层：车辆基地内所用碎石道床线路路基基床底层采用C组及以上合格填料填筑。

4）爆破石方

当车辆基地有石方工程时，一般采用机械打眼爆破石方的方式，应套用公共定额相应子目。其与城轨定额中的微差控制爆破岩石、静力爆破岩石的工法完全不同，单价有差异，选用定额时应注意。

5）地基处理

地基加固在满足设计承载力的要求下，应通过方案比选，选择较为经济的施工方案。另外，对于距离路基、边坡较远的绿化区域，在不影响线路稳定性的情况下，可以考虑不进行加固。

（1）PHC管桩

打、压预应力混凝土管桩，定额按外购成品构件考虑，已包含了场内必须的就位供桩费用、接桩费用，不再另行计算。设计要求设置的钢骨架、钢托板分别按混凝土及钢筋混凝土工程中的桩钢筋笼和预埋铁件相应定额执行。

（2）真空预压

地基处理一般采用真空预压方式，堆载预压方式一般用于高架区间。

6）填料价格测算

各地区填料单价差异很大，相互之间不具有参考性，可以通过含量折算的方式进行填料价格测算，同时建议采用询价方式验证价格。

一般情况下，AB组填料以B组填料计，ABC组填料以C组填料计。B组填料以碎石含量

85%计,C组填料以碎石含量70%计。一般普通回填土的购土费不计列,通过车辆基地内的土方调配进行平衡。路基填料的密度大约为1.6t/m^3,在换算过程中应注意单位是t还是m^3。

9.3.4 工程量计算规则及定额对比分析

9.3.4.1 工程量计算规则差异

在人工辅助开挖方面,四地区的差异如下所示:

(1)湖北公共定额。机械挖土方中需人工辅助开挖(包括切边、修整底边),人工挖土部分按批准的施工组织设计确定的厚度计算工程量,无施工组织设计的,人工挖土厚度按30cm计算。人工挖土部分套用人工挖一般土方相应项目且人工乘以系数1.5。

(2)江苏市政定额。机械挖土方中如需人工辅助开挖(包括切边、修整底边和修整沟槽底坡度),机械挖土按实挖土方量的90%计算,人工开挖土方量按实挖土方量的10%套相应定额乘以系数1.5。

(3)深圳市政定额。机械挖沟槽、基坑土方中如需人工辅助开挖(包括切边、修整底边),应按施工组织设计计算工程量。施工组织设计无规定时,按机械挖100%计,另按机械挖方量的6%计算附加人工挖土,套用"人工挖土方一、二类土"子目。

(4)浙江市政定额。机械挖沟槽、基坑土方中如需人工辅助开挖(包括切边、修整底边),机械挖土按实挖土方量计算,人工开挖土方量按实套相应定额乘以系数1.25,挖土深度按沟槽、基坑总深确定,但垂直深度不再折合水平运输距离。

9.3.4.2 重点定额对比

1)反铲挖掘机挖土

(1)子目

四地区挖掘机挖土定额均按一二类土、三类、四类土分三大类。

湖北、江苏按斗容量(0.6m^3、1m^3、1.2~1.5m^3)、装车与否、土质细分18条子目。

深圳按斗容量(0.6m^3、1m^3、1.5m^3)、装车与否、土质细分18条子目。

浙江不区分斗容量,按装车与否、土质分类,共6条子目。

(2)人工及材料差异

以定额"挖掘机挖土 1m^3 不装车 三类土"为例,对比分析各地人工消耗量。除深圳以人工费形式外,江苏、浙江人工消耗量基本一致,湖北约为江苏、浙江的80%,如表9-3-8所示。

挖掘机挖土定额人工差异(定额单位:1000m^3) 表9-3-8

定额		挖掘机挖土 1m^3 不装车 三类土			
地区		湖北	江苏	深圳	浙江
人工	名称	普工	二类工	普工人工费	一类人工
	消耗量(工日)	4.0	4.86	499.01元	4.8

(3)机械台班

以定额"挖掘机挖土 1m^3 不装车 三类土"为例,江苏、深圳的台班单价基本持平,约为湖北的2倍。江苏定额中的台班消耗量也明显高于其他地区。浙江定额台班消耗量低于其他地区。如表9-3-9所示。

挖掘机挖土定额机械台班差异(定额单位:1000m³) 表9-3-9

定额		挖掘机挖土 1m³ 不装车 三类土			
地区		湖北	江苏	深圳	浙江
挖掘机 1m³	消耗量(台班)	2.24	2.75	2.24	1.97
	单价(元)	734.87	1461.11	1395.11	1078.38
推土机 75kW	消耗量(台班)	0.224	0.688	0.224	0.2
	单价(元)	483.96	911.69	931.04	705.64

2)PHC 管桩

(1)子目

湖北公共定额分为打桩、打送桩、压桩、压送桩 4 类。打压送桩按桩径 400mm 以内、500mm 以内、600mm 以内、600mm 以上分 4 条子目,均以 100m 为单位。打压 PHC 管桩定额已包括接桩费用。桩头灌芯按人工挖孔桩灌芯项目执行。

江苏和浙江市政定额均包括打桩、接桩和送桩定额子目,打送桩分支架上、船上、陆上 3 种。陆上打送桩按桩径(600mm、800mm、1000mm)、长度(25m 以内、50m 以内)分 6 条子目。打送桩以 10m³为单位,定额中不含预制桩的材料费。

深圳市政定额只有打(压)桩和接桩定额,桩径有 300mm、400mm、500mm、600mm4 种。打桩定额中包含预制管桩的材料费,打(压)桩以 100m 为单位。

(2)其他说明

①PHC 管桩试桩

湖北、深圳定额规定,试桩人工机械乘 1.5,江苏、浙江无此规定。

②PHC 管桩送桩(陆上)

湖北、深圳:按设计桩顶高程至打桩前的自然地坪高程另加 0.5m 计算。

深圳送桩通过调整打桩定额的人工、机械消耗量来替代,送桩长度 2m 以内,乘以 1.25;4m 以内,乘以 1.43;4m 以外,乘以 1.67。

江苏、浙江:按设计桩顶高程至打桩前的自然地坪高程另加 1.0m 计算。

送桩定额按送 4m 为界,如实际超过 4m 时,按送桩定额乘以下列调整系数:送桩 5m 以内,乘以系数 1.2;送桩 6m 以内,乘以系数 1.5;送桩 7m 以内,乘以系数 2.0;送桩 7m 以上,以调整后 7m 为基础,每超过 1m 递增系数 0.75。

9.3.4.3 其他定额对比

1)填土碾压

湖北公共定额机械回填碾压机械分为内燃压路机、振动压路机两种,两种机械又按型号分 2 类,共 4 条子目。

江苏市政定额中机械回填碾压机械分为拖式双筒羊角碾、内燃压路机、振动压路机 3 种,后两种机械又按型号分列,共 5 条子目。

深圳市政定额采用平地机 + 振动压路机的方式,按压实度分 4 条子目。

浙江市政定额中分为拖式双筒羊角碾、内燃压路机、振动压路机 3 条子目。

2)箱涵制作

以箱涵侧墙制作定额为例,湖北人工消耗量明显低于江苏、浙江。混凝土消耗量略有差异。如表 9-3-10 所示。

混凝土箱涵侧墙定额人工及材料差异(定额单位:m^3) 表 9-3-10

定额		混凝土箱涵侧墙			
地区		湖北	江苏	深圳	浙江
人工	名称	普工+技工	二类工	普工+技工人工费	二类人工
	消耗量(工日)	0.451	1.543	48.884 元	1.319
混凝土	型号	预拌 C30	C30 粒径 20	泵送 C35	现浇 C30
	消耗量(m^3)	1.01	1.015	1.015	1.015
	单价(元)	371.07	272.4	474.84	216.47

9.4 车辆基地上盖盖板

车辆基地上盖是利用车辆基地上部空间进行物业开发,达到节约土地资源的目的。车辆基地占地面积较大,利用上部空间进行物业开发,结合规划开发成住宅及公建设施,充分开发商业利用价值,提高轨道交通和周边土地的综合效应。车辆基地上盖物业开发规划,不仅可以减少轨道交通对城市的分割作用,而且能够带动周边地块的经济发展,完善整个区域的城市功能。目前主要有地下车辆基地上盖和地面车辆基地上盖两种上盖形式,本节主要分析地面车辆基地上盖(图 9-4-1)。

图 9-4-1 车辆基地上盖效果图

9.4.1 施工组织

9.4.1.1 施工工序

车辆基地上盖盖板施工主要由桩基础施工、土方开挖、承台及基础梁施工、柱网浇筑、梁板浇筑、顶板防水等施工工序组成。图 9-4-2 为车辆段上盖盖板施工工艺流程图。

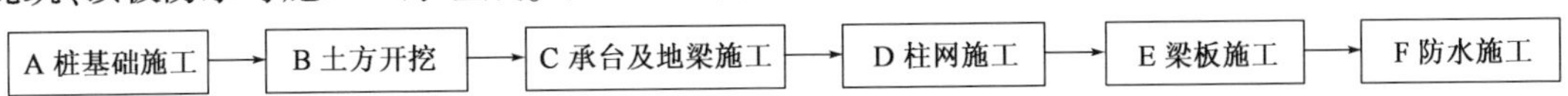

图 9-4-2 车辆基地上盖盖板施工工艺流程图

A 桩基础施工

桩基础施工详细内容参阅钻孔灌注桩章节,此处不再赘述。

B 土方开挖

采用挖掘机开挖基坑,应自上而下分层开挖,按照坡度线向下开挖。严格按照设计要求进行开挖,严禁碰撞桩头。挖除的土方外运至指定点堆放,开挖时,测量工自始至终进行现场监测,防止基槽超挖。

C 承台及地梁施工

承台及地梁(图 9-4-3)施工时,先绑扎钢筋,再支设模板,最后浇筑混凝土。

a)

b)

图 9-4-3 桩承台与地梁

D 柱网施工

按设计要求绑扎钢筋完成后,支设柱模板,搭设钢管支撑、安装对拉螺杆,柱混凝土应分层浇筑,模板的接缝不应漏浆。

E 梁板施工

搭设满堂脚手架,搭设支模架,对模板进行预拼装,先做好拼装准备,再进行模板安装。为防止混凝土模板在混凝土硬化过程中黏结,在支模之前,应在模板表面上涂刷隔离剂,模板支设完成后,绑扎梁板钢筋,并浇筑混凝土。图 9-4-4 和图 9-4-5 分别为柱网及梁板布置图和上盖完成图。

图 9-4-4 柱网及梁板布置图

图 9-4-5 上盖完成图

F 防水施工

防水施工包括找坡层、找平层、普通防水层、耐根穿刺防水层、隔离层、细石混凝土保护层、排水板、土工布等。

9.4.1.2 施工进度、机械及劳动力配置

1)施工进度指标

根据《城市轨道交通工程项目建设标准》(建标104—2008),车辆基地工程施工工期约为24~30月/座。其中,7万~8万m^2规模的车辆基地上盖盖板施工工期约为6月/座。

车辆基地上盖盖板施工可分为桩基础和地上结构两部分,一般采取"先地下、后地上"的顺序分区域组织施工,区域内采取顺序施工、区域间采取流水施工。桩基础部分一般采用钻孔灌注桩基础,施工进度与围护结构—钻孔灌注桩章节相似,平均1台旋挖钻机施工进度约为3~5孔/d。承台及地上结构施工,一般分为若干个施工段,每个施工段按照承台、框架柱、梁、板的顺序施工,包括支设模板、绑扎钢筋及浇筑混凝土等工作内容,综合施工进度约为12d/施工段,每段工程量约3700m^3。

2)施工机械及劳动力配置

以建筑面积约7.8万m^2规模的车辆基地上盖盖板工程为例,其主要施工机械设备安排见表9-4-1。

主要施工机械设备配置表 表9-4-1

序号	名称	单位	数量
1	挖掘机	台	6
2	装载机	台	2
3	旋挖钻	台	18
4	塔式起重机	台	8
5	汽车起重机	台	2
6	自卸汽车	台	40

车辆基地上盖盖板工程主要施工班组安排见表9-4-2。

施工人员配置表 表9-4-2

序号	班组	人数	备注
1	桩基施工一班组	200	负责施工区域桩基工程
2	主体施工一班组	300	负责施工区域承台、框架及屋面结构等
3	主体施工二班组	300	负责施工区域承台、框架及屋面结构等
4	房建施工班组	120	二次结构
5	装修班组	80	

9.4.2 施工组织与定额对应关系

车辆基地上盖盖板施工包含钻孔灌注桩施工、土方开挖、承台及地梁施工、柱网施工、梁板施工、上盖装修6项主要工程。根据上述施工进度指标可知,车辆基地上盖盖板施工综合施工

进度约为 300m³/d/施工段。

人工和机械是定额的构成要素，也是施工组织中资源配置的重要内容。车辆基地上盖盖板组织施工时，配置的主要机械有挖掘机 6 台、旋挖钻机 18 台、塔式起重机 8 台、自卸汽车 40 台；每个施工段需配置的施工班组有混凝土工、钢筋工、木工、电焊工、架子工、机械操作人员，总计约 35 人。

车辆基地上盖盖板的施工组织方式和支架搭设是影响工程费用的主要因素。车辆基地上盖盖板采取分段流水施工作业，工作面多、机械进出场频繁，在组织施工时，如果能合理规划施工场地，根据进度要求科学地组织机械设备的流水作业，则可以有效减少机械设备的进出场费用和安拆费用，从而节省工程费用。车辆基地上盖盖板一般采用满堂脚手架作为模板支撑系统，若施工场地不能满足脚手架搭设的地基承载力要求，则需要对场地进行加固处理，工程费用相应提高；当施工期间有试车、接车要求时，则需要搭设贝雷梁门洞支架，以保证下部列车通行，搭设贝雷梁门洞支架需要做方案研究，其工程费用远高于满堂脚手架。

车辆基地上盖盖板施工组织与定额对应关系如表 9-4-3 所示。

车辆基地上盖盖板施工组织与定额对应关系表 表 9-4-3

编号	工序名称	定 额 子 目	工 作 内 容
A	钻孔灌注桩施工	公共定额 G1-226/227 公共定额 G3-100/108/141/152/61	钻孔、钢筋笼制安、混凝土浇筑、泥浆运输
B	土方开挖	公共定额 G1-3/79/330/212/213	土方开挖及运输
C	承台及地梁施工	建筑定额 A2-1/16/64/70、A16-63 市政定额 D3-2-6/8	基础梁及承台钢筋绑扎、模板支设、混凝土浇筑
D	柱网施工	建筑定额 A2-11/30/64/70、A16-59/60/126/127、A17-41、A18-5 公共定额 G5-8/27	柱网钢筋绑扎、模板支设、混凝土浇筑
E	梁板施工		梁板钢筋绑扎、模板支设、混凝土浇筑
F	上盖装修	建筑定额 A6-62/95、A9-1/4/5	钢筋混凝土屋面
		建筑定额 A6-185/190、A7-41、A9-4/5	大屋盖变形缝
		建筑定额 A6-62、A9-1、A10-7、A13-198/201	女儿墙泛水
		建筑定额 A1-79、A9-4/5	地面硬化
		建筑定额 A10-7、A13-198/201	盖下涂料粉刷

9.4.3 概预算标准化设计

编制车辆基地上盖盖板工程概预算时采用湖北建筑定额(2018)，下述定额子目及相关分析均以湖北建筑定额(2018)为准。

9.4.3.1 概预算标准模板

车辆基地上盖盖板土石方工程、基础工程及主体结构工程开项参考高架车站。车辆基地上盖盖板装修概预算标准模板如表 9-4-4 所示。

车辆基地上盖盖板装修概预算标准模板

表 9-4-4

序号	定额编号	工作项目或费用名称	单位	数量	单价(元)	合价(元)
		(1)钢筋混凝土屋面				1516273.9
1	A9-1	平面砂浆找平层 混凝土或硬基层上 20mm	$100m^2$	6.85	2460.77	16856.27
2	A6-95	聚氨酯防水涂膜 2mm 厚 平面	$100m^2$	6.85	4054.46	27773.05
3	A6-62	高聚物改性沥青自粘卷材 自粘法一层 平面	$100m^2$	6.85	5942.63	40707.02
4	A9-1	平面砂浆找平层 混凝土或硬基层上 20mm	$100m^2$	6.85	2460.77	16856.27
5	A9-4 换	细石混凝土地面找平层 30mm 实际厚度(mm):70	$100m^2$	6.85	5814.94	39832.34
6	A2-64	现浇构件圆钢筋 HPB300 直径≤10mm	t	212.82	6457.33	1374249
		(2)大屋盖变形缝				3302305.2
1	A6-185	橡胶止水带	100m	18.5	8974.49	166028.07
2	A6-190	氯丁橡胶片止水带	100m	18.5	8918.48	164991.88
3	A7-41	屋面 干铺聚苯乙烯板 厚度 50mm	$100m^2$	277.5	1811.38	502657.95
4	A9-4 换	细石混凝土地面找平层 30mm 实际厚度(mm):110	$100m^2$	277.5	8680.71	2408897
5	A2-64	现浇构件圆钢筋 HPB300 直径≤10mm	t	9.25	6457.33	59730.3
		(3)女儿墙				304848.7
1	A9-1	平面砂浆找平层 混凝土或硬基层上 20mm	$100m^2$	20.2	2460.77	49707.55
2	A6-62	高聚物改性沥青自粘卷材 自粘法一层 平面	$100m^2$	20.2	5942.63	120041.13
3	A10-7	墙面一般抹灰 轻质墙	$100m^2$	20.2	3463.3	69958.66
4	A13-198 换	乳胶漆 室外 墙面 两遍 实际遍数(遍):3	$100m^2$	20.2	3224.82	65141.36
		(4)虹吸排水				3766070
1	补子目 6	虹吸排水	m^2	68474	55	3766070
		(5)地面硬化				901811.9
1	A1-79	垫层 碎石 干铺	$10m^3$	147.88	2966.1	438626.87
2	A9-4 换	细石混凝土地面找平层 30mm 实际厚度(mm):120	$100m^2$	49.29	9397.14	463185.03
		(6)盖下涂料粉刷				1118989.4
1	A10-7	墙面一般抹灰 轻质墙	$100m^2$	167.31	3463.3	579444.72
2	A13-198 换	乳胶漆 室外 墙面 两遍 实际遍数(遍):3	$100m^2$	167.31	3224.82	539544.63

9.4.3.2　工程量计算规则

工程量计算规则参见高架车站混凝土结构章节,本处不再赘述。

9.4.4　定额对比分析

参见9.1.4节内容。

参考文献

[1] 住建部标准定额研究所,中铁第五勘察设计院集团有限公司.城市轨道交通工程设计概算编制办法[M].北京:中国计划出版社,2017.

[2] 湖北省建设工程造价管理总站,武汉市建设工程造价管理站.武汉城市轨道交通工程消耗量定额及基价表(试行)[S].武汉:武汉出版社,2011.

[3] 湖北省建设工程标准定额管理总站.湖北省房屋建筑与装饰工程消耗量定额及全费用基价表[S].武汉:长江出版社,2018.

[4] 湖北省建设工程标准定额管理总站.湖北省建设工程公共专业消耗量定额及全费用基价表[S].武汉:长江出版社,2018.

[5] 湖北省建设工程标准定额管理总站.湖北省通用安装工程消耗量定额及全费用基价表[S].武汉:长江出版社,2018.

[6] 湖北省建设工程标准定额管理总站.湖北省市政工程消耗量定额及全费用基价表[S].武汉:长江出版社,2018.

[7] 江苏省住房和城乡建设厅.江苏省城市轨道交通工程计价表[S].南京:江苏凤凰科学技术出版社,2013.

[8] 江苏省住房和城乡建设厅.江苏省建筑与装饰工程计价定额[S].南京:江苏凤凰科学技术出版社,2014.

[9] 江苏省住房和城乡建设厅.江苏省市政工程计价定额[S].南京:江苏凤凰科学技术出版社,2014.

[10] 杭州市建设工程造价和投资管理办公室.杭州市地铁工程预算定额[S].北京:中国计划出版社,2013.

[11] 浙江省建设工程造价管理总站.浙江省建筑工程预算定额[S].北京:中国计划出版社,2010.

[12] 浙江省建设工程造价管理总站.浙江省市政工程预算定额[S].北京:中国计划出版社,2010.

[13] 浙江省建设工程造价管理总站.浙江省建设工程施工费用定额[S].北京:中国计划出版社,2010.

[14] 深圳市建设工程造价管理站.深圳市建筑工程消耗量定额[S].北京:中国建筑工业出版社,2016.

[15] 深圳市建设工程造价管理站.深圳市装配式建筑工程消耗量定额[S].北京:中国建筑工业出版社,2017.

[16] 深圳市建设工程造价管理站.深圳市市政工程消耗量定额[S].北京:中国建筑工业出版社,2017.

[17] 国家铁路局.铁路工程预算定额[S].北京:中国铁道出版社,2017.

[18] 建设部,国家发展改革委员会.城市轨道交通工程项目建设标准[S].北京:中国计划出版社,2008.

[19] 王立勇.城市轨道交通工程技术经济指标[M].北京:中国建筑工业出版社,2016.

[20] 朱丹.城市轨道交通工程概论[M].北京:人民交通出版社,2012.